„At være eller ikke være."

Roman i tre Dele

af

H. C. Andersen.

„To be, or not to be: that is the question."
Shakspeare.

Kjøbenhavn.

Forlagt af C. A. Reitzels Bo og Arvinger.
Bianco Lunos Bogtrykkeri ved F. S. Muhle.
1857.

„At være eller ikke være.”

Mine Venner

Digteren **B. S. Ingemann**

og

Philosophen **F. C. Sibbern**

tilegnet.

Indhold af første Deel.

Indhold af anben Deel.

Indhold af tredie Deel.

Første Deel.

I.

Den gamle Præst, „Generalens Broder” og flere mærkelige Personer.

„Bring mig en god Bog hjem!” sagde Præstens Datter.

„Og bring mig en slem Dreng, daarlige Folks Barn, som jeg kan gjøre en god Christen af!” sagde Præstekonen, i det Fader allerede sad paa Vognen og de stoppede Kappen vel ned om ham mod den skarpe Vestenvind.

Præsten, den gamle Japetus Mollerup, skulde engang igjen see Kjøbenhavn, hvor han i tredive Aar ikke havde været; nu kom man let derover, nu gik der Dampskib dertil fra Aarhuus. Livfuld og varmhjertet var den Gamle, en Ordets Forkynder i gammel Tro og Inderlighed; skulde vi isvrigt ogsaa nævne hans Skrøbelighed, saa var denne det, at han røg formegen Tobak og det daarlig Tobak; dette kan nu engang ikke nægtes, og det var det første nære Indtryk, man fik af ham. Tobaksrøgen var saaledes trængt ind i hvert af hans Klædningsstykker, i hver den mindste Trevl, at om denne endogsaa sendtes over Verdenshavet, den vilde dog beholde Duften af den inderlig slette, stramme, saakaldte „gode Knaster.” Dog der, hvor

1*

han først traadte op i Kjøbenhavn, vilde man neppe gjøre
Bemærkning herover; det var paa Regentsen hos en Slægt-
ning, der var Student og netop boede paa samme „Gang",
hvor Japetus Mollerup med Contubernal havde boet i
sine Studenter-Dage.

Her i begge Stuer var ryddet op, lagt tilrette, støvet
af og gjort net; Kjoler og Buxer hængte hen i en Krog
og skjulte, Bøgerne satte i Orden, og Bordet, hvor ellers
Papirer, Collegier, Smørrebrøds-Tallerken, Blækhuus og Flip-
per fandtes mellem hverandre, stod med en reen Dug; alt
dette havde Studenten selv, han der i Dag var Vert, taget
sig af; thi der var saa meget andet at besørge, som kun
kunde gjøres af Poul, den fælles Opvarter for flere af
Studenterne, og dertil en høit anset Mand, sagde de vit-
tige Hoveder derinde, en Mand, der indtog den høieste Stil-
ling i „Kongens Kjøbenhavn"; han var Portner, „Dør-
vogter" kaldte de det ogsaa, ved det astronomiske Observa-
torium oppe paa Rundetaarn; der boede han høit over alle
Autoriteter, Taarnvægterne undtagen. Hver Morgen steeg
han ned fra sin Høide for at pudse Studenternes Støvler
og udbanke deres Klæder; om Eftermiddagen gik han By-
ærinder, hvortil han havde en god Medhjelper i sin lille
Søn Niels, der var livlig og opvakt, ja en halv Latiner,
som vi siden skulle erkjende. I Dag var her, som sagt, me-
get at løbe om; en heel Flaske Punsch-Extract skulde hentes,
fiin Ost og to Slags Pølse, baade Rulle- og Lybsk-!

Festaftenens Hædersmand, den gamle Japetus, var
selv den Første der mødte, og det i Stadsklæder, syede efter
gammel Mode af en jydsk Bondeskrædder, som gik paa Om-
gang i Herredet og klædte Hosbond og Karlene; den gamle

Præst faae ganske stadselig ud, og ham klædte godt den sorte
Kallot paa det sølvhvide Haar; hele Ansigtet straalede af
Glæde nu da han igjen stod i den gamle Stue og saae sin
Søstersøn og gode Venners Børn derovre fra; det var rart
det, sagde han, at være sammen igjen med Ungdommen i
den gamle røde Gaard.

Deiligt er det, som gammel Mand at kunne være ung
med de Unge.

Hele Kredsen her bestod af Jyder, paa Een nær, der
som Student kunde gjelde for Oldermanden, en Ven af
Søstersønnen og eengang dimitteret af den gamle Præst, der=
for var han med; „Generalens Broder" blev han kaldt, og
hvem var han og hvem var Generalen? Ja denne var kun
General i Forkortning; det er saa langt at sige Generalkrigs=
commissair og er heller ikke saa meget som General, og han
lod sig kalde „Generalen" og Konen „Generalinden". Det
var ved hende, han var blevet til Noget; han var ikke gaaet
Contoirveien, men Ægtestandsveien; Broderen var derimod
ingen Vei gaaet, han var et Slags Geni; sin Formue og,
hvad der er endnu værre, sin Fremtid, det at sidde godt i
Embede, havde han sat til paa Opfindelser, især Luftbal=
loner, og de havde kun ført til, at Alt hvad han havde gik
op i Ingenting. Han var af Naturen bestemt til at være
Kunstelsker, Mæcenas, leve for det Skjønne — men det kan
man ikke leve af, det snarere æder Een op — nu havde
han sit tarvelige Udkomme ved Correcturlæsning og ved at
kjøbe paa Auctioner gode gamle Bøger og Kobberstykker, som
han igjen overlod Samlere; almindeligviis var han velsignet
med et deiligt Humeur, og da saae han kun den morsomme
Side af Tingen i denne Verden, loe af den og af sig og

fin Broder „Generalen"; men der kom ogsaa Tider, i hvilke
han var aldeles i den sorteste Sindsstemning, aandelig og
legemlig betaget, complet syg, og da skyede han alle Menne-
sker, saalænge det stod paa, og blev i sin tillaasede Stue;
men var det Anfald forbi, saa blev han dobbelt lystig og
gjorde Løier over, hvorledes han selv kunde plage sig. —
Iaften var han den Livligste af dem Allesammen.

Punsch blev skjænket; den gamle Præst holdt sig imid-
lertid strængt til det ene Glas, der ikke maatte „hjelpes
paa". Det var en Lyst at være i Kjøbenhavn, fandt han,
at leve med i den levende Tid. Kjøbenhavn havde store
Fortrin; men de høie Huse her, de snevre Gader, Gjen-
boer, Familier ovenpaa og indeni, var ham dog lidt for
meget Noahs Ark.

„Man kan ogsaa boe friskt og frit!" sagde Generalens
Broder, der isvrigt hed Hr. Svane, og det kunne vi og-
saa kalde ham. „Jeg venter, at min gamle Ven kommer
op ogsaa til mig og seer min ringe Leilighed, der er i Bag-
huset, men har en Udsigt — der ikke kan være bedre i Ve-
nedig. Den store Kanal fra Knippelsbro til Toldboden lø-
ber lige under mine Vinduer; Rhinstrømmen har ikke saa
klart og grønt et Vand som det her strømmer; og saa seer
man Holmen, Dokken, Gaarde, Taarne og Fartøi ved Fartøi.

„Hillemænd!" sagde Præsten, „ja det skal jeg see og
Dig skal jeg besøge! Men hvad har Du nu for? Har Du
noget særegent Arbeide?"

„Jeg har det med Stjerneskud!" sagde Hr. Svane.
„Ideerne falde endnu lige lukt ned og gaae saa ud igjen.
Jeg tænker paa en Tragedie, som jeg aldrig skriver; jeg
samler til en Folkebog, som der aldrig bliver Manuskript til —"

„Og Tragedien, den Du aldrig skriver?"

„Ja, en Tragedie er det, hvori Ingen døer, men hvori Hovedmanden pines, som man kan pines uden at Livet gaaer af Een; gaaer først det, saa har man jo Ende paa Pinen og Tragedien med. Det er Tragedien Ambrosius Stub, den danske Digter, der sang de friske, klangfulde Viser, han, der gik som Lystighedsmager ved de fyenske Herremænds Gilder og var til Nar for Folk, der stod aandelig under hans Bagstikker. Men den bliver ikke skrevet; nu har jeg den i mig og har saa Fornøielsen uden at høre de Andres Brøvl!"

„Men sæt den dog paa Papiret, selv om det siden lægges hen!" sagde den gamle Præst.

„Der er nok alligevel! hvor meget ligger der ikke gjemt og glemt, som hele den nye Slægt ikke drømmer om. Det var maaskee en god Gjerning, at udgive saadan en Bog: „Rednings-Anstalt for glemte Forfattere", at diske op med gammelt Godt, der er glemt og ikke skulde det! — see det er ogsaa en Idee — et Stjerneskud, af dem der gaae ud igjen! — Men det var om at besøge mig, Talen var; kunde vi ikke bestemme en Tid til at see Huusleiligheden, der er et Slags Fuglebuur, Luftballon, old curiosity shop!"

„Det seer ud som i Hoffmanns Hjernekiste!" sagde Een af Selskabet, „Hoffmann in Callots Manier!"

„Jeg finder vel nok derop!" gjentog Præsten.

„Her er ellers den bedste Ledsager," sagde Hr. Svane, idet lille Niels, Pouls Søn fra Rundetaarn, traadte ind med frisk Vand i Caraffelen. „Det er min Gudsøn!" vedblev han; „har jeg ikke staaet Fadder til Dig, min Dreng?"

Og Niels nikkede med et Smiil.

„Han kan sin „Tusind og een Nat" og Latin oven-
ikjøbet!"

„Ellers turde han heller ikke betræde disse lærde Ste-
der!" blev der bemærket.

Man saae strax, at den Lille var livlig og opvakt; de
unge Mennesker havde givet sig af med ham, Læselyst havde
han og dertil Nemme til at lære udenad, hele lange Vers
kunde han, ja endogsaa paa Latin een af Horatses Oder;
man havde en Dag viist ham:

„Mæcenas atavis edite regibus,"

og sagt: „Kan Du lære den Fyr udenad og bære den ned
fra Rundetaarn, saa er Du en heel Latiner og skal have
lovlig Ret til at komme her paa Lærdommens Grund for at
hente os Smør og Spegesild!"

Drengen læste og lærte Oden, og fra denne Tid kald-
tes han Latineren, og hver Student ansaae sig for Mæcenas.

„Ja, han er den yngste Latiner herinde!" blev der
sagt, og et halvt Glas Punsch blev overrakt ham; han
maatte fremsige sin Horats og det gjorde han lydeligt og
rigtigt.

„Han gjør nok sin Lykke!" sagde Hr. Svane, „ikke
fordi han er min Gudsøn, men fordi han er af høi Byrd,
og den gjør meget. Han er født saa høit som Nogen kan
fødes; han er født oppe paa Rundetaarn, hvor han endnu
boer med sin Fader og passer paa Stjernerne. Moderen
er død og borte!"

Næste Formiddag, paa bestemt Klokkeslet, skulde Niels
møde i „gammel Avlsgaard", hvor Præsten Japetus Mol-
lerup logerede, og derfra, paa Slaget elleve, føre ham op

til Hr. Svane, det var Aftalen, og Niels kunde man forlade sig paa.

Klokken var ikke mere end ni om Aftenen, da den gamle Præst brød op, for han trængte til Hvile; men imorgen—! ja, hvad bringer den Dag? Derpaa tænkte han, da han lagde sig tilsengs i „gammel Avlsgaard"; derpaa tænkte lille Niels, der med sin Fader gik op i Rundetaarn, høit op over Gaarde og Huse, til den lille Stue, hvor de boede.

Den Dag imorgen, hvad bringer den? Ja, det er altid godt, at man ikke veed det. — Her blev det en Livsens Dag i mere end een Betydning.

Hr. Svane, boede, som sagt, i et Baghuus i Amaliegaden, nær ved, hvor „Casino" nu er bygget. En snever, ikke ganske reen Kjøkkentrappe førte derop, hen over en smal Gang, der blev endnu smallere ved de forskjellige Ting, her vare stillede hen, baade Sandfjerding, Strygebrædt og gamle Brændekurve; hyggeligt var her ikke, det Hele tydede paa Flyttedag eller Løverdags-Udrensning i Huset, men hver Dag var her saaledes, og dertil et Slags Tusmørke, men desklarere straalede herved Hr. Svanes lille Stue, naar man først kom derind, i al sin Ringhed havde den noget venligt indbydende. Væggene selv vare overklinede med Billeder og Vers, saaledes som man seer det paa gamle Skjermbrætter; taabeligt skrevne Avertissementer, klippede ud af Adresseavisen, Anecdoter og Digte sad paa kryds og tvers mellem illuminerede og ikke illuminerede Kobberstykker; en Reol med Bøger fra Gulvet op til Loftet stod paa hver Side af det eneste, men meget store Vindue, henover hvilket der voxte en frisk Epheu-Ranke, ligesom en heel Guirlande. Herfra var Udsigt over Pakhuuspladsen, det brede, salte Vand, Nyholm

med sin Kran, sine store Bygninger, grønne Træer og Grøn-
svær, en Lagune mod den aabne Østersø, hvor Skibene kom
for fulde Seil. Hr. Svane stod med et Smiil, som
sagde: „det er mit Altsammen! jeg behøver ikke at reise uden-
lands, de komme udenlandsfra, lige forbi mig!" Han saae
sig om i sin lille Stue, Døren til Soveværelset var aaben,
overalt reent og net, det gjorde Vertinden Ære; man glemte
Flyttedags-Udseendet paa Gangen. En skinnende hvid Dug
var lagt over et lille Bord, og der stod Kringler og Smaa-
kager paa en Tallerken; men iøinefaldende var et lille gam-
melt, udskaaret Skab med Malning og øverst besat med
Nipserier og Legetøi; man skulde troe, Hr. Svane opbeva-
rede Legetøiet for hvert Barn der i Gaden.

Og Klokken slog elleve, men Japetus Mollerup,
den gamle Præst, viste sig endnu ikke, heller ikke kom lille
Niels, der jo skulde føre ham op og var saa sikker og
nøiagtig. Tjenestepigen hos Madammen, som leverede Hr.
Svane varmt Vand til Kaffe og Thee, havde allerede tre
Gange været for at spørge om hun maatte bringe Choco-
laden; for Præsten skulde trakteres, og Chocolade, vidste man
fra gammel Tid, var hans Livdrik. Men hvor blev han,
og hvor blev Niels af?

Nu ringede Klokken tolv — kom de maaskee slet ikke!

Endelig hørtes Trin opad Trappen, der bankedes paa
Døren — det var Præsten, men alene, uden Ledsager.
Niels havde ikke været hos ham; forgjæves havde han
siddet og ventet til Klokken tolv; saa blev det ham for
længe og han fandt selv Veien.

Hvad var Skyld i, at den ellers saa nøiagtige Niels
ikke kom? Dette Ærinde i Dag havde visselig været hans

første og enefte Tanke i denne Morgenftund; det havde været Faderens Tanke, og alligevel — ja, hvorledes klaredes denne Sag? Den havde en Betydning, som hverken Præften eller Hr. Svane havde Anelſe om, Betydning for hver iſær.

En aandfuld Profeſſor ſagde paa en af ſine Forelæsninger, idet han klarligt vilde give et Begreb om det menneſkelige Legemes kunſtmæsſige Sammenſætning: „Hjernen er Sædet for Sjælen, det vil ſige, den er Principalen; Rygmarven er kun det ſtore Hovedcontoir, hvorfra de af ham givne Ordrer udføres; derfra løbe Nervernes electromagnetiſke Traade. Principalen befaler: jeg vil der og der hen! og nu ſættes Maſkineriet i Bevægelſe, Lemmerne øve deres Dont, og dermed har Forſtanden ſtet ikke noget at gjøre; den tænker ikke paa: nu ſkal den Fod løftes og flyttes, den Svingning gjøres; Lemmerne lyde den dem givne Ordre indtil der gives dem en ny Befaling; men imidlertid hengiver Sjælen ſig til anden Virken, tænker paa det Forbigangne og Tilkommende." Det er noget vi opleve hver Time; men det hele Mirakel, thi et ſaadant er det dog, er vi ſaa vant til, at vi ikke tænke derover, idetmindſte gjorde Poul fra Rundetaarn det ikke, idet han tilmorgen traadte ud paa Gaden og ſtod der tvivlſom om han ſkulde gaae til Høire eller førſt til Venſtre; i begge Retninger havde han Ærinder at beſørge. Han ſtod, ſom ſagt, et Secund ſtille; Sjælen havde endnu ikke givet Lemmerne nøiagtig Ordre, om Veien ſkulde lægges til den eller den Side, om han vilde gaae til Høire eller Venſtre — begge laae de lige nær, og — ja, der maa være een endnu høiere Ordre, end den, vor Sjæl har at give. Poul valgte til Venſtre og derved — for anledigede en Begivenhed af den største Betydning for ham, hans Søn og for os Alle, som læse disse Blade.

Hvormeget afhænger ikke af et enkelt Øiebliks Bestemmelse, det at vælge Høire eller Benstre! Nu var Ordren givet, Fødderne igang. En stor Placat, hvorpaa stod aftrykt Billedet af en Stud, var klinet ovre paa Hjørnet; den maatte sees, kun et Secund var det, men dette Secund hørte til —! Manden dreiede saa om Hjørnet og ind i Sidegaden, og der, netop, saa nøiagtigt som Mennesker ikke vilde have kunnet beregne det, faldt et Bindue fra tredie Sal ud af Hænderne paa Tjenestepigen og ramte Poul i Hovedet, saa at han styrtede til Jorden, ikke død, men med et Hul, stort nok til at Sjælen kunde flyve ud. Folk kom; Poul blev bragt ind til en Barbeer og derfra paa Hospitalet, hvor tilfældigviis en af de unge Læger kjendte ham fra Regentsen.

Da Niels vilde gaae hen i gammel Avlsgaard og traadte ud fra Taarnet, kom fra Nabolauget en Dreng, der saae stivt paa ham.

„Hvad seer Du paa mig for, Du Dreng?"

„Fordi din Fader er slaaet ihjel af et Bindue! det veed Du jo nok!"

„Det er ikke et sandt Ord, Du siger!"

„Saa Du troer, at jeg lyver i saadant Noget!"

Det var Maaden, han fik det at vide paa; forskrækket derved, troede han det dog ikke og var ganske vist gaaet videre til „gammel Avlsgaard", dersom ikke Mo'er Børre, den gamle „Æblekone", der sad i Indgangen til Taarnet og solgte Frugt, havde spurgt den anden Dreng nærmere ud og ved sin Forfærdelse fuldkommen skræmmet Niels,

hvem hun sagde, at nu var det ikke Tid at gaae til „gam=
mel Avlsgaard"; han skulde lade Præst være Præst og faae
rigtig Besked om sin Faber; der var nok en Ulykke skeet,
for den kunde man altid være vis paa! og nu løb Niels
afsted til Hospitalet, da han kom der, var Faderen alle=
rede død.

Japetus Mollerup og Hr. Svane sad i livlig
Samtale og havde tømt den sidste Kop af Chocoladen.
Niels kunde ikke være blevet syg, meente Hr. Svane, thi
da var hans Faber kommet; der maatte være noget ganske
andet i Veien, end Sygdom — maaskee et Par Hunde i
hver Gade, „thi de er hans Skræk," sagde Hr. Svane,
„han kan gaae en lang Omvei, for ikke at komme en Hund
for nær, for den alene er han en Kryster!"

Da aabnedes Døren, og Niels traadte ind, forgrædt
og jamrende. „Min Faber er slaaet ihjel!" vare de første
Ord, han sagde, og kun igiennem Hulken fik de den hele
Ulykke at høre.

Det er bedrøveligt at see et stakkels sorgfuldt Barn,
at vide det reent forladt og at det selv forstaaer det.

„Du stakkels Dreng!" sagde den gamle Præst og
spurgte om hans Slægt og hvilket Tilhold han nu havde
her i Byen.

„Han har slet ingen!" sagde Hr. Svane. „Jeg er
hans Gudfader, det er nok det nærmeste Familieskab! —
Naa, tør Taarerne af, det hjelper ikke at græde — vor
Herre maa hjelpe!"

„Han har slet ingen!" gientog Præsten. „Gaae for
Lud og koldt Vand —! Guds Veie ere urandsagelige!" —
og den gamle Mand saae paa ham med bedrøvet Mine.

Niels var virkelig. aldeles forladt; gode Mennesker eller Fattigvæsenet, — det vi ikke her nævne som en Modsætning, det tog sig ellers ud som en Blad=Artikel, — maatte tage sig af ham.

Vor Moders Ord ved Afreisen: bring mig en slem Dreng hjem, at jeg kan gjøre en god Christen af ham, kom levende frem i Præstens Tanker: men Niels var ingen slem Dreng, ikke Barn af daarlige Folk, saaledes som Aftalen var. Det gamle, brave Ægtepar vilde gjøre noget Godt i denne Retning, netop hvad eet eller to Aar senere virkeliggjorde sig ved „Foreningen til forsømte Børns Frelse".

Japetus Mollerup var allerede fra Aftenen forud vel stemt for Niels; der var Livlighed og Klogt hos Drengen, og det tydede paa en stor Hukommelse, saaledes at at kunne fremsige en Ode af Horats; nu stod han saa forladt, saa inderlig bedrøvet — havde han bare været et forsømt Barn, „en slem Dreng", saa havde Præsten strax taget ham; nu var han vaklende af bare Samvittighedsfuldhed. Vel vidste han, at Moder i Eet og Alt vilde være tilfreds med hans Bestemmelse og Handlemaade; hun sluttede sig, uden at vide det, til Pythagoras Disciple, der ubetinget troede hvad Mester dicterede, og kom der en tvivlsom Ting, gave sig hen med: αυτος εφα (han selv har sagt det); hvad Fader i Præstegaarden sagde, var det eneste Rette, om hun ikke selv begreb det; skulde han nu her vise sin Magt og Eneraadighed? Han tænkte frem og tilbage, sagde derpaa til Hr. Svane, hvorledes Tankerne krydsede.

„Det er godt, det er meget godt!" sagde denne, alt som han hørte og forstod Aftale og Bestemmelse, men loe derpaa ganske høit over Ordets bogstavelige Holdelse.

„Saa I vil have en flem Dreng," fagde han, „et noget moralst fordærvet Barn? Vor Herre under Eder det bedre! er det ikke ligesom at han selv havde overrakt Eder hvad I søgte, men givet Eder det i god Stikkelse! Der stal nu absolut være Skavank ved, Noget I kunne pille ud! — det er her ogsaa. Han har et Stykke Troldhex i sig, han er en Sprutbakkelse; fut, fut! ikke sandt Niels? — Alligevel, ham faae I Fornøielse af! og jeg slipper ikke med Ord og Tale, før I tage ham. Jeg har som Gudfader givet Daabs-Løftet at sørge for hans Christendom, hvis Forældrene falde fra, og derfor holder jeg ved!"

Japetus Mollerup tænkte over, meente det og meente det, uden just at faae det sagt. Hr. Svane holdt ud med Spøg og med Alvor. „Ingen veed i hvilke Hænder Drengen kan falde her i Byen, gode Evner er en meget god Ager, naar den ordenlig pløies og faaer den rette Sæd, men ellers — nok sagt, Drengen er hæderlig — og Trold er der i ham!"

Et Par tunge Taarer i Drengens Øine gav Deeltagelsens Guldmynt sin fulde Bægt, og Beslutningen var taget; den gamle Præst følte, at han kunde forsvare for sin Kone og sin Samvittighed, at han tog dette Barn.

Niels skulde altsaa forlade Kjøbenhavn, følge med til Jylland, til det stille Præstegaards-Liv paa Heden.

Det var en mageløs Lykke i Ulykken, sagde de Alle, og det lyste ogsaa ind i hans unge Hjerte. Det Nye, det Uventede, fyldte ham, og efter inderligt at have grædt ved Faderens Kiste, skinnede Solen igjen ind i Barnesindet. Vennerne paa Regentsen sagde han Farvel, og det runde Taarn, Hjemmet deroppe — ja, det gjemte ligesom i een Sum

hele hans Liv og Levnet, og derfor maae vi endnu før Af-
reisen med ham derop, hvor alle Tankespirer til den kom-
mende Tid havde hvilet; vi maae kjende, som han, til dette
Hjem, hvorfra han havde en Erindrings-Skat paa Heden
og siden i det bevægede Liv.

Vi ville stige med op paa det runde Taarn og, før vi
forlade det, have et klarere Billed af lille Niels.

II.

Rundetaarn.

Alle Kjøbenhavnere kjende Rundetaarn, og Provinds-
folkene kjende det idetmindste fra Almanaken, hvor det paa
Titelbladet staaer i Træsnit. Man veed, at Kong Chri-
stian den Fjerde, hvem Ewald og Hartmann have
givet ogsaa Sangens Guld til hans Udødeligheds Reise,
byggede Rundetaarn som Stjerne-Observatorium for Dan-
marks berømteste Mand, Tycho Brahe, der under samme
Konges Mindreaarighed maatte drage ud af Landet.

I Taarnet er ingen Trappe med Trin, man kom-
mer derop af et i Spiral skraanende Muursteens-Gulv, saa
glat og jevnt, at Peter Czar af Rusland engang, med
fire Heste for sin Vogn, skal have kjørt heelt op, og da han
stod der øverst, befalet en af sine Tjenere at styrte ned,
og denne havde adlydt, var han ikke blevet hindret af Da-
nerkongen. „Vilde dine Folk være saa lydige?“ spurgte

Czaren. „Jeg vilde ikke give en saadan Befaling!" svarede Kongen; „men jeg veed om mine Tjenere, selv den ringeste, at jeg turde lægge mit Hoved i hans Skjød og trygt sove ind!"

Det er Sagnet, og det er for os Danske meget smukt opfundet. For Portnerens lille Søn deroppe var det en afgjort sand Begivenhed; dog, ved sit nøie Kjendskab til Stedet, vidste han, at Czaren ikke kunde have kjørt lige øverst op til Rækværket, men maatte være steget ud af Vognen ved hans Forældres Dør, hvor man ad en Trappe, paa flere Trin, naaer det Øverste.

Der er vist saa Steder i Kjøbenhavn, der i sig og ved sine nærmeste Omgivelser frembyde saa meget for Tanke og Phantasi, som netop Rundetaarn, og det især naar man er født deroppe, som Tilfældet var med Niels.

Midt i den travle By, i den befærdede snevre Gade, høit op til Kirken, løfter sig det gamle Taarn med sine aabne Vinduesbuer, dem Vinden suser ind af, og gjennem hvilke, ved Vintertid, Sneen fyger i Bunker paa det skraae Muursteensgulv. Orgeltonerne og Psalmesangen, som dernede klinger ud over Wessels og Ewalds Grave, naae med samme Magt herop.

Det er gjennem Rundetaarn man kommer til Universitets-Bibliotheket, der hen over Kirkens Lofthvælvinger strækker sig som en stor Sal, hvis Boghylder danne Gader paa kryds og paa tvers. I Dybden, omtrent det Sted, hvor nede i Kirken Altaret staaer, var da det oldnordiske Museum; her gjemtes tusindaarige gamle Steenkiler, Askekrukker og Oldtids-Sværd. Dette lyder nu som Anmærkninger til en „Kjøbenhavns Beskrivelse"; men i Erindringen

for ham, som dengang kaldtes lille Niels, Pouls Søn
paa Taarnet, klinger det endnu i Manddomsaarene som en
deilig Barndoms-Sang; vi høre kun de jevne Ord, men
han fornemmer Melodier.

Fra Taarnets Gjenbohuus, Regentsen. Studenternes
Caserne, klang i stjernelyse Aftener og i det klare Maaneskin
Sangen fra de unge „Herrer i Aandernes Rige"; saa frisk,
saa bølgende løftede den sig til Portnerens oppe paa Taar-
net, hvor Binduet var aabent; man kunde der følge med i
Ordene, naar man kjendte dem. Hvor tidt sad ikke Niels
og lyttede til; det var saa fornøieligt. Nede under ham
laae hele den travle By som i en Drøm. I de mørke Af-
tener skinnede ved Lygtelyset alle Gaderne som Taagestriber;
hist og her fra et Tagkammer blinkede et Lys; han saae det ogsaa
gjennem sine Tankers Glar, og det beskjeftigede ham at forestille
sig Staden i de forskjellige gamle Tider: da den kun var et
Fiskerleie, da den blev en Handelsplads, en „Kjøbmands
Hafn" og voxte til Kongestad, saaledes som han havde læst
om den.

Mangen stormfuld Nat laae han vaagen i sin Seng og
hørte hvor underligt Binden susede og peb gjennem de rude-
løse Binduesaabninger; det var som om den vilde løfte det
gamle Taarn; og at Stormen har Magt og Styrke, havde
Niels vel fornummet, da han med sin Fader sildig, i et
sligt Beir, gik derop. Lygtelyset bevægede sig skarpt henad
Muren, over de opstillede Runestene og Steenliigkister; Øiet
speidede derved, man blev lydøret; Stormen blæste Lyset ud
og knugede med et ordentligt Tag baade Fader og Søn
lige op imod Bæggen, mens det over og under dem susede,
hvinede og hvæsede; det var et Bindkast, man kunde tage

og føle paa; de maatte neie sig, og Taarnet gjorde det samme, fornam de.

Barndomstiden heroppe var en egen Drømmenes Tid; naar Niels siden som Ældre saae en Bi boltre sig imellem Bladene i en Rose, øverst paa Spidsen af et opløbet, slankt Rosentræ, da kom ham i Tanke hans Barndomstid paa Rundetaarn; der havde han som Bien været nydende og drømmende, der havde han følt og fornummet den samme Leeg og Lyst, som vi høre om i Tieck's Eventyr: „Alferne", hvor disse med den lille Marie lægge Frugtkjærner i Jorden, og der skyde op to slanke Træer, i hvis Toppe de Smaa gynge og see ud over Verden; han havde ogsaa gynget paa sine Tanker høit deroppe i Taarnet; det var hans Trylletræ, der naaede høit over By og Land.

Ogsaa det Gyselige fandt her i hans Barndomshjem sin Repræsentant, og denne var ingen anden end den forresten høist respectable Mo'er Børre, den gamle Æblekone; vi have nylig nævnet hende sidde nede i Indgangen til Taarnet, hvor hun solgte Frugt og de af Børnene meget yndede Sukkergrise til fire for een Skilling, billige, velsmagende og altid rosenrøde; hun sad der Sommer og Vinter; men paa den koldeste Tid havde hun Ildpotte. Mangt et lille fordærvet Æble, en knækket Griis, forærede hun Niels; men, fra han var kommen ud over de første Børneaar, spiste han dem ikke; nei, han kastede dem langt fra sig og var ikke at bringe til at tage hende i Haanden; det gøs i ham, naar hun strøg ham hen over Haaret, og hvorfor? — Han havde hørt af sine Forældre, at hun i levende Live havde solgt sit Skelet til en Doctor paa Hospitalet. Det var det Gyselige, at hun levende var solgt som Liig, det

2*

var en Slags Forskrivelse, om just ikke til den Onde, saa dog til Døden. For denne Forskrivning havde hun aarlig Pension af to Rigsdaler; een af disse, netop idet den var bleven udbetalt, laantes af Portnerkonen; Niels skulde gaae at bytte, han syntes at han bar paa Blodpenge.

Reent og net var der i det lille Kammer hos Portnerfolkene oppe ved Observatoriet; om Dagen havde Fader Poul jo en heel Deel at løbe om, men om Aftenen blev han gjerne hjemme hos Kone og Søn, læste høit om de gamle Tider i Danmark; tidt var der rare Billeder i Bøgerne, saaledes at man kunde see Alt som det havde været; han fik disse at laane fra Universitets-Bibliotheket lige under sig; man vidste der, at han var værsom og ordenlig.

Familiens egen Bogsamling bestod kun af to Bøger, Bibelen, der tilhørte Moder, og den gamle Eventyrbog „Tusind og een Nat", den eiede Niels, han havde den i Foræring af sin Gudfader, Hr. Svane. Begge Bøger bleve stadigt læste, og Niels var godt hjemme i dem begge to, Bibel og Eventyrbog, hver hinanden saa modsat, og i Barnesjælen to lige Sandhedens Bøger. En Forfatter, vi troe Humboldt, siger, at Drømme ere Tanker, som man i vaagen Tilstand ikke fik fuldendte, og som nu, under Søvnen, løsne sig; derfor drømmer man aldrig hvad man helst vil og meest inderligt tænker paa. Hvor inderligt eller ikke Niels havde i Tanker eller i Ønske at være Aladdin, kunne vi ikke sige, men betydningsfuld for ham blev i hans modnere Alder en Drøm her i Barndomsaarene. Han drømte nemlig en Nat, at han som Aladdin steeg ned i Hulen, hvor tusinde Skatte og skinnende Frugter næsten blændede ham; men han sandt og fik den forunderlige Lampe, og da han kom hjem med den, var det — hans Moders gamle Bibel..

Hvor betydningsfuld blev ikke i Tiden denne Drøm; Barnet kan drømme, hvad den Ældre først efter Livets Kamp og Strid mægter — ikke at gribe, men at øine.

Det fjerne Østerland, hvor „Tusind og een Nat" hørte hjemme, og den Jordbund, hvor Bibelens hellige Historier havde deres Liv, var ham eet og samme Stykke af Verden; Damaskus og Jerusalem, Persien og det stenede Arabien, vare eet og samme kjendt og hjemligt Rige, der med Danmark, hvor han levede, udgjorde ham den hele Verden; andre Riger og Lande hørte han vel stundom nævne, men de vare ham fremmede og mere fjerne end selv Sol og Maane; disse kunde han dog see for sig. — Der var endogsaa en Tid, han troede, at de sorte Pletter i Maanen var en Mand, der havde stjaalet Kaal og derfor til Straf sat derop, at sees af alle Mennesker! Det var en gruelig Straf.

„Det er ingen Kaaltyv," sagde Hr. Svane, „det er en lille Gavstrik, som flyver om i Glasballon og seer Folk efter i Sømmene! Tag Du Dig iagt for den Luftskipper; han flyver Jorden rundt og leer af os Allesammen!"

De Ord og den Forklaring gjorde et dybt Indtryk paa Niels, og han talte om den, og det selv til Studenten, der hjalp den astronomiske Professor inde ved Instrumenterne.

„Det er jo en forfærdelig Vantro og Uvidenhed af en Beboer lige ved Siden af Kjøbenhavns Observatorium!" og Studenten lod ham see i en af de store Kikkerter deroppe, og Maanen viste sig som en kjæmpestor Kugle med

heel Landkorttegning paa! han lod ham see Solpletterne,
der udvidede sig og trak sig sammen, syntes han; og nu
hørte han fortælle, at Sol og Maane, ja hver eneste Stjerne,
var en heel Jordklode. Det var ligesom en Eventyr=Hi-
storie at høre paa. Noget egentligt klart Begreb fik han
rigtignok ikke, men hans Phantasi løftede sig ud i det uende-
lige Verdensrum; han befolkede hver en Stjerne med Men-
nesker, og tænkte, om de vel deroppe med deres Kikkerter
kunde see Kjøbenhavn og Rundetaarn, hvor han boede.

Tidt og ofte ønskede han nu at kunne flyve som Sva-
lerne, der i piilsnar Flugt joge forbi hans Vindue ind i
Taarnet og der med krydsende Fart flagrede, fløi og skjød af-
sted; med en Flyven som denne maatte han kunne naae den
blinkende Stjerne. „Du bruger dog et Par hundred Aar
derop!" havde Studenten sagt, og de Ord vare saa fast
voxede ind i Tanken, at han virkelig en Nat drømte, at han
hurtig og let som Svalen svang sig fra Jorden, der blev
mindre og mindre; men Stjernen, han fløi imod, blev ikke
større; han var langt ude i det uendelige Rum og idelig
lød Studentens Røst: „Du bruger dog et Par hundred Aar
derop!" — men derhen vilde han, maatte han, og han
fløi, blev som baaret af Luften, — og klarere og klarere lyste
Stjernen, men ikke nærmere, og han vaagnede midt i Flug-
ten, langt fra Maalet.

Faderen havde læst høit for dem i en Bog, en gam-
mel dansk Oversættelse, om „Haltefanden", der kom til
Studenten, som boede høit i Veiret, næsten som de paa
Rundetaarn, og om Natten løftede Tagene af Husene og
lod ham see Alt hvad derinde foregik; Phantasien gjorde
det samme Experiment for Niels; dog, hvad han saae var

ene og alene dækkede Borde, Selſkaber, der ſad om Steeg
og Kage, eller Juleaftens Herlighed med lyſende Juletræer.
Selv fik han et ſaadant hver Juleaften, men lille; i en
Urtepotte ſtod det, behængt med udklippede Næt og virkelige
Æbler; i Toppen ſkinnede en Guldſtjerne, der ſkulde tyde
paa Jeſu Fødſelsſtjerne. Og netop paa Julens hellige Af-
ten, da han havde ſpiiſt og ſkulde til at høre Fader læſe
en Hiſtorie, udſtødte Moder et Suk og ſad i det ſamme
ſtiv, ſom om hun var død. Fader løb efter Doctoren,
en Aareladning blev foretaget, Moder aabnede igjen ſine
Øine; men fra den Stund var alle hendes Lemmer lamme;
det var Apopleri, kun i hendes Øine viſte ſig Livet. Hun
maatte bæres af Seng og i Seng; ſaaledes hengik fem tunge,
lange Maaneder.

Af Bibelen læſtes endnu om Aftenen høit, og man ſaae
i hendes Øine at hun forſtod. Tidt var det blevet ſagt:
„Bibelen er Guds Ord“, og derfor, i from og barnlig Tro,
tog lille Niels en Aften Bibelen og lod den berøre Mo-
derens ſtumme Mund, og hans Tanke derved var, at Bibe-
len, Guds Mund, ſkulde berøre Moders Mund til Kys.
Det var ſom om hun forſtod det: aldrig glemte den lille
Dreng ſiden ſom Mand det Udtryk, der lyſte fra hendes
Øine; i dem laae Sjælens eneſte Baand med Omverdenen.

Sidſt i Mai døde hun; det var det førſte ſtore Forliis
i denne Verden, den førſte Rift i Livets ſmukke Billedbog;
— men Fader levede endnu, Hjemmet blev jo, men den
ene halve Deel af Verden var borte.

Ned af Taarnet bar de Moderens Kiſte; ude paa Ga-
den holdt de Fattiges Liigvogn; tilfods fulgte Mand og Søn
den lange Vei ud af Nørreport til Kirkegaarden; Solen

skinnede, Træerne vare nyligt udsprungne, Søerne, de kom over, gjenspeilede den blaae Luft. Niels havde aldrig før været udenfor Kjøbenhavns Volde, kun seete fra Taarnet kjendte han Forstæderne, Mark, Enge og Skove; første Gang paa Foraarets friske, deilige Dag kom han i det Grønne, mellem Blomster og under Træer, men ved sin Moders Grav.

Man fortæller om en engelsk Familie, der fra Damp-skibet paa Reisen til Petersborg, gik nogle Timer i Land i Kjøbenhavn, tog en Vogn og sagde til Kudsken: „Kjør os hen, hvor der er noget Smukt at see!" og det Smukkeste, Kudsken vidste, var ikke Billedgallerier eller Museer; nei, Asfistentskirkegaarden; derud kjørte han dem, og de skulle være blevne i høi Grad henrykte og lovede at komme igjen for at lade sig begrave her, da det var det smukkeste Sted i Verden! Det har idetmindste Kudsken fortalt, og Niels var af samme Mening som han og hele den engelske Fa-mile: det var det deiligste Sted i Verden! han ønskede at kunne blive med sin Fader her under de smukke Træer, hvor Fuglene sang, hvor Muren prangede med Billeder, hvor Gravene stode med Monumenter, Blomster og Krandse. Her var saa festligt, saa yndigt, og dog græd han, thi hans Fader græd, og ned over Moderens Kiste kastede de den sorte, tunge Jord.

Langsomt gik det igjen hjemad til det gamle Taarn, hvor han nu var Alt for Faderen; — Hjemmets Drivhjul var borte, han var fra nu af ligesom blevet mere dyrebar, idet han modtog Moderens efterladte Hjerteplads hos Fa-deren, og det forstod han. Mindre let at forstaae, — og dog er det saaledes, — at Barnet glemmer saa snart sin Moder,

hende, hvis hele Hjerte slog for det, levede for det, fyldtes
af det, elskede det, som kun en Moder kan elske, der for=
glemmer sig selv for dette og kun i dette har sit Haab, sin
Fremtid. Ogsaa Niels glemte sin Sorg, glemte næsten
Moder — og vi vide i de første tre paafølgende Aar ingen
større og betydende Livets Skyggeside for ham, uden den, at
der var Hunde til.

Kjæk, næsten afprægende en Characteer med heftig Op=
brusen, en Villie, var der een Side, hvorfra han alde=
les var en Kryster: han havde en medfødt Angest for Hunde;
det var hans Sorg, at disse Skabninger vare til; blot
en Hund snusede til ham, gik der et Choc gjennem alle
hans Lemmer, og man vil da begribe, hvilken Qval det
maatte være Niels at komme paa Gaden i Kjøbenhavn,
der selv i Udlandet, og med Ret, er berømt for sin utro=
lige Vrimmel; Reisende have skrevet derom og sagt, at vi
heri overgaae Constantinopel, der dog er mærkelig ved sine
Skarer ombrivende, herreløse Hunde. „I Kjøbenhavn ere
de ikke herreløse!“ sagde Hr. Svane, og vi ville høre hans
Udtalelse om denne Hovedstadens dyriske Drift, som han i
sit gode Humeur kaldte den.

„Her ere Hundene ikke herreløse, ikke ombrivende Horder!
nei, de ere hjemme; hver Herre, hver Dreng og Madam har sin
Hund, hvert Huus sine Hunde. Værst er det i Byens Havn!
der, paa Pæreskuder og Fragtskibe, gjøe og hyle de ind i Nat=
ten, saa Gud naade Hver, som sover let i den Gade, det
er snart forbi med hans Søvn; er der nu en Hund lukket
ude, saa gjøer den med eller hyler som et nyt Toug paa
en gammel Tridse, hvor der heises svært Gods; det høres
af en anden nattedrivende Hund, der svarer; det bliver Duet,

Terzet, men aldrig Finale der ender, før Natten ender og Dagen kommer, og saa har man hele Skuet: fire, fem Hunde staae og spærre Dig Port og Gadedør, to ligge i Solen og optage Fortoget; en glubsk Kjøter farer tvers over Gaden og er nær ved at løbe skikkelige Folk overende; Madammens Spids gjøer fra det aabne Vindue, en lille Hund, uden Kjendetegn af hvad Kaste den hører til, gjøer sig hæs fra Gadedøren, Moppen vralter ækel feed, som et Aadsel, der er hovnet op i Bandet; man bliver vaad i Munden ved at see paa dem. Der komme Hunde, fødte til at staae i Lænke, Hunde for ledige Jomfruer, Hunde med Dressur og i raa Natur, og det ikke blot Hunde paa Gaden, men Hunde i Gaarden og inde i Stuen, tidt i Sophaen, selv i Sengen og oppe paa Bordet — et rigtigt stort Bæst, uden al Eau de Cologne, midt i Familiekjødet; det kysses af hele Familen, er Lem af den — og det er ikke overdrevent, men det er overdrevent med Hundene!"

See, det sagde Hr. Svane. Nu var lille Niels den Plage qvit, løst fra dem Allesammen, fra Kjøbenhavn, fra Hjemmet og Rundetaarn, det der vilde staae uforandret, tungt og graat, som om ingen Dag var gaaet, naar han om Aaringer maaskee, større, ældre, forandret i saa meget, kom her tilbage igjen. Hans Klæder bleve lagte i en lille svær Trækoffert, den eneste her var. Den gamle Bibel og „Tusind og een Nat" fulgte med; det var hele Bibliotheket oppe fra Rundetaarn, og — saa gik Reisen til Jylland.

III.

Præstegaarden paa Heden. Musikant-Grethe.

———

Over Silkeborg, hvor dengang Ingen endnu tænkte
paa, at der snart vilde reise sig en By, gik den dybe, tunge
Sandvei vesterpaa, til Hjemmet: den gamle Præstegaard ved
Hvindingedalsbanker, som ved „Langsøen" afskjæres fra de
store Skove og begrændses af den udstrakte, havlange Hede.
Det var sildig Aften, mørkt Veir; trætte vare de Reisende,
trætte vare Hestene, langsomt gik det fremad i Eensomhed og
Stilhed. Nu gjøede en Hund.

„Det er vor Lænkehund," sagde Præsten; „Lyden ræk-
ker langt herover!"

Hundens Hilsen var den første i det nye Hjem. Hvorledes
saae her ud? Ja, allerede i et Par Timer var alt Udseende
ligesom visket ud af Mørket. — Allerede Aftenen forud var
sendt til Aarhuus Vogn og Heste, at disse kunde hvile ud
og have friske Kræfter til Hjemreisen; men nu vare Kræf-
terne slupne, de luntede fremad; knak nu bare ikke et af
Hjulene! Sandet blev dybere, Natten mørkere. Længe hør-
tes Vandets Brusen gjennem Sluseværket ved Gudenaa; snart
lød et underligt Fugleskrig, hvorved Niels foer iveiret; men
selv dette Fremmede blev vanligt, de trætte Øine lukkede sig;
Vognens eensformige, langsomme Bevægelse. Sandets Skuren
mod Hjulene dyssede i Søvn, og ikke kjendte han da til
denne Egns mange Sagn og Syner, ellers vilde den mørke
Aften nok have oplivet baade dem og ham.

Niels vaagnede først da han holdt i Præstegaarden.
Alt var i Bevægelse, Alt paa Benene, Lysene selv syntes

at løbe omkring i Stuen og kalde: „nu komme de! nu
komme de!" Lænkehunden gjøede, Hanen og Hønsene paa
Hjalet galede og kaglede; Pigernes Træskoe klapprede over
Gaarden, og Moe'r stod med smilende Ansigt og fik et Kys;
tæt ved hende viste sig en ikke ganske ung Pige, med
et tænksomt, mildt Ansigt; hun var omtrent otte og tyve
Aar og Præstefolkenes eneste Barn; det var Bodil. Lys
stod stillet i Vinduerne, en heel Illumination, og inde i
Stuen var der dækket op som til en Fest. Fader havde i
Dag ikke faaet noget Ordentligt, Vertshuusmad er kun halv
Mad, derfor fik han nu en varm Suppe, Haresteg og
Bønner.

Præstekonen havde meget at fortælle, meget mere end
Faber, der kom saa langveis fra: Maarkatten havde taget
fem Ællinger, et af Skilderierne var igaar faldet ned og
havde forskrækket hende, hun havde troet, at det var et
Varsel. Byfogedens de unge Folk vare komne til Egnen og
havde allerede gjort Besøg Vesterpaa; jo, der var skeet
meget i de fjorten Dage Japetus Mollerup, „vor Fa-
der," havde været i Kjøbenhavn.

Bodil sørgede især for Niels; venlig og hjertensgod
sagde hun ham Velkommen; Mo'er selv, den gudsfrygtige,
skikkelige Præstekone, sagde ogsaa meget mildt: „Velkommen
i Huset"; men hun kunde dog ikke dølge for sig selv, at
hun hellere havde modtaget et noget moralsk fordærvet Barn,
som hun kunde føre frem i det Gode, lede og opdrage, have
sin Glæde af paa Jorden, sin Løn i Himlen; med en større
Inderlighed vilde hun have modtaget et saadant, — saaledes
ere vi stakkels Mennesker i vore gode Forsætter.

Bodil førte Niels op paa hans lille Kammer, Moder lagde ham vel paa Hjerte at flukke Lyfet; Bodil kom selv senere og saae efter om det var skeet. Han laae i Sengen, blødt og godt, i det rene, friske Linned, læfte sit „Fader vor", men ihvor træt han var, kunde han dog ikke strax falde isøvn.

Det var endnu kun fireogtyve Timer siden han havde forladt Kjøbenhavn og sit stadige Hjem, Rundetaarn; i den korte Tid var oplevet saa uendelig Meget, som ellers ikke i Aaringer; han havde været paa Dampfartøiet, og i et deiligt Veir, paa det seilløse Skib fløiet forbi over hundrede Skibe, der satte alle deres Seil til og dog slet ikke kunde følge med dem; han havde seet hele Sjællands Kyst, Helfingør med Kronborg, ja, Sverrig var de saa nær, at de sinede Mennesker der tilfods og tilheft. Han var steget iland i Jylland, i en heel fremmed By, og derpaa kjørt saa langt over store Høider, hvor man saae vidt om. Han var kommet forbi Sandbanker, saa mægtige som han tænkte sig Bjerge, kjørt ind i store Skove og ud igjen, altid i stille Eenfomhed. I Kroen, hvor de bedede, var Alt ham ganske fremmed, selv Sproget, de talte; og nu var dette Land, dette Sted her hans Hjem, det han slet ikke kjendte, alle Mennesker her vare ham fremmede. Disfe Tanker opfyldte Sindet og holdt hans Øine aabne.

Gjennem Vinduet skinnede en stor Stjerne ind til ham, den kjendte han, netop den, fra samme Sted, i samme Høide, syntes ham, havde lyft ind til ham mangen Aften oppe paa Taarnet, den var fulgt med ham herover; han blev saa glad derved, som ved en gammel Ven, læfte saa endnu engang fin Aftenbøn og sov ind.

Næfte Morgen, da han blev kaldt til Thee, klang ham

imøde Musik, lange, udholdende Toner, som af en Skalmeie
eller Harmonika; den sidste var det.   Inde i Dagligstuen
sad en gammel Bondekone, der med stor Alvorlighed bevæ=
gede Instrumentet, saa at der klang en gammel Kjæmpevise=
Melodi.   Prægtige store, blaae Øine havde den Gamle,

Præsten sad i Lænestolen, og med et venligt Smiil
sagde han, idet den sidste Tone var dirret hen: „Tak
Grethe! Det var altsaa Velkomst! jeg vidste nok I undte
mig den!“

„Ja!“ sagde hun, „jeg vidste, at I skulde komme
hjem igaar Aftes, og jeg blev oppe længe over min Senge=
tid, for at hilse Velkommen fra Kongens Kjøbenhavn, den
lange, lange Reise! jeg stod i min Dør og ventede; men
da det saa trak altforlangt over Tiden, saa krøb jeg i Slag=
bænken og er derfor nu kommet her tilmorgen!“ Hun kys=
sede Præstens Haand.

Det var Musikant=Grethe, som hun kaldtes; hun
boede her ved Banken i Klynetørvs=Huset. Hun var kom=
met her med det Bedste, hun havde, hendes Skat i denne
Verden, og det en Skat som gav Renter. Gjennem mange
Aaringer havde hun i Eie denne Harmonika, og ved sit
mærkelige Gehør havde hun lært sig til at spille paa den
uden at kjende en Node. Hver gammel Melodi, hun nyn=
nede, hver ny Vise, hun hørte, kunde hun meget snart spille
paa Instrumentet, og det ene og alene ledet af sit musikalske
Øre. Det blev hende til et lille Erhverv, idet hun imellem
spillede op til Dands ved Bondebryllupper. Saa inderligt,
som om det kunde være et levende Væsen, elskede hun denne
Harmonika og frydede sig over dens Toner. Musik var nu
hendes Livs Salighed. Det var en rigtig Glæde at komme

over i det noget fjernere liggende Præstesogn, hvor der var unge Folk som havde et Klaveer og som Konen der spillede saa yndelig paa. Musikant-Grethe havde tidt staaet ude paa Gangen og lyttet efter den „Himmel-Musik"; et Par Gange var hun blevet kaldt indenfor, og engang, da hun der var ene med Præstekonen og havde forjaget sin Frygtsomhed, fandt hun ved sig selv tilsidst paa at anslaae de rette Tangenter til Melodien. Havde Musikant-Grethe været født i andre Livsforhold, andetsteds, hun var maaskee, som musikalsk Geni, blevet en europæisk Storhed i Tonernes Verden — nu var hun kun Musikant-Grethe.

Hun var det første Bekjendtskab i det nye Hjem; snart kom de andre Personer frem, Karle og Piger, Fjerkreaturer og Staldqvæg, hele Besætningen, Alt nyt og morsomt, en sand Modsætning til, hvad Stuen paa Rundetaarn og Kjø= benhavn frembød. Her i Præstegaarden var ogsaa en Hund, men den stod i Lænke, gjøede rigtignok, men kjendte Huset og altsaa vidste hvem der hørte til. Svinene gryntede, An= derne snabbrede, Duer og Graaspurve gik fredeligt om, Pi= gerne nikkede, Karlene sang; men Talesproget var ikke let for Niels at forstaae, det lignede, syntes han, slet ikke det Danske i Kjøbenhavn.

Det var et sandt christeligt Huus, han var kommet til, det var gode Mennesker, hvor Villien til det Gode var stor; her var megen Hjertelighed og — lidt formegen Tobaksrøg, den var Fatter Skyld i, og den Fornøielse, han havde her= ved, undte de ham Alle. Moder og Bodil vare jo ogsaa blevne vante til den.

I fjorten Dage havde Fader vel ikke været hjemme og røget sin Pibe, men Duften fra den var ikke gaaet paa

Reise, den boede her, som Duften boer altid i det russiske Læder, som den egne Lugt i de engelske Bøger og Høvlspaanens Dunst ved Snedkerens Hverdagskofte.

Den gamle Japetus Mollerup var i sit Hjerte Kjærlighed, som Christi Lære er det; hans Tale i Kirken var den samme Udgydelse, men i en anden Form. Ligesom i Billederne, de store Mestere fra Middelalderen have givet os, ikke det Græsselige, det dryppende Blod, alt det Krasse, men den fromme, dybe Følelse, det skjønne Eenfoldige i Troen, er det, der rører og opløfter os; saaledes var det heller ikke Prædikens Ord, der klang om Helvedsporte, om den strænge Gud og Syndens Vederstyggelighed, men særlig den Inderlighed, der beaandede hans Tale, den Overbeviisning, hvormed den blev givet, som vidunderligt greb Tilhørerne. Mellem Præst og Menighed var her noget Patriarkalsk; den Gamles Ord var Troens og Sandhedens, hvorpaa man trygt forlod sig; og den, som af Alle stod ham nærmest, hans brave, christelige Hustru, saae allermeest op til ham, hengav i ham ganske sit Jeg, sin Personlighed; hans Tanke og Mening var hende den eneste rigtige, hans Ord var hende en Lov, hans Forstand var hendes lysende Lygte. At den Mand ikke var blevet Provst, var hende det tydeligste Tegn paa Uret i denne Verden. Dommens Herlighed og Helveds Ild i dens Gruelighed tænkte hun ofte over, og da kom den syndefulde Menneske-Natur frem; hun kunde ikke lade være at tænke sig Een og Anden af sit Bekjendtskab, der vilde komme til at brænde, om ikke evigt, saa dog nogen Tid, og det var et af hendes høieste Ønsker, at Gud vilde lade Verdens Ende indtræffe i hendes Levetid, at hun maatte

faae at see Dommens Dag og erfare, hvem det gik haardt; hun
vilde da forvisses om, at hun havde ikke seilagtigt dømt dem.

Det tredie Blad paa Husets Hjertekløver var Datteren
Bodil, opkaldt ikke efter nogen Middelalderens ridderlig
Frue, men efter en afdød Tante, der havde været Rokke-
dreierkone. Hun var dyb og inderlig som Faa. Forstan-
dens klare Lys lyste for hende i den lille Omverden og
Troens i det store Aandens Rige. Det Smukke i gamle
Dage, at Thyendet ligesom hørte med til Familien, var her
blevet i sin Ret; selv Dyrene stode ligesom rykkede et Stykke
nærmere ind i Sammenholdet. Lænkehunden logrede end-
ogsaa venligt, naar Niels i tilbørlig Afstand fulgte
Bodil, som bragte den Føde; Hanen lod fine rødgule,
glindsende Fjedre svaie og brystede sig paa Møddingen;
Ænderne vraltede hjemligt om og vare ikke bange for at
snaske et Stykke fra Lænkehundens Trug; Spurve og Duer
hoppede om mellem Svinene, der mageligt dovnede paa Hal-
men og trak smaskende Veiret i Solskinnet.

Hvindingedalsbanker, hele Silkeborg-Egnen, var da at
betragte som et Ørkenland, ligesom udenfor den civiliserede
Verden; da tænkte Ingen paa, at her skulde reise sig en
By ved „Langsøen", ikke engang Sporet til den, Fabriken
var i Tanke, den opstod først syv Aar efter at Niels kom
herover. Al Handel og Omsætning den Gang blev kun dre-
ven her som Tuskhandel; her var aldeles ingen Penge i
Egnen, med Undtagelse af en eneste fem Rigsbankdaler-Sed-
del, og i hvis Eie Seddelen var, det var stedse en Sag,
der var bekjendt for alle Omegnens Beboere. Dette er factisk!

Den første Dag i det nye Hjem var og skulde være en

Hviledag for Niels, siden skulde han nok faae Noget at
bestille, og ikke dovne; Lediggang er en Rod til alt Ondt.

Mod Aften stoppede Præsten sin Pibe, den havde hele
Dagen egentligt ikke været ham af Munden, uden ved Maal=
tiderne, og han gik, som han i Aaringer pleiede det, en lille
Vandring over Marken og henad Heden; Niels tog han
med, han havde hele Dagen endnu ikke været udenfor Gaarden.

De gik hen over en mager, rødlig Jord; Muldvarpe=
skuddene der saae ud som Trippelse; rundt om voxede Blom=
ster, smaae og fine, røde og gule. De kom op paa den
nærmeste Høide, og stor, vidt udstrakt, viste sig Heden, der
med sin blomstrende Lyng, beskinnet af den nedgaaende Sol,
saae ud som det røde Hav i lange stillestaaende Dønninger.
Mod Nordvest laae Silkeborg Skove og Søer, Moserne med
de sorte Storke, Skovene, hvor Kongeørnen og Hornuglen
boe; Himmelbjerg løftede frem sin rødbrune Top, og Alt
var stille og dog saa ørkløbt; man fornam den surrende
Flue, det fjerne Kildevælds Sprudlen, og midt under dette
hørtes ligesom Æolsharpetoner. Det var fra en Harmonika;
Musikant=Grethe gjorde Musik. Her tæt under Banken,
mod Nordvest, laae hendes Huus, bygget af Klynetørv og
tækket med Lyng, der, i sin Overgang til Muld, bar Mos,
grønne Planter, Huusløg, ja selv et vildt Rosentræ. Musi=
kant=Grethe stod i den halvaabne Dør, Solen skinnede
hende Kinderne røde; hun spillede, man skulde troe, for sin
egen Fornøielse og Andagt, men det var til Dands; foran
hende bevægede sig i springende Dandsetrin en ganske under=
lig Skikkelse. Den, som nylig har læst Historien om „Peter
Schlemihls" solgte Skygge, der vandrede om i Verden,
vilde med Rimelighed troe, her at see denne livagtig for sig;

et virkeligt Menneske kunde det umuligt være, saa smal, spinkel og tynd var denne menneskelige Fremtoning. Et stort blaatmalet Skriin med røde Bogstaver og Læderrem, saa at det kunde bæres, stod foran, som var det Souffleurkassen, der var glemt at tages bort, før Balletten begyndte.

„Det er jo Skrædderen!" udbrød Præsten og stod med leende Ansigt og saae paa de høie Spring, uden at den Dandsende eller Musikant-Grethe mærkede til, at de havde Tilskuere. Dandseren endte sit Sving med et „hui, huj!" da klappede Japetus Mollerup i Hænderne og raabte: „Laudabilis! det kan man kalde at være Dandse- mester!"

Det var „Lappeskrædderen", „Synaalen", som ogsaa vittige Hoveder, i Spot for hans Tyndhed, kaldte ham. — Spotten voxer, som Skyggerne, jo nordligere man kommer; hos Grønlænderen bliver den en afgjørende Høieste- rets-Kjendelse i Stridssager, og altid ligesaa retfærdig af- gjørende, som Dueller i civiliserede Lande. — Lappeskræd- deren kom fra Gaard til Gaard, Proprietairens og Bon- dens, blev der i Dage eller i Uger, og satte Klæderne istand, syede om, bødede og vendte; han var den levende Budstikke, men med diplomatisk Snille, der laae i hans Godmodighed, eller, om man vil, Forsigtighed; han vidste at fortælle, uden at skade Nogen, uden Braad, og dog livligt. Stedet for Historierne, eller Personerne selv, nævnede han tidt slet ikke, uden omskrevet, og tilføiede dernæst: „Lidt Løgn er der vel deri, den maa med ligesom Flynderskind i Kaffen, at denne kan klares."

Han tog Kassen, hvori hans Klæder gjemtes, fik den paa Nakken og fulgte langsomt, i Samtale med Præsten, hjem til dennes Gaard, hvor han et Par Uger skulde arbeide. Velkommen var han, det saae man paa alle Ansigter; der var en Glæde som igaar, da Fader kom hjem fra Kjøbenhavn; men Lappeskrædderen bragte dem ogsaa udførlige Nyheder, og var dertil, som de kaldte det, „en god Læsere", det vil sige, han stod i Læsning et høit Trin over alle de Andre; ja, vi maae tilstaae, han viste i den Retning en Slags Ødselhed; han holdt „Aarhuus Avis", rigtignok fik han den ikke ganske vaad med Posten, den var først paa Omgang i fjorten Dage og læstes af sex Familier der i Egnen; men hver anden Søndag fik han saa desflere Aviser, og i dem stod Alt, hvad der skete i hele Verden, „baade det Indenlandske og det Udenlandske", og han vidste at læse det op og at forklare det; han var klogere end han var tyk, og en rigtig „Reisemand". Hans Bekjendtskab skulde blive af Betydning for Niels. Vi ville faae at høre derom.

IV.

Lappeskrædderen.

Der er i Spøg blevet sagt om Niels, at han var af „høi Byrd", fordi han var født oppe paa Rundetaarn; om denne Byrd taltes ikke herovre, men om Lappeskrædderens Byrd, denne gav Navnkundighed; han havde et historisk Familienavn fra Sagnenes Rige, rigtignok fra den yngste Sagntid. Lappeskrædderen var en Sønnesøn af „Peer Guldgraver".

Mangen Aften, efter Nadverbordet, sad Niels inde hos Folkene og hørte da af Skrædderens egen Mund om Farfa'eren, om den rige Skat i det dybe Flyvesand. Overtroens Lygte kastede sit Billedlys hen over den øde Hede-Egn, og han, som fortalte, blev en historisk betydende Person i det nye Hjem.

I Stougaard ved Beile boede Peer Holstener, Farfa'eren, fortalte han; Gaard og Grund til Køer og Heste havde han; da drømte han en Nat om en stor nedgravet Skat, og at han skulde kunne læse sig til, hvor den var at finde, han maatte kun reise til Voel, der i Vertshuset, i det Kammer, han havde sovet i engang før, laae paa Hylden en Bog, og i den stod Alt nøiagtigt optegnet. Han reiste derhen, fandt Bogen, og i den stod skrevet om al den Rigdom, en heel Kongeløsning, den en Herre til Silkeborg havde ladet nedgrave. Der skulde drages en Linie fra Gjødvad Kirke til Spiret paa Linaa, og i den, ti Favne over Vandspeilet af Gudenaa, laae Skatten; Stedet var kjendelig paa en stor Eg, tredive Alen høi, men saa aldeles skjult af Flyvesand, at man ikke kunde see mere af Trætoppen end saa meget som en Pibespids. — Peer solgte nu sin Eiendom for ti tusinde Rigsdaler og drog til Silkeborg, hvor han fik Lov at grave; han fandt jo ogsaa Adskilligt, som gamle Kobbermønter, en Hestesko og den Slags; men Skatten naaede han ikke, „Flyvesandet knugede den!" sagde en gammel Kone ham. Alle hans Penge gik, og tilsidst havde han ikke mere at leve af. Det gravede Hul fyldtes idelig med den løse Sandjord; hver Nat løb der hen over det en sort Hund, det var Djævelen! Peer Guldgraver

blev en Stodder, kom paa Fattighuset i Linaa, og der
døde han!

Sønnesønnen vidste saa god Besked, han havde det af
sin egen Fader, og selv havde han seet, naar han med sin
Klædningskiste paa Ryggen ved Nattetid kom forbi Stedet,
der havde slugt hans Farfa'ers hele Formue, altsaa Slæg=
tens med, at et Lys dandsede hen derover; ingen Sandflugt
mægtede at slukke det; den Onde holdt det tændt for at
vise Mærket og at lokke Menneskene til at grave og begrave
sig selv med Guldet.

Fra Sagnenes Verden og fra Virkeligheden vidste Lappe=
skrædderen at fortælle; han var en „Reisemand", fra Herre=
gaard og Præstegaard til Bondens Huus; Aviserne med „det
Indenlandske og Udenlandske" havde han med sig. Det
livlige, bevægede Sind, den godmodige Natur, var af stor
Tiltrækning; han og Niels bleve snart gode Venner.

Over fjorten Dage havde de været sammen; det var
en Søndag, den sidste, for Skrædderen skulde over at sye
hos den nye Herredsfoged, han med sin Frue vare unge
Ægtefolk, og Musikant=Grethes Næstsødskendebarn, lille
Karen, tjente der som Barnets; det var omtrent Alt
hvad han vidste om dem. Alle Præstegaardens Folk vare
denne Søndag til Altergang; kun Kokkepigen, Niels og
Lappeskrædderen bleve hjemme.

De to havde deres Morskab af at see paa Kattens store
Killinger, hvor de vare yndige, lette og smidige; de skulde
heller ikke druknes, men foræres bort paa een nær, og ham
udpegede Niels; det var den Morsomste af dem, den trillede og
tumlede nu med en stor, blank Messingknap, som Skrædderen
havde kastet til den, og blev ikke kjed af den Leg; men det

blev Lappeskrædderen og Niels, de vare imidlertid ved
den komne paa Tale om Kattenes Slægt: Tigeren, som
lever i en anden Verdensdeel, og der havde Præstens Broder
været, og han var død derovre af smitsom Syge; inde i
Storstuen hang hans Portræt med galloneret Kjole, stort
Kalvekryds og Manskjetter; det var det største der af Bil=
lederne.

Herind kunde de vel gaae, de gjorde det, og Skræd=
deren var meget talende og forklarende; pludselig — hans
Øine faldt tilfældigt hen paa en Stol ved Schatollet —
som han havde seet en Slange gik der et Choc gjennem
ham, han greb Niels ved Armen og udbrød: „Nu har vi
seet det!“ og „her maa vi nok ikke være! kom!“

Han drog i Hast Niels ud med sig og lukkede ikke engang
Døren; imidlertid taltes der om mange Ting, der taltes vist
over et Qvarteer, saa skiltes de — tilfældigt — men Niels
gik alene igjen op og saae paa Portrætterne.

En Timestid efter kom de Andre fra Kirke. Moder gik
strax til Storstuen, og da hun vendte tilbage, spurgte hun
om Nogen havde været derinde? „jo, Niels og Lappe=
skrædderen!“

Før Moder gik til Kirke havde hun, som ellers al=
drig var glemsom, paastod hun, glemt, hvad hun mindst
skulde glemme, sin lille grønne Pengepung og et gammelt
forgyldt Sølv=Hovedvandsæg, et Arvestykke fra Tante Bodil,
Rokkedreierkonen; et kosteligt Stykke med udgravede Figurer
og Blomster og dog ikke større end en Valnød; det var
saa mærkelig smukt. De to Sager, tilligemed en Dusk røde
Nelliker, hun havde plukket i Haven, vidste hun bestemt at
have lagt paa Stolen, da hun tog ud af Schatollet Handsker

og en reen Strimmel; Pengepungen, med hver Skilling i,
laae der endnu, Nellikerne derimod vare kastede paa Gulvet,
og det forgyldte Hovedvandsæg var ikke at finde. Det
havde ligget der med de andre Sager, nu var det aldeles
forsvundet. Ingen Fremmed havde været paa Gaarden, ikke
en Hund havde gjøet.

„Det laae der!" sagde Lappeskrædderen, der
strax tilstod at have været med Niels i Storstuen. „Jeg
kan ikke nægte det".

Niels havde kun seet paa Billederne.

„Da jeg saae, hvad der laae, gik jeg strax!" sagde
Lappeskrædderen og blegnede.

„Gud bevar os! Ingen falder paa, at mistænke Eder!"
udbrød Præstekonen. „I har det ganske anderledes; vi kjende
Eder Allesammen! Piin jer nu bare ikke selv!" Hun nikkede
mildt, og klappede ham paa Skulderen. I det samme
gik der ligesom et Lys op for hendes Tanker; hun saae stivt
paa Niels, dog uden at sige et Ord.

Lappeskrædderen var erkjendt for den ærligste Sjæl
paa Jorden; han var lige ud til det Yderligste bare Retskaf=
fenhed; det næsten grændsede til det Komiske og betragtedes
som en Latterlighed, en Svaghed.

Der er fortalt, og i Aviserne stod over Beretningen den
Overskrift: „Forvidt dreven Ærlighed": en hæderlig gammel
Regnskabsfører paa et Contoir i London drømte en Nat, at han
havde begaaet en Feil i sit Regnskab; han tog sig dette saa nær,
at han hele den paafølgende Dag blev tungsindig, og Natten
derpaa tog Livet af sig; blot for en tilsyneladende Utroskab i en
Drøm. Man regner sligt til Galskab; men der gives virke=
lig Mennesker, der i een eller anden Retning have deres

Samvittighed saa sygelig finfølende, at de ikke taale, at
selv kun en Drøm kaster Skygge over den; og med en saa-
dan var den stakkels Lappeskrædder begavet eller behyrdet,
og dette var paa de fleste Steder, hvor han arbeidede, kjendt
og forstaaet. Hans redelige Nøiagtighed gik saa overdreven
vidt i at klare for hver en Naals Traad, hver en lille Lap,
der medgik eller blev tilovers, at virkelig Een og Anden,
der ikke forstod Sligt, efter denne Verdens Art, lettelig
tænkte, om der ikke stak noget Falskeligt her bag ved. De
gjorde ham stor Uret. Psychologisk mærkværdig var ogsaa
den underlige Uro, der kom over ham, naar han i en frem-
med Stue saae henstængt eller aabent ligge Penge; han veg
tilbage, trak sig bort, saa at derover et Par Gange var
gjort ham det Spørgsmaal, om han maaskee havde en medfødt
Trang til at tage, hvad han saae; om det var af Skræk
for at stedes i Fristelse, at han bar sig saaledes ad; slige
Ord kunde gjøre ham ganske syg; han gik da i flere Dage
stille og indesluttet. Det var nu hans Natur.

Paa Lappeskrædderen var her altsaa ikke Skygge
af Mistanke; men Moder havde faaet en Tanke, og idet hun
huskede paa Fordærvelsen i Kjøbenhavn, alt det Onde det,
blev den hende til Vished; hun havde dog sikkert faaet,
hvad hun eengang ønskede sig: i Huset en slem Dreng, et
Barn med onde Vaner. Pludseligt greb hun Niels ved
Haanden, førte ham ind i sit Sovekammer, og med Vished
i sin Stemme sagde hun, idet hun fast saae ham ind i
Øinene: „Hvor har Du gjemt det? Hvorfor tog Du det?
Du har gjort! jeg veed det!"

„Nei, nei!" raabte han, og Blodet gik bort fra hans
Kinder.

Hun holdt hans Haand fast, han zittrede, hun blev derved vis paa, at hun havde gjættet rigtigt, og tilføiede strængt: „Beed Du ikke, at det fører til Tugthuset?"

„Jeg har ikke rørt det! ikke seet det!" skreg han, og en Heftighed, Ingen herovre endnu kjendte hos ham, kom tilsyne; det heftige Sind, hans Gudfadder, Hr. Svane, havde tydet paa, i de Ord: „han har et Stykke Troldhex i sig, er en Sprutbakkelse, fut, fut!"

„Slaa mig ihjel!" raabte Drengen; sled sig løs, styrtede mod Døren, afsted ud af den, hen over Marken ad Heden til, hvor han snart faldt om over Lyngknoldene; han greb for sig med Hænderne, rev hele Buske over, sparkede med Fødderne, væltede sig omkring og laae tilsidst udmattet stille.

En halv Time var vistnok gaaet, underlig sløv løftede han Hovedet, saae op, og lige foran ham stod en fremmed Kone med et rødt Klæde om det guulbrune Ansigt, og med sorte Øine, glindsende som paa en Fugl; en svær Bylt bar hun paa Ryggen, og over den hang i et Skind, indshyet eller indsvøbt, et Barn; hun støttede sig paa en Knortekjep og sagde ikke et Ord. Det var en Taterske, En af Kjæltringfolket, som de kaldes herovre; stiv og stille stod hun og saae paa ham.

„Kingio!" udbrød hun; „træt, mat," betyder Ordet, og var det blevet hørt af En, der forstod hendes Sprog, vilde han strax have sagt, at hun ikke hørte til den Deel af det jydske Kjæltringfolk, som maa regnes til „europæisk sammenløbet Pak", men til de ægte Tatere, det Ansigtstræk og Øiets Blink viste. Hun betragtede ham endnu et Øieblik og gik derpaa langsomt henimod Præstegaarden.

Hendes Skikkelse, hendes hele Optræden opfyldte et Øieblik ganske Niels; men snart overvældede ham igjen hans forrige Tanker, han lagde sig ned; Erindringen kom som svære Søer; han huskede Livet i Præstegaarden og Menneskene der; han mindede sig Hjemmet i Kjøbenhavn, Vennerne paa Regentsen og endelig sine Forældre; hvor dybt, hvor inderligt kan ikke en Barnesjæl føle! haabløs er Barnets Sorg i sin Dybde. Han var sig saa bevidst, ikke at have seet det forgyldte Hovedvandsæg, mindre rørt det, og dog havde hans Pleiemoder afgjort beskyldt ham. Barnets Sind er saa blødt, saa ængstelig modtagende, at det, som Blomsterknoppen, der i Hjertet faaer et for vore Øine usynligt Naalestik, kan sygne hen. Aldrig vilde han vende tilbage til Præstegaarden, det var hans Beslutning, men det var ikke Vorherres.

Bodil havde strax bortviist den Tanke hos Moder, at Niels kunde have taget Hovedvandsægget; begge to søgte de nu om ham. Taterkonen gav dem Besked om hvor han var, og alene gik Bodil ud til ham.

„Du er en god, uskyldig Dreng!" sagde hun og rakte ham venligt Haanden; „jeg troer paa Dig, og Moder troer ogsaa; jeg har forklaret hende det. — Borte er borte! maaskee findes det dog. — Kom, saa gaae vi sammen! — Hold Dig til mig; jeg er nu din Søster, det har jeg i mit Hjerte lovet din Fader og Moder, som Vorherre har hos sig, men som dog ikke ere borte fra Dig; dem holder Du jo af! de slippe heller ikke Dig, og ere hos Dig og see al god Gjerning, Du gjør, og glædes ved den; dem bedrøver Du kun ved at bevare et heftigt Sind og ikke at være som

jeg veed Du er og vil blive: god og brav!" og hun kys-
sede ham paa Panden.

Da styrtede Taarerne ham ud af Øinene, han knugede
hendes Haand i begge sine Hænder.

"Jeg har ikke seet det, der er borte, ikke rørt det!"
gjentog han.

"Jeg troer Dig, og Moder troer Dig! vi tale ikke
mere derom!" Og der taltes ikke mere derom; Moder syntes
endogsaa venligere mod ham, Fader havde svaret for Dren-
gen, og Fader sagde til ham ikke et Ord; men fra den Dag
var Bodil voxet fast i Pleiebroderens Hjerte.

Næste Morgen drog Lappeskrædderen bort; hans
Sind var ikke lettet, hans Phantasie var ved, om vi tør
bruge det Udtryk, at dreie Skruerne løse.

Fjorten Dage omtrent gik, Niels læste og lærte sine
Lectier, var opvakt og viste Læselyst: Verdenshistorie og Geo-
graphie blev hans bedste Tidsfordriv; Bodil var den som
først mærkede denne Iver og tillige hans Forstaaen af det
Læste, ogsaa hende blev det forundt at gjøre en anden Op-
dagelse, som vi maae omtale.

Alle Kattekillingerne vare i Foræring sendte omkring,
paa een nær, den vævreste, den som havde leget med Lap-
peskrædderens blanke Knap og nu fandt samme Fornøielse
i at spille med Kartofler. Bodil traf den en Dag oppe
i Storstuen legende med en Sophakugle, der var stødt af
og nu rullede omkring, lige hen imod Havevæggen, ind i et
aabent Musehul; hun fik den frem igjen, men kom derved
til at see Gulvets slette Tilstand; her var flere Huller, og i
et af disse skinnede et blankt Stykke, det var Hovedvands-
ægget. Rimeligviis — og det var ogsaa Tilfældet — Kil-

lingen var den Søndag smuttet herind, sprunget op paa Stolen, havde revet ned, hvad der laae, og leget med det blanke Stykke, som derpaa trillede hen i Hullet. Katten blev saaledes den, der selv klarede Sagen. Moder fik det øieblikkeligt at vide, og den skikkelige Gamle greb baade Hovedvandsæg og Kat, skyndte sig med dem ind i Kammeret til Niels, der sad ved sine Bøger. Hendes Ansigt straalede, idet hun viste, hvad hun bragte, og raabte nok saa fornøiet: „Det er fundet! her har Du Typeknægten, han havde trillet det hen i et Hul!" Leende kastede hun Katten i Skjødet paa Niels.

Han blev med eet som et Blod, greb fat om Katten: „Den er Skyld deri!" raabte han; „den skal knuses!" og i vild Opblussen kastede den heftige Dreng det arme Dyr hen imod Kakkelovnen; Dyret gav et fælt Hyl og laae med blødende Hoved paa Gulvet; Præstekonen skreg høit og saae forfærdet paa Drengen og Katten:

„Herre, min Jesus! hvad har Du gjort!"

„Hvad har han gjort?" spurgte Bodil, der forskrækket kom til. „Det kunde Du gjøre!" sagde hun smerteligt.

Da aandede Drengen et krampagtigt Suk, slængte sig foran Stolen og skjulte sit Hoved i sine Hænder, forskrækket over sin egen Gjerning.

For første Gang tiltalte Japetus Mollerup ham strængt og alvorligt, foreholdt ham Følgerne af et saadant Sind, af en „ond Natur," der maatte bekjæmpes. Det stakkels Dyr var jo aldeles uden Skyld, selv om dets Leg engang kunde have bragt Fortræd og Sorg over noget Menneske. Hvorhen kunde ikke en saadan Heftighed føre? til

Mord og Manddrab, til, hvad ikke den inderligste Anger her
paa Jorden mægtede at gjøre godt igjen.

Det arme Dyr var lemlæstet; de maatte i Hast see at
faae Livet af det i Vandgrøften. Niels saae paa den
røde Blodplet paa Gulvet, saae paa Bodils forgrædte
Øine, og hans Hjerte bævede, som om han havde øvet en
Cains Gjerning; Smerten, Fortrydelsen var virkelig saa stærk,
at den onde Rod her i Barndomsaarene fik et velgjørende
Ryk; Fortrydelsen blev som Revnen paa Dampkjedelen, der
afleder Dampen, at ikke en større Ulykke afstedkommes.

„Den stakkels Lappeskrædder!" sagde Bodil", jeg
troer, at jeg skriver ham et Brev til og fortæller ham, at
Hovedvandsægget er fundet; jeg veed, hvorledes han kan
plage sig selv i den Retning; ja, det er en Sygdom! jeg er
vis paa, at han endnu ikke har den af sin Tanke, og hvad
kan ikke den sætte sammen!" og hun fortalte, hvad hun
vidste fra ham selv, at i Aaret forud havde de to nye,
blanke Sølvdalere, han fik her i Præstegaarden og var saa
glad over for Nyheden og Glandsen, været ham til stor
Angest og Pine. Kræmmeren i Kjøbstaden, hvor han kjøbslog,
sagde leende, da han tog imod dem: „De Dalere see ud, som
om de vare nylig gjorte!" det slap Manden saaledes ud af
Munden og havde ikke videre Betydning; men Lappeskræd-
deren fik strax derved den Tanke: „om han troer, at jeg
har gjort dem, eller staaer i Forbindelse med Falskmøntnere—?
Muligt ere de falske, og man vil strax holde sig til mig, forlange
Forklaring." Han blev ganske forvirret, sagde i Hast hvor han
havde faaet Pengene; men paa Hjemveien og endnu et Par Dage
derefter piinte ham de Tanker: „dersom det nu virkelig var
falske Dalere!" og han udmalede sig Forviklinger og Forhør.

Vi smile heraf, eller kunne slet ikke forstaae det, og dog er der i Verden saadanne Naturer, og en af disse Ulykkelige var den stakkels Lappeskrædder. Bodil vilde, som sagt, skrive ham til, og netop den Dag, da hun begyndte derpaa, kom fra den nye Herredsfoged Brev til Præsten med det Spørgsmaal, om Lappeskrædderen var tro, om man Intet havde savnet i Præstegaarden.

Anledningen til dette Spørgsmaal laae i, at der hos Byfogedens var blevet Penge borte; enhver af Tyendet havde vidst at klare for sig, og i deres Tøi, som var blevet undersøgt, fandtes ikke Noget; Lappeskrædderen derimod havde strax røbet en forunderlig Angest og Besippelse, og da man nu ogsaa saae efter i hans Klædningskiste, fandt man der, vel ikke Pengene, men i en Strømpe laae en kostbar Ring, der viste sig at tilhøre en af de fremmede Herrer fra Kjøbenhavn, som var der i Besøg. Skrædderen havde, ligesom andre Tyve, bevidnet sin Uskyldighed, og da man alvorligere trængte ind paa ham, var han med eet blevet taus og spillede en Stums Rolle; nu laae han syg, virkelig eller forstilt. Det var Brevets Indhold.

Det overraskede dem Allesammen i Præstegaarden; men de vare forvissede om, at Lappeskrædderen ikke havde stjaalet. Japetus Mollerup skrev om ham det allerbedste Vidnesbyrd, og forsikkrede, at et lignende vistnok vilde erholdes fra hvert Sted, hvor den ærlige Stakkel havde arbeidet; fortalte dernæst om hans særegne Natur og Væsen i Ærligheds-Capitelet, og at det ikke var Comediespil.

Men hvorledes gik det da til —? Ringen var virkelig fundet lagt i en Strømpe øverst i Skrædderens tillaasede Klædningskiste; han havde ganske nylig selv været oppe

ved den. Hvor kom den stjaalne Ring fra? Hvo havde
lagt den der —? Ja, den Forklaring ligger ikke heri Tiden
strax for os, som meget i denne Verden; man maa vente til
den kommer; men det vil den!

Tvivl om Ærlighed var en hemmelighedsfuld Magt,
der altid frembragte en febril Phantasie-Sygdom hos den
arme Skrædder, og uagtet hans Forstand sagde ham: „Du
er jo uskyldig!“ det hjalp ikke, Phantasien, forfulgt af
Skrækkebilleder, løb ligeud ad Bidstrupsveien med ham. Og
dog talte det inden i ham: „Jeg er uskyldig! stod jeg for
min Dommer, var det Gud selv, jeg kunde samvittigheds-
fuld sige: Aldrig har jeg med Vidende eller Villie gjort
Nogen Uret!“ Hukommelsen gjennemløb hver af hans Hand-
lingers fineste Traade og Forgreninger, hver Erindrings
Nerve vibrerede, og han kom til, at han var og maatte
være et skikkeligt Menneske. Politi og Politikammer var ham
en frygtelig Renselses-Maskine i Staten, et Mølleværk, der
altfor let kunde gribe fat i den Uskyldiges Klædning; det
trak En i Ærmet og rev maaskee Armen af, spolerede det
hele Menneske. „Retfærdigheden“ var en Fru Blødløs, et
rædsomt Maskineri, slet ikke nødvendig for hans Skyld, om vel
for Andres; den fulgte sin engang sammensatte Fornuftindret-
ning, og havde ikke Hjerteslag, kun Love.

Man vil saaledes forstaae, at da man hos Herreds-
fogeden, ved Huusundersøgelse, fandt i Lappeskrædderens
Klædningskiste en kostbar Ring, der tilhørte en af de frem-
mede Gjester, blev han, da han — uden at der var mindste
Tvivl derom — betragtedes som Tyv ogsaa til de savnede,
ikke fundne Penge, som hvirvlet ind i et Maskinværk, det

hans egen Phantasie med vilde Hestes Magt rev i voldsom-
mere Fart, og maatte gaae tilgrunde.

Han havde ingen Ord, det var, som om han pludseligt
fra en Høide styrtede ned; Vinden susede gjennem hans
Hoved, Blodet knugede om hans Hjerte, om hans Hjerne,
— — hans Forstand var borte.

———————

V.

Besøg hos Musikant-Grethe. Niels skal studere.

———————

Det var endnu kun to Maaneder siden at Niels for-
lod Kjøbenhavn, og allerede var saameget oplevet herovre.

Bodil havde overtaget at holde ham til Læsningen
og overhøre ham i Historie og Geographie, Præsten selv gav
ham Religions=Underviisning og lod ham skrive dansk Stiil;
denne vrimlede rigtignok af grammatikalske Feil, men der
var Phantasie og Liv i det Skrevne. Religionskundskaberne
vare gode, sine Skriftsteder kunde han ikke blot paa Ramse,
men viste, at han forstod dem.

Et eget Talent havde Bodil i at sammenstille Mark-
blomster og Grønt, saa at dette frembød for Øiet en større
Skjønhed. Græs og Blade, som ved Sygelighed gik stærkt
over i det Guulblege, satte hun ved det krusede Hjerteblad
og forskjelligartede vaiende Straae; Form og Farve brødes
mod hinanden, og det blev et deiligt Heelt. Selv den gamle
Japetus fornøiede sig ved dette Skue og sagde derved:
„Ja, Gud er stor, ogsaa i Haandarbeide!"

Niels havde ikke blot Øie for denne Slags Skjøn=
hed, men viste deri et beslægtet Talent; han lærte grumme
Meget af Bodil; ikke tænkte han da paa, hvor Meget
han om ikke mange Aar skulde lære hende om Planterne,
Dyrenes Naturkjøkken, om Suurstof og Qvælstof, Kulsyre
og Banddampe, det hele Tingenes Kredsløb. Nu var Bodil
hans Læremester.

En Middagsstund fandt hun ham udenfor Haven, mo=
rende sig med at stikke en Pind ned i en Myretue og see
den Travlhed og Forvirring, der blev blandt Myrene, som
slæbte afsted med deres store Æg.

„Du leger end ond Leg!" sagde Bodil, „veed ikke
den Fortræd, Du gjør! Deres hele By, Huus og Gaard
ødelægger Du jo for de kloge, arbeidsomme Dyr." Og hun
fortalte, hvad hun vidste om disse Dyrs Kløgt; selv i Bibe=
len staaer: „Gak til Myren og bliv viis!"

Niels holdt strax op med sin Leg, og hvilken Be=
tydning fik ikke fra denne Læretime hver lille Myretue paa
Marken.

Bodil var just paa Beien med lidt varm Mad til den
syge Musikant=Grethe, der laae tilsengs i sit eensomme
Huus; Niels fulgte med derover; det var lige i den varme
Middagstid. Solen brændte stærkt; de kom, hvor Bakken
skraanede og hvorfra den udstrakte Hede-viser sig. Hvilket Syn!
det var ikke mere den gamle, kjendte Egn, paradisisk deilig
laae her en Natur, som Niels aldrig før havde seet: en
stor, vidtudstrakt, blikstille Sø med deilige Skovser, der
speilede sig omvendt i Bandet; høie Taarne med Buskværk
paa Brystværnet, som var det hængende Haver. Hans Øine
straalede ved at see denne Herlighed; men saa kom det ham

i Tanken, at det maatte være Kogleri, Troldfolks Blændværk. Han vidste af Lappeskrædderen, at hele Landet her var grueligt opfyldt med Trolde, der løftede paa gloende Pæle de gamle, lyngbegroede Kjæmpehøie; han kjendte ogsaa Historien om Tannhäuſer, ſom af Fru Venus blev ført ind i Bjerget til forunderlig Herlighed, men Altſammen var det kun fra den Onde. Uvilkaarlig foldede han Hænderne.

„Hvor det er deiligt!“ udbrød Bodil. „Herre, Du min Gud!“

„Er det ikke Trolderi?“ ſpurgte Niels. „Der er jo ellers kun Lyngheden; og ellers hverken Skov, Træer eller ſaadan en Sø.“

„Det er virkeligt!“ ſagde Bodil. „Jeg kan ingen Forklaring give Dig; dog det er Noget, ligeſom Regnbuen, der viſer ſig, men vel ikke ſaa tidt og ikke overalt, ſom den. Det kommer fra Gud! Den Onde har ingen Deel deri!“

Det var Fata Morgana, de ſaae, ſom det ved varme Solſkinsdage viſer ſig paa den jydſke Hede og i Ørkenlandet. Vandet, Øerne, Træer og Taarne, Alt traadte frem med ſaa beſtemte Omrids, ſaa tydeligt, lige til det Mindſte.

Det var førſte Gang, Niels grundede over „at være eller ikke være“, og her blev Bodils Forklaring ham fyldeſtgiørende.

Endelig traadte de ind i Huſet til Muſikant-Grethe; her var reent og net i den lave, men ikke længe udluftede Stue; den gamle Kone laae i en Art Slagbænk, Harmonikaen havde hun paa en Stol tæt ved ſig, ligeſom en anden Syg kan have ved Sengen ſin Yndlingsblomſt eller en kjær Bog; under Loftet og paa Væggen hang Krandſe af Lyng og Chriſttjørn. Harmonikaen var hendes levende Sel-

4*

ſkab, hendes „Hjerte=Barn", med den var hun ikke alene!
ſagde hun. I Dag var hun ogſaa bedre! Lige i Hjerte-
kulen havde hendes Ilde ſiddet, men nu vilde nok den gode
Mad fra Præſtegaarden faae det heelt bort.

Bodil fortalte hende om Lappeſkrædderens Gjen-
vordighed, og at han havde miſtet Forſtanden.

„Det arme Menneſke!" ſagde Muſikant=Grethe.
„Ja, ja! jeg tænkte nok, at det engang tog ſaadan Ende!
Aldrig har han ſkilt ſin Næſte ved timeligt Gods, ikke ſaa
meget ſom der kan ligge paa en Negl. Han blev jo til
Griin for ſin Ærlighed! det ſprættede i ham, naar der kom
Tyvs Gjerning i hans Nærhed; han kunde ikke Andet, det
ſad i ham fra han laae i Mo'ers Liv. Jeg veed det nok;
jeg kan forklare det med ham. Jeg tjente paa Gaard med
Moderen; der kom Penge bort en Dag, hun var paa Mar-
ken; Alt blev efterſeet, der var ikke Noget at finde; ſaa
kommer hun og vil ſtige op ad Trappen; der ſeer hun, ſlængt
paa et af Trinene, en heel Klump Sedler, juſt dem man ſøgte
efter; hun vidſte om Ingenting, tog dem op og ſtod og
bredte dem ud; da kommer Herſkabet, han var Kammerraad,
og ſeer, hvad hun her ſtaaer med; han river hende det ud
af Hænderne og ſiger haarde Ord, ſaa hun bliver ſaa alte-
reret, at Benene ikke kunde bære hende. Men det gjorde
jo ikke videre, ſagde de, hun havde en reen Samvittighed!
og det kom ogſaa Herſkabet efter; men den Skræk, hun
havde faaet, viſte ſig nogle Maaneder ſenere; da kom den
Lille, otte Uger før de ventede ham, og han var ſaa ſpinkel,
reent utrolig! Herſkabet maatte lade ham lægge i Havreſuppe
mange Dage og Uger; det ſagde Doctoren, at de ſkulde;
jeg har ſelv ſeet Terrinen, han laae i! Livet beholdt han

vel i sig; men aldrig blev han et rigtigt Menneske med
Kjød paa Kroppen; som en Skygge og Skræmsel gik han
altid om mellem Folk, og den Skræk, Moderen havde faaet,
dirrede endnu i ham og kom ved Leilighed over ham lige-
som den rystende Syge!"

Det var Musikant-Grethes Forklaring og Over-
beviisning.

„Jeg tænker ved enhver Ting," sagde hun; „jeg er
gammel, husker meget, og lægger saa det Ene sammen med
det Andet!"

„I husker godt," sagde Bodil, „og hvad der for-
nøier mig er, at I husker saa mange skjønne Sange, dem
jeg endnu aldrig har seet i nogen trykt Bog!"

„Dem har jeg meest fra min Barndomstid, og den Gang
var her flere Folk som kunde dem, nu har jeg dem snart
alene, og hos mig begynde de ogsaa at blegne; tidt er der
hele Vers, jeg ikke kan mindes; men naar jeg husker To-
nen, de gaae paa, saa hjelper det tidt at jeg tager Spille-
kanten der!" hun pegede paa Harmonikaen; „lader jeg den
spille Tonen, saa bliver det mangengang klart, og jeg husker
igjen hele Verset."

„Der er en om en Kongesøn og en Prindsesse," sagde
Bodil, „den maa I, næste Gang vi sees i Præstegaarden,
synge for mig, at jeg kan opskrive den."

„I har kjønnere Ting i de trykte Bøger," sagde Mu-
sikant-Grethe; „mit er kun noget Tosseri; men det har
det forud, at det er gammelt og det er virkeligt passeret!"

Om Vinteren havde Bodil flere Søndagaftener læst høit
for Folkene, og Musikant-Grethe hørt til. „Bring mig en
god Bog hjem!" var Bodils Begjæring, da Fader reiste

til Kjøbenhavn, og Moder bad: „bring mig en slem Dreng, daarlige Folks Barn!" — en god Bog var bragt, de ægte danske Træsnits=Romanzer af Christian Winther. Poe= siens Træ har mange Grene, enkelte ere glatte og polerede, de ere næsten Mahogni=Træ, og deri har de deres Betyd= ning, andre ere saft= og kraftfulde Grene, den blomstrende Natur=Fylde, og en saadan var her bragt Bodil. Kingos „aandelige Sjungechor", et trykt Exemplar, og i Af= skrift flere af Brorsons og Ingemanns sjæl= og na= turfriske Psalmer var hendes Besiddelse af den poetiske Li= teratur, hende en Skat, en Rigdom, og da hun snart kom efter, hvilket aabent Sind Niels havde for den, deelte hun gjerne med ham; og der er det Velsignede ved Aan= dens Rigdomme, jo mere vi kunne give af dem til Andre, des mere voxe de for os i Værd. Hun lod fra sin Bog=Skat Poesiens rige Væld strømme og fryde ham. Næsten hele Bibelen og alle Historierne i tusinde og een Nat havde han læst før han kom herover; det Læste lyste op i ham, og ikke lod han sit Lys skinne under en Skjeppe, snart vidste Enhver i Præstegaarden om hans Lærdom; han fortalte og fortolkede paa sin Maade for Folkene; „Prædikeren", kaldte de ham. Han kunde blive en god Præst, sagde de, og Folkets Røst blev virkelig her for Moder en Guds Røst; selv glæ= dede hun sig over hans Klogskab og især over hans Bibel= kundskab. Han kunde jo ogsaa udenad et heelt Stykke Latin, havde Fader sagt.

Vi skylde „Præstemo'er" at sige, at hos hende opstod først den Tanke, at Niels skulde til Studeringerne; det havde han Hoved til, og var han ikke det ugudelige Barn, hun engang havde forlangt til at gjøre en god Christen af,

saa var han maaskee den, som ved hendes ringe Medvirken
kunde vorde en Hyrde for Herrens Hjord. Guds Veie ere
vidunderlige! hvo vidste, hvad Niels kunde bringe det til;
maaskee at blive Provst, det ikke engang Fader, den Vær-
digste og Bedste, havde naaet i denne Verden, i hvilken Vor-
herre i Eet og Andet, meente hun, overlod Menneskene en-
deel af Magten. Ved en god Leilighed vilde hun dog tale
med Fader om den Sag.

Niels læste og forklarede, hørte ogsaa godt efter, og
var ganske opfyldt af at høre om „den usynlige Steen i
Dybdal", Bjergfolkene og særlig om den svenske Krig for
to hundred Aar siden, da de polske Hjelpetropper kom her-
ind i Landet med Tartarer, Kalmukker og Tyrker. Disse
fremmede Folkefærd og hine Tider vare forsvundne; men een
Slægt var her endnu: „Kjeltringfolkene"; denne halvmy-
stiske Vagabonde-Flok, der kom og igjen var borte, frygtet
og skyet. Præsten gav den Forklaring af Navnet „Kjel-
tring", at det fra første Færd ikke var reentud Kjel-
tring, som Thendet sagde; nei, det var „Kedelbreng", fordi
det Folk sædvanlig flikkede Kedler; men det var et sam-
menløbet Pak, man ikke kunde troe, og heller ikke een og
samme Race; virkelige Tatere gaves der vel imellem dem,
og de vare kjendelige paa deres kulsorte Ørneøine og hele
Skikkelse; kun een af dette ægte Taterblod havde man seet
i den sidste Tid, og det var netop hende, der havde mødt
Niels.

Musikant-Grethe vidste fra sin Mormo'er, og det
var langt op i gammel Tid, da Ulvene gik her i Flokke, og
her var fuldt op af Bildsviin, at Taterfolket, som dengang var et
fredløst Folk, tog Enhver sig Ret over, skar dem Ørene af

og spaltede Næsen op, naar de kunde. Inde i Silkeborg-
skoven havde de indbyrdes holdt Standret over En af deres;
klædt af lige til Skindet, stod den brune Karl under et af
de store Træer og maatte holde en hvid Pind i Munden;
hele Skaren sluttede Kreds om ham, Høvdingen holdt Tale
i deres hedenske Sprog, spyttede ham saa lige ind i Ansigtet,
Qvinderne pidskede ham ud af Kredsen; fra den Stund
var han udstødt af deres Samfund.

Hvor lyttede ikke Niels til saadanne Fortællinger, og
gik tidt en lang Vei ud i Heden, hvor man sagde, at Kjel-
tringfolket havde viist sig; men aldrig traf han der paa
dem, heller ikke saae han i Aaringer Fata Morgana, der
nylig saa høit overraskede, ja forskrækkede ham.

Efteraaret var gaaet, Juletiden kom med den første
Snee, med al det eensomme Landlivs store Hellighed; Festens
Dage aandede Liv og Glæde. Tyendet fik Dands i Loen;
der trakteredes med Grød og Æbleskiver, en rigtig Thee-
vandsknegt, ja endogsaa Punsch. Musikant-Grethe spil-
lede Dandse- og Sang-Melodier, det var ligesaa godt som
Violin og Klarinet, sagde Folkene. Sneen fygede ude, der
var ikke Spor af Landevei, af Dal eller Høi; Luften selv
var som en rivende, hvirvlende Golfstrøm af Snee. Musi-
kant-Grethe kunde aldeles ikke naae til sit Huus, endsige
komme ind i det; det var reent klinet ind i Banken af den
nedvæltende Snee. Præstegaarden selv var indsyget, Alle
her maatte blive inden Døre; i den lange Aftentid blev
da Niels Forelæser af Bibelens Historie om Engelen og
den unge Tobias. Til Læsningen føiede han Forklaringer,
og var saa ivrig dermed, at han slet ikke mærkede, at Ja-

petus Mollerup selv var blevet en af hans Tilhørere, før denne ved Slutningen af det Hele sagde:

„Det var brav, Niels! Du har holdt din Bibellæsning vel!"

Da nu Moder siden udtalte sin stille Tanke, var der en modtagelig Jordbund for den, og et Omslag i Drengens Fremtid var gjort. En Skytsengel som den, der fulgte den unge Tobias, fulgte ogsaa den fattige Dreng fra Rundetaarn; en Bibelens Mand skulde han vorde, en ærlig Tjener i Herrens Viingaard.

Ved Verdens Overmod og den megen Viden skeiede meer og meer de unge Theologer ud fra den sande Troens Vei, meente Japetus Mollerup; velsignelsebringende vilde det være, om han maaskee kunde skjerme og styrke det fromme Barnesind og bevare i det, reent og ublandet, Herrens Ord! Ja, det var en god Tanke, en rigtig Tanke fra Moder, at Niels blev holdt til Bogen; Evner havde han, og i Aand og Sandhed var det at gjøre Noget for det fattige Barn, maaskee derved ogsaa for deres Medchristne.

Japetus Mollerup var engang en søet, agtet Manubucteur; foruden „Generalen" og hans Broder Hr. Svane havde han i sine Studenterdage dimitteret, og med Held, endnu et Par unge Mænd, der blive dygtige Embedsmænd; vel var der gaaet en Deel Aar siden han levede i Manuduction og Forelæsninger; et og andet Mere forlangtes vel nu, men det Vigtigste, Græsk og Latin, ja selv Mathematik var han flink i, vidste han; det vilde more ham at opfriske igjen alle disse gamle Øvelser. Niels begyndte altsaa nu for Alvor paa at blive en rigtig Latiner. Hvo havde skullet

sige det, da han stod paa Regentsgangen og hjalp sin Fader
med at pudse de andre Studenters Støvler.

Baade Lærer og Lærling gik til med lige Iver, og
denne voxede endogsaa; den gamle Præst fandt ret en Hjer-
tensglæde derved; thi Niels tilegnede sig let og fornøieligt
selv de tørre Begyndelsesgrunde; her var sand Læselyst, og
i al den, og det var jo et Troens Tegn, blev Bibelen
ham hans kjæreste Læsning.

Det vilde imidlertid være ganske feilagtigt, om vi an-
toge, at Niels idelig og altid kun hang i Bøgerne; nei,
med hele en Drengs Lystighed jog han trallende afsted paa
det gamle Krik og den raske Hest, der skulde vandes i Leer-
graven. Med „Bjæf", Lænkehunden, var han bleven Ven,
han som før løb for hver lille Hund i det hunderige Kjø-
benhavn.

Vinteren var snart forbi, Foraaret kom; den første
grønne Bøgegreen fra Skoven var ogsaa i Præstegaarden
sat i Bandkrukke som Forkynder om, hvorvidt det var der-
ude, hvor varm Luften dog maatte være; inde i Stuen
mærkede man det endnu ikke ret. Kornet stod saa grønt;
Lærken fløi i Veiret med dirrende Sang, og Storken var
forlængst kommet, selv de sorte Storke, de sad paa Træerne
i Mosen og saae vrede til de hvide Kammerater, der span-
kede om i det dyndede Band. Fra den magre Sandjord mylrede
frem Multebær og Tyltebær, Bregnen bredte sine grønne,
fjedrede Blade, Enebærtræet og den skinnende Christtjørn
gjorde godt for Øiet i det friske Lysegrønne. Dog, hvor-
ledes det saae ud, fortæller Naturen hver Sommer, om
Niels derimod høre vi ikke hver Sommer, og saa tør vi
ikke slippe ham.

VI.

Paa Andejagten. „At blive Student.”

Ned til den saakaldte „gamle Avlsgaard” ved Aale-
værket, der hvor nutildags Silkeborg By har reist sig, var
fra Præstegaarden omtrent en Miil, idet man maatte over
Hvindingedalsbanker og saagodtsom om hele „Langsøen”,
som Gudenaa løber igjennem. Veien var dyb og oftest
ufremkommelig tilvogns. Fodgjængere havde det lettere ved at
gjøre en Gjenvei, en halv Miil kortere, naar de fra Præste-
gaarden styrede lige hen over Banken og ned til Søen,
hvor det eenlige Færgehuus endnu ligger ved Sandskrænten;
her er Søen kun et Par Steenkast bred, og satte man der-
over, da var der, rigtignok i dyb Sand, kun et kort Stykke
til Aaleværket og Avlsgaarden, hvor Hr. Skjødt
boede, der havde Tilsyn med Aalefangsten, den Gang Re-
gjeringens Eiendom. Jordene rundt om, hørende med til
„Ryttergodset”, som det kaldtes, laae øde og udyrkede, og
dog var Ensomheden her mindre end paa Heden og ved
Præstegaarden; man skulde troe, at her nede var hele Sce-
nen for Aristophanes's „Fuglene”. I det frodige Vildnis
af Rør og Siv, gamle, knudrede Elletræer heelt ud i Gu-
denaa, hvor Aakanderne dannede hele Øer, var altid en
Brimmel af Fugle, der kun et Par Gange om Aaret skræm-
medes op af Jægerne, som kom her langveis fra til Odder-
og Andejagt.

Hr. Skjødt var en lidenskabelig Jæger, og alt Ande-
vildtet i Præstegaardens Kjøkken var „en flittig Hilsen fra
Hr. Skjødt!” — Niels saae de prægtigt fjedrede Ænder

og Fugle, hørte af Hr. Skjødt selv Fortællinger fra Jagten; det var en ny Aabenbarelse af Glæde og Lyst. Men Niels havde endnu ikke lært at skyde en Bøsse af, og der gik ogsaa lang Tid endnu, før han kom med paa Jagt; det skete først i det tredie Efteraar, han var herovre. Hr. Skjødt havde tidt bemærket hans Lyst til at være med, og da Niels var saa ivrig ved Bogen og dertil en rask Dreng, der kunde have godt af at komme rigtig i Luften, saa gav Japetus Mollerup ham Lov at maatte følge Hr. Skjødt paa Andejagt. Dette hans første Jagttog, hvor han egentlig kun saae til, thi han løsnede vel Bøssen, men traf ikke, blev uforglemmelig for ham, fremfor mangen anden senere lystig, heldig Jagt; den medførte en af disse Livets mindre Hændelser, hvilke man beholder for Livstid, medens større Erindringsbilleder forsvinde; her blev opfyldt hans Ønske, at møde ægte Tatere.

I Præstegaarden var to Bøsser, een god og een, der kunde skydes med, men den stødte; Niels vilde faae et ordentligt Slag af den; bedst var det, meente Moder og Bodil, at han slet ingen Bøsse tog; han skulde kun see til. Fader sagde derimod, at til Jagt hørte der en Bøsse, og den skulde Niels have, han var jo kommen til Skjels-aar og Alder, fulgte med Hr. Skjødt, der nok vilde vise ham Besked, og Vorherre hyttede ham nok.

I Morgenstunden, før Sol stod op, skulde Niels og Hr. Skjødt ind i Rørene, derfor, Dagen forud, forlode de to henimod Aften Præstegaarden; om Natten kunde soves i den gamle Avlsgaard. Store Vandstøvler, et Par af Præstens, havde han faaet paa; Gangen blev derfor temmelig besværlig, men den var jo kun over Hvindingedals høieste Banke ned til Færgehuset, og naar de her blev sat over, var der ikke langt at gaae.

Veiret ruskede, ja det blæste ganske ordentligt, da de kom paa Høiden; hele „Langsøen" rullede det hvide Skum; derude var det, som Sagnet melder, at der engang seilede en Biskop Peder, som vilde bygge sig en Ridder- borg, men var endnu tvivlraadig om Stedet; da blæste hans Silkehue af, og han bestemte, at hvor den drev iland, skulde Borgen reises, og det fuldførte han; og fra den Silkehue fik Borgen Navnet „Silkeborg", men ødelagdes i den svenske Krig; nu var der ikke længer Steen paa Steen, kun to store Egetræer løftede sig høit over Ellene derovre og viste, hvor engang Indkjørselen til Borgen havde været.

Hr. Skjødt og Niels naaede snart Færgehuset; Baaden, de skulde over i, laae trukket heelt op imellem Si- vene, for der gik ordenlige Bølger; Vinden løftede det pid- skede Skum iveiret, saa at det fløi dem i Ansigtet.

De gik til Huusdøren, trak i Snoren ved Klinken og traadte ind i den lave Stue, selv Niels naaede her heelt op til Bjelkerne. Foruden Færgemanden og hans Kone var her endnu en Person, en stærktbygget Kone, med en stor Mandshat, som den bruges vesterpaa; hun puslede med Noget paa Gul- vet, og Færgemandens Kone, efter at have hilset paa de Ind- trædende, skottede derhen, eller rettere holdt Øie med hende.

„Hun blæser hart derude!" sagde Hr. Skjødt, „men Skuden holder vel nok?"

„Skal vor Mand over?" sagde Færgemandens Kone og skottede til Fruentimmeret, „ja, saa kan I komme med!"

„Ih, ja! ih, ja!" sagde Qvinden.

Vor Mand tog sig en Dram først; han skulde have

Aftensmaden til at glide, og den Dram havde saamænd det
store Jagtselskab, her var for tre Dage siden, levnet ham;
den var af den fine Slags, maaskee turde han derfor byde
Hr. Skjødt?

„Ih, ja! ih, ja!" sagde Qvinden igien; hun syntes
ikke at have stor Lyst til at seile over det stygge Vand, der
rigtignok gjorde et Pladsk og Suus, som om man var ved
Havkanten.

„Hvad er det, hun slæber paa?" spurgte Hr. Skjødt.

„Grumsling!" sagde hun, og nu saae man, at det
var et gammelt, forkrøblet Barn, usselt i Lemmer og svært
af Hoved, med kulsorte, skinnende Øine, „siskaris olders!"*)
sagde hun og løftede sine fem Fingre.

„Det er ogsaa et Kors, hun har!" sagde Færgekonen.
Men Qvindens Ansigt antog et Udtryk, der ligesom sagde:
det er dog mit Kjæreste! hun reiste sig op og rørte Loftet
med Hovedet, saa at Hatten fik et Skub; man saae hendes
mørke, skarpttegnede Træk, og et Par Øine som hos en
Rovfugl. Niels kjendte hende fra den Gang han ude i Lyn-
gen saae hende skride sig forbi; hun var en af de ægte Ta-
tere, vidste han.

„Nu kommer I over!" sagde Færgekonen. „I kan idet-
mindste naae Aaleværket; spørg Hr. Skjødt!"

De traadte ud af Huset; Vinden susede i Siv og Rør,
der svaiede som om de skulde knækkes, og lagde sig
ved Trykket, ned over Vandet, der sort og skummende væl-
tede fremad. Baaden kom ud; Niels og Hr. Skjødt
bænkede sig som de kunde, de sad allerede som i en Gynge;

*) Fem Aar gammel.

vanskeligt var det for Taterqvinden at komme til Sæde; tilsidst satte hun sig lige ned paa Bunden af Baaden og holdt paa sit Skjød „Grumslingen" lige foran Niels, hvem den idelig hæftede sine sorte, skarpe Øine paa.

„Ih ja!" skreg Qvinden, da Baaden sattes i Fart. Blæsten ruskede, der kom et Par Vindstød og Bølgekast, saa Fartøiet var nærved at krænge. „Ih ja, min Grumsling!" skreg hun høit, og gjorde Bevægelser, der slet ikke vare af de heldige for Farten; og „Grumsling" loe i det samme saa det skingrede; det var fælt at høre.

„Hold Kjæft!" var Færgemandens korte Tiltale.

De maatte for Vind og Veir gjøre en heel Omvei; det var blevet næsten ganske mørkt før de kom over til den anden Bred. Taterkonen sagde et Par Ord, det var nok Tak; Niels forstod det ikke, og før han tænkte derpaa, var hun allerede borte; men Indtrykket af hende med sit Idiotbarn, hele Overfarten i dette Veir var hos ham for alle Tider. Regnen skyllede ned; de havde imidlertid kun et kort Stykke Vei op til Avlsgaarden, men det var som gjennem et Uføre de gik; Niels sank dybt i, godt var det, at han havde Præstens Vandstøvler paa; dog vaad til Skindet blev han.

„Det er der Raad for!" sagde Hr. Skjødt, og da de naaede til Avlsgaarden, maatte han tage hvert Stykke af sig og faae tørt Tøi paa, af Hr. Skjødts, rummeligt og stort i alle Dele; hans egne Klæder blev hængt op for Ilden at tørres, dem skulde han jo have paa til Jagten imorgen tidlig, og de blev nok tørre, kunde bare Støvlerne og- saa blive det; de stilledes ved det varme Ildsted paa den hede Jernplade; og for de to Dyndvaade selv blev der ogsaa indvortes sørget. Der var kogte Aal og stegte Aal, dertil Suurkaal og Arakspunsch; Niels fik et rigtigt stort Glas; man maatte have Kræfter til den Dag imorgen, og en Jæger kunde nok taale sit Glas, sagde Hr. Skjødt.

Den anstrængende Marsch og den stærke Punsch gjorde snart Niels søvnig; han kom iseng og sov strax; men om det nu var Phantasien eller den stærke Arak, Suur- kaalen og de fede Aal, eller rimeligviis det Hele tilsammen, Søvnen frembar en af de uhyggeligste Drømme; Idiotbarnet sad paa hans Skjød og saae med sine Ildøine paa ham, det syntes ham, at han overmagtedes derved, han følte sig betagen og uden Kræfter i Lemmerne, og altid tungere blev Grumslingen, dens Arme, som den løftede, saae ud som Flagermusens Vinger, den slog med dem og klemte ham fastere; Vingerne vare slimede, bløde og dog saa stærke, han mægtede ikke at faae fra sig Udyret, et saadant var det jo. Det loe skingrende høit og fælt, han kunde ikke længer ud- holde det, og derfor i Fortvivlelse gjorde han en voldsom Bevægelse — han fornam i det samme Udyrets faste, rustende Klo, saa at — han vaagnede derved. — — Hr. Skjødt stod ved Sengen,

„Nu maa Du op!" sagde han; „Du har sovet dine syv Timer, fra halv ni iaftes har Du været i Koien! nu skal vi paa Jagt!"

Det var for Niels som om han kun et Qvarteers Tid, men et Angestens Qvarteer, havde været tilsengs. Imidler- tid, glad ved at den fæle Drøm var forstyrret, sprang han i Hast ud paa Gulvet, og kom snart i sit endnu klamme Tøi; Støvlerne var det meget vanskeligt at faae paa, uagtet de i Fødderne vare mere end store nok; men Skafterne vare

i Heden krøbne ind, de maatte smøres med Lysetælle, saa gik
det, og — Jagten gik med dobbelt Lyst; Ænder blev der skudt,
prægtige Vildænder; Hundene hentede dem fra Siv og Rør.
Men fra dette første Jagttog blev, som sagt, Idiotbarnet og
dets Optræden i Drømmen en saadan Begivenhed, at — „det
maatte betyde Noget!" sagde Moder i Præstegaarden. Vi
ville see, om det har at betyde.

Jægerlysten var ikke kuet, men snarere sat i Væxt;
Jagtens Glæde blev efter den Tid stærke Traade i Erin-
dringen, der bandt Tanken til Hjemmet, til Barndomsaarene
paa Heden. Med Liv og Sjæl var han med, naar Jagt-
timen slog; men ligesaa fast holdt ham igjen hans Bøger,
naar Læsetiden raabede. I Alt hvad han tog sig for, viste
sig Villie og Udholdenhed; de heftige Udbrud, som vi saae
et af, da han smed Katten mod Kakkelovnen, kom meget
sjelden; men maaskee vilde det just da engang blive des hef-
tigere. Kunde det være at befrygte? Ham var den Lykke
tildeelt, at dette nye Barndoms-Hjem var det meest velgjørende
for en Natur som hans. Over Præstegaarden hvilede ret en
Fredens Aand; og det christne Sind, der ligesom et Solskin
gjennemtrængte Hjerterne, gjorde god og bedre. Barnesindet hos
ham havde Modtagelighed, som de bononiske Stene, der indsuge
Sollyset og, naar de siden henlægges paa et mørkt Sted, give
Lysning. Herpaa tænkte og troede Bodil, der var ham
den kjærligste, mildeste Søster. „Gjennem hele Mandens Liv
vil dette Fredens og Kjærlighedens Lys, han her som
Barn inddrikker, skinne og give Styrke." De gamle Præste-
folk glædede sig over hans mærkelige Aandsudvikling.

„At være eller ikke være."   5

Bibelkundskab og Iver for Ordets rene Forkyndelse, ja han udtalte levende og brændende Lysten til at blive Missionær, udbrede Christi Rige paa Jorden.

Confirmationsdagen, der var ved Mikkelsdags=Tider, ligesom ogsaa den første Altergangs Festdag, vare i Sandhed Pagtens Dage med Gud, den personlige Gud, ved hvis høire Haand Sønnen sidder, og hos hvem den Helligaand boer, Tre og dog Een og den Samme.

„Menneskets Hovmod fører vild!" sagde den gamle Præst, „Gud lader ogsaa til en Tid det Onde vinde Seier; men Troens rene Lys er som Solen, det bryder tilsidst seirende frem efter de mulmmørke Dage, og da ere de sorte Skyer farne hen!"

Da Niels var et Barn hjemme paa Rundetaarn, var Bibelen og Tusind og een Nat ham to lige Sandhedens Bøger; nu var Eventyrbogen stillet hen paa sin rette Forstaaens Hylde; Bibelen havde Troens hellige Plads, den stod som et mægtigt Træ, hvis Rødder sloge sig fastere i hans Hjerte, og i hvis Krone Guds Stemme susede; ja, Bibelen var Bøgernes Bog! Dens Ord vare i Præstegaarden levende gaaet ind i Tanker og Udtryk, den aandelige Verden trængte sig ind i den legemlige. Vel havde Overtroens Fortoninger ogsaa skaffet sig Indpas, den personlige Djævel og hans Magt var skrækkelige Skikkelser; men hvad mægtede de mod de sande christelige Fromme? Hos dem var Gud som Skjold og Værge; han, der har Øie at see med, Øre at høre med, personlig og herlig, ham man kan klynge sig til, den Milde og dog den retfærdige Strænge, der sender den haarde Synder hen i den evige Ild, som aldrig slukkes.

Saaledes saae og fornam ogsaa Niels den Gud, i hvis Navn han gjennem „Sønnens" Lære skulde virke.

Det stille, eensformige Liv herovre blev en rig, uendelig Tid fra første Søndag i Advent til syvogtyvende Søndag efter Trinitatis, og dog, paa Nytaarsaften, var det hele Aar saa hurtigt fløiet hen.

Aar fulgte Aar, det var allerede i det sjette siden Niels kom herover. Underligt at tænke, hvor dog den Tid var gaaet, sagde Moder. Det var endnu underligere, meente Bodil, at de kun i lidt over fem Aar havde været sammen. Og Niels syntes det samme; som en Drøm,. en ganske anden Levetid, stod for ham de tidligere Barndoms-Aar i Kjøbenhavn; derhen skulde han nu snart igjen, „være Student!"

Aaret var kommet; midt i September skulde han til Kjøbenhavn, der hvor han ikke havde været nu i sex lange, lærerige Aar, i dem just Overgangs-Alderen laae.

„Han skulde", som den gode Pleiemoder sagde, „nu bort fra deres Fredens Hjem og ud paa den vilde Sø igjen, ud i Syndens Verden! Derovre havde han været som et uskyldigt Barn, nu kom han et voxent Menneske, et „Svagheds-Barn", der hvor Djævelen gik om som en brølende Løve. Men det var hans Længsels Maal, i mange Aar og Timer, han nu gik imøde! „At blive Student!" der ligger en Storheds-Klang, en Friheds-Klang, en af Ungdoms-Aarenes livsaligste Toner i de Ord: at blive Student. Dog da Timen slog, nu han skulde stilles fra Alt, hvad der var ham kjært, blev det saa smerteligt; men det vilde han ikke lade sig mærke med, og dog skulde man næsten troe, at selv Lænkehunden „Bjæf" mærkede

5*

det, thi den klynkede ordentligt og logrede med Halen.
Niels, som engang gjerne var løbet fra Kjøbenhavn
ene og alene for Hundene der, var nu i Taarer ved at sige
Farvel til en Hund. · Ja, han var saa forandret fra gamle
Dage, at han endogsaa yttrede det dristige Ønske, at faae
en Hund med sig. · Hr. Skjødts Baldine havde kastet fire
yndige Hvalpe, een af disse ønskede Niels sig, og tænkte
slet ikke paa, at han derved forøgede Kjøbenhavns Hunde-
Mængde med een mere, og een kan blive Stamfader eller
Stammoder til en heel Race. Japetus Mollerup var
imidlertid saa fornuftig at sætte sig derimod; Niels vilde
faae nok med at passe sig selv og sine Bøger.

Uldent og Linned gav Moder ham med, nyt og godt;
hun strøede Lavendler mellem Tøiet, at det kunde have en
god Lugt; der blev ikke noget Tænkeligt af Smaafornøden-
heder glemt, hverken hvid Traad eller sort Traad, Synaal
og Stoppenaal, ja, selv Fingerring, for nu kom Niels nok
selv til at sye sin Seleknap i, naar den gik af.

Den gamle Bibel kom med og „Tusind og een Nat“,
ikke at tale om de lærde Bøger, dem der skulde løfte ham
over Artiums-Gjærdet.

· Bodil og Moder græd, Pigerne i Kjøkken og Bryg-
gers græd: „vor Søn skal bort til Kjøbenhavn!“ Præsten
gav ham et Kys, som de Andre, og sagde: „hold fast ved
dit Fader vor, i det har Du Bøn og Ledetraad for
dette Liv!“

Vognen holdt for Døren, ved Aarhuus laae Damp-
skibet, og naar det havde bragt ham til Kjøbenhavn, var der
sørget for ham; Hr. Svane havde skaffet ham Logis hos

en brav Kone, Madam Jenfen i Sværtegaden; det var et godt Strøg, midt i Byen og slet ikke langt fra Univerfitets-bygningen.

„Farvel, Du kjære Hjem, Du brune Hede!"
Ja, nu gik det til Kjøbenhavn.

VII.

Madam Jenfen. Mo'er Sørre. „High Life" paa anden Sal.

„Ved Toldboden steg en Matros iland —"

Det vil fige en for Bidenskabens store Seilads, en ubefaren kan man endogsaa fige.

Det var en ganske egen Følelse at komme til Barndoms-Byen, den han, med Undtagelse af Rundetaarn og Regentsen, saa lidet kjendte til; ja, fin Gudfader, Hr. Svane, kjendte han, og denne stod ogsaa paa Toldboden og tog imod Niels Bryde — vi maae for Eftertiden nævne ham, som Familie-navnet var, og som det stod i hans Testimonium. Stor og kjøn var han blevet, fagde Hr. Svane, høibaaren var han ved Fødselen deroppe paa Taarnet, velbaaren kunde man see, han ogsaa var. „Saa vittige ere vi Kjøbenhavnere, det maa Du nu vænne dig til! det bliver meget værre!"

Han gik strax med ham i Sværtegaden til Madam Jenfen, der „fad Enke", som hun udtrykkede fig; hun havde i fexten Aar været gift, „uden Refultat!" det er hendes

egne Ord. Indgangen til „den Studerendes Værelse" var
jo rigtignok gjennem Kjøkkenet; men saadan var nu Leilig-
heden, iøvrigt reen og net, og vel betænkt.

„See her har jeg et lille Gardin," sagde hun, „det
kan De hænge deres Klæder bagved, saa støves de ikke! og
her er en lille Reol til Bøgerne; skjev er den, for den er
gjort til Qvistkammer, hvor man ikke har lige Bægge! —
Ak, der har De en Bog for mig!" udbrød hun ved at see
en Bog, han lagde frem paa Bordet. „Den er saa deilig
grov! jeg kan ikke uden med grove Bøger, for mit Syn
har lidt siden jeg græd saa meget i den første Enketid.
Det er Noget, jeg vil ønske Dem, at De aldrig maa prøve!
Jeg kunde saamænd meget godt forandre min Stilling,
for Tilbud har jeg faaet; men saa at sidde Enke igjen, naar
han døde, det er ikke indbydende, og saa kan man lade
være, naar man har Characteer!"

Alt var nu i Orden i Kammeret; et stort Oliemaleri
havde hun fra sin egen Stue hængt ind til „den Studeren-
des", han maatte have „Jomfruen", sagde hun, „det skulde
være en adelig Dame af høi Familie, som Ingen kjendte."
Det gamle Portræt saae slet ikke mildt ud; nei, næsten
strengt, ligesom om Jomfruen var fornærmet over at hun
skulde hænge inde hos den Studerendes; men det maatte
hun, for der var et Hul i Betrækket, og det burde skjules.

Og Examen begyndte — og den endte godt: „Lau-
dabilis" i alle Rubriker, ja i Mathematik „præ ceteris",
og dog havde han lært den af en gammel jydsk Præst; men
Niels Bryde var et mathematisk Hoved, kunde magte det
med Talstørrelser og mathematiske Figurer; det er en feil
Talemaade, at hvor der er megen Phantasie, er kun liden

Tænkning; men de, som sige det, have maaskee selv ikke meget af begge Dele.

Noget høit, noget snevert, og knebet ind i en af Byens mindst luftige Gader, boede vor Student; her var saa ganske anderledes end i Præstegaarden og ved Heden, hvor den friske Vind blæste hen over Lyngen; men saa havde Kjøbenhavn sine andre Goder og Herligheder: de nye Kammerater, hele det oprullede Studenterliv tiltalte Niels, dog hang Hjertet ved det jydske Hjem; det lyste ogsaa ud af hvert Brev, han sendte dertil.

Moder var saa glad over, at Niels havde Tilhold hos Hr. Svane, der jo var en ældre Person, kjendte til Alting derovre og vilde vistnok vaage over sin Gudsøn, raade og hjelpe ham; det var ogsaa en Lykke, at Niels var kommet til saadan en brav Kone som Madam Jensen. Hele Præstegaarden var stolt af, at „Sønnen", som han kaldtes havde faaet den fornemste Characteer; ja, i een af de sværeste Lærdomme, „Beregningerne", kaldte Mo'er det, havde han faaet Udmærkelse paa Latin; det hedte Noget, som kun „Fader" og Bodil kunde huske at sige, det var dette „præ ceteris".

Med første Skipper fra Aarhuus sendtes til Niels Bryde gode Madvarer: Ost og Smør, og til Madam Jensen en deilig Skinke, fordi hun var saa god mod Niels, og det var hun, ja dertil saa meddelende om hver Glæde og Kummer, som jo hun ogsaa havde i sin lille Huusstand. Der var Tjenestepigen, Ane-Sophie, hun alene gav Anledning nok til begge Dele.

„Hun er ikke dybsindig, Hr. Student!" sagde Madamen, „der sender jeg hende forleden til Urtekræmmeren, og saa gaaer hun — fortæller hun mig — og tøsser og seer paa Maanen; synes hun saa ikke, at den følger med hende? og da hun fra Urtekræmmerens seer ud igjen paa Maanen, saa staaer den stille, staaer til hun kommer ud; og da hun saa vandrede hjem og holdt Øie med den, saa gik den med tilbage til vort. Hun troer, at Maanen følger hende i Urtebod og staaer og venter udenfor!"

Madam Jensen satte Studenten ind i Forhold og Characterer; han var et propert og forstandigt Menneske, indsaae hun, kom om Aftenen hjem til borgerlig Tid, naar ikke Comedien var meget lang. Thi den Verdens=Lyst, som først rev Niels Bryde med, var at gaae i Theatret; men det var jo „en uskyldig Fornøielse og dannende!" sagde Madam Jensen. Selv kom hun der ikke; i hele tre Aar siden hendes Mands Hengang havde hun ikke været der. Men nu tænkte hun derpaa; netop i disse Dage skulde der gives „en Sørgefest" for en afdød Kunstner, og saa fandt Madam Jensen, at det var en passende Leilighed for hende at komme der; vilde hun i Theatret, saa var det just det Rette at begynde med en Sørgefest. — Og hun gik, men kom allerede midt under Forestillingen tilbage.

„Det var slet ikke opmuntrende det!" sagde hun; „det var ogsaa et meget trist Sørgespil, de gav!" og hun havde saamænd nok i sin egen Deel. Dog, hvad der især havde jaget hende derfra, var en fæl Person, hun havde truffet sammen med i Logen, en meget „præserende" ung Herre, paatrængende, meente hun. „Jeg veed ikke, om de ovre i Jylland kjender til det," sagde hun, „man har paa Apothéket nogle smaa Kager, som kaldes „Phyllemønter", der lugte; det er saadanne Elskovskager, som, naar en Mands=

person giver et Fruentimmer af disse, og hun spiser dem,
saa faaer hun Kjærlighed til ham. Det skal virkelig være
skeet med en Jomfru; hun fik bare et Par af hans Pylle-
mønter og saa elskede hun ham! — Der sad jeg i Logen i
mine gode sorte Klæder, som De her seer; jeg var slet ikke
i Humeur, hverken ved Tragedien eller min egen Lod. Lille
Frue! sagde han, og bød mig et Kræmmerhuus med de
hvide Kager i; jeg tog een, men lod den trille, og lidt
efter bød han mig een igjen, der da snart gik den samme
Vei, men da han saa tilsidst bad mig beholde hele Kræmmer-
huset og jeg dog ikke evig kunde sidde og trille, saa reiste
jeg mig og gik min Vei fra ham og det Hele. Jeg vilde
ikke lade mig daare!"

Derved fik Madam Jensen ikke at see Sørgefesten ud,
og Lysten til senere at komme der, sagde hun, var ikke der-
ved blevet opmuntret; dog var den heller ikke udryddet, der
kom Anfægtelser, om ikke som hos Niels Bryde at gaae
een à to Gange om Ugen, men een à to Gange om Aaret. og
særegen Anledning maatte der saa endda være; første Gang
var det saaledes ene og alene fordi Spækhøkerens Datter
skulde træde op, sagde hun. „Det er saadan en net, suffisant
Pige, med en yndig Stemme. Hun er ved det Kongelige,
det veed Gud! men hun synger ikke enkelt, hun synger saadan
i det Hele, naar de Alle agere paa eengang!" Madam Jen-
sen forstod derved at hun sang i Chor. For hendes Skyld
var den næste Theater-Gang.

Niels Bryde kom for den hele Poesiens og Lunets
Herlighed, der aabnede en ny Verden for ham; her og ved
sine Bøger havde han de lykkeligste Timer; flittig læste han
og gik paa Collegier; Physik og Astronomie vare de Fore-

læsninger som ganske særligt interesserede ham; det var som om Tankens ufyrlige Ønskeqvist pegende mod disse lovede ham uhyre Skatte; Græsk og Latin, ligesom Genesis paa Hebraisk bleve dog ikke behandlede som Stedbørn. Han levede meest i Aandens Værker, de døde paa Bordet og de levende paa Scenen; ingen Savn trykkede ham, det sørgede de gode Pleieforældre for, og han var fri for de mange Ubehagelig-heder, som man havde naar man „sad Enke", og alt det man selv med en lille Huusholdning skulde brydes med, sagde Madam Jensen, og hun havde Ret. Men nu kjende vi hende og kunne see os om med ham lidt udenfor Sværtegaden.

Naturligviis blev Regentsen og Rundetaarn ikke de to sidste Steder han besøgte. Paa Regentsen rørte sig vel endnu det samme friske Liv som før, men mellem Studenterne der fandtes naturligviis ikke en eneste af dem fra hans Barn-domstid, de vare spredte om i Landet som Præster, Læger, Herredsfogeder, eller satte i andre Embeder som gaae op i disse Benævnelser. Rundetaarn derimod viste strax, idet han traadte derind, en gammel Bekjendt, ikke stort ældet i de sex Aar han havde været borte, kun Synet var blevet noget svagt; det var Mo'er Børre, som solgte de rosenrøde Sukkergrise og havde solgt sit eget Skelet. Hun kjendte ikke Niels, saae knap paa ham; der gik jo op i Taarnet hver Dag Studenter, som ikke kom hende ved.

„De kjender mig nok ikke!" sagde Niels, „og dog har De eengang seet mig gaae her hver Dag og talt til mig!"

Hun betragtede ham op og ned; han maatte tydeligere klare for sig.

„Herre Gud!" udbrød hun da, „er det Niels Dreng!"

Navnet skurrede dog lidt i Studentens Øre, men han samlede sig, og trykkede hende i Haanden.

„Vil man see!" vedblev hun. „Hvor han er godt klædt paa! og Student! det er en stor Glæde for hans Forældre i deres Grav!"

Hun tog Brillerne af og tørrede sine Øine. Hende gik det ved det Gamle; hun havde det fra Haanden og i Munden, og det var svært hvor man lagde paa Alting. Niels Bryde fik at vide hvad hun gav for Smørret og Brødet og Tørven — og endeligt, at hun havde nogle af de bedste Æbler, naar den Tid kom, og et nyt Slags Brystsukker, som var saa gode for Studerendes, der sad meget og bukkede sig.

Samtalen var ganske gemytlig, og hun fandt at Niels slet ikke var blevet stolt, og hun havde paa en Maade Ret, kun bestyrkes det ikke ved hvad vi videre have at fortælle.

Øverst der oppe traf han en ung Grev Spuhl, hvem han var blevet Student med, de fulgtes ad ned af Taarnet og var i høirøstet Samtale; de gik tæt forbi Mo'er Børre, og hun, da Niels ikke syntes at bemærke hende, raabte høit og inderligt: „Farvel lille Niels!" Denne fortrolige Benævnelse generede ham, han blev rød og hilsede keitet.

„Hun kjender Dem, den Gamle!" sagde Greven.

„Ja fra jeg var Barn af!" svarede Niels, „hun kalder mig altid lille Niels! jeg voxer slet ikke for hende!"

Og de talte om andre Ting og skiltes ad; men Niels Bryde havde Fortrydelse i Hjertet over sig selv; det piinte ham at han af falsk Undseelse ligesom havde villet fornægte Mo'er Børre. Det kom ham i Tanke, hvor ofte hjemme i Jylland, naar han læste om Jesus i Gethsemane Have,

hvor Peder i Angest fornægtede sin Herre og Mester; dette
havde forekommet ham saa utænkeligt og saa ondt. Hvor
Menneskeligt var det dog ikke der i Frygt og Fare! han
selv derimod, alene fordi han gik ved Siden af en ung Adels-
baaren, havde det været ubehageligt at kjendes af den fattige
Kone der sad og solgte Sukkergrise, som om dette Bekjendtskab
stillede ham paa et ringere Trin; han sagde sig selv: Du
fornægtede hende allerede før hun, som til Straf fra Vor
Herre; hævede sin Røst og raabte „Farvel, lille Niels!"
havde Du venlig nikket til hende, Du var da ikke fortjent
blevet ydmyget. Og at det kan „ydmyge"! — tænkte han
igjen — „der er noget af en Pjalt i mig! den Pjalt vil jeg
rive ud!"

Og der var en Villie hos ham. Han begyndte at give
mere Agt paa sig selv — men ogsaa paa Andre.

„Nu skal jeg føre Dig ind i Verden!" sagde en Dag
Hr. Svane med et Udtryk, der viste det rigtige gode Humeur.
„Du skal med mig i high life paa anden Sal, hos En
af min Slags, Hr. Meibum, Pebersvend uden Rang og
Titel; han har forsøgt sig i alle Aandsretninger, været Maler,
Skuespiller, Bladudgiver, været forlovet og har „slaaet op igjen",
og levet af det Altsammen. Nu har han arvet et Par hundrede
Daler, og saa gjør han meget fornuftig et stort Skrald henne
i en af vore første Restaurationer; beslægtede Sjæle, Goddag-
og Farvel-Venner ere indbudne, jeg hører nu til dem begge
to, og tør derfor nok, som i Kortspil, komme med en Følge-
svend, især en af den Caliber, som Du er, opfødt med
Tusinde og een Nat og dog præ ceteris i Mathematik!"

Og Niels kom med til kjøbenhavnsk Piquenik hos
Hr. Meibum.

En rigeligt oplyst Trappe var det første gode Indtryk, man fik ved Ankomsten. En Række Værelser med Lys i Sølv=stager stemte ganske festligt. Ved den forreste Dør stod Hr. Meibum selv, klædt som Dame med Turban og Skjønheds=pletter — han var Vertinde, sagde han med affecteert fiin Stemme, og i samme Tone udraabte han accentueret alle de Indtrædendes Titel og Person; især betonedes en Capi=tain ved Borgerskabet og et Par Secretair=Fruer, den for=nemste af Mændene var Secretair paa en Vognmands Contoir. Der var ogsaa en Juveleers Frue, hun havde alle sin Mands Brystnaale paa Hovedet og den halve Boutik af Guldkjæder paa Brystet, forresten vaskede Glacehandsker, der saae lidt jordslaaede ud.

I Salen var opreist et Theater; der skulde spilles to originale Stykker, som aldrig før havde været givet, ikke heller trykt; det ene var af Hr. Meibum og hedte: „Jom=fruen er lumsk, eller smaa Gryder har ogsaa Ører", det andet var af en Anonym, det vil sige ogsaa Hr. Meibum, og kaldtes „I Mol, eller Comala sover".

Punsch var der lavet til Herrerne og Limonade til Damerne. Smørrebrødet var lidt seit og haardt; Hr. Mei=bum undskyldte: han havde selv skaaret det altsammen og lagt paa, og det havde taget hele tre Dage, det var ikke let at være Vertinde. To Violiner og en Fløite udgjorde Orchestret og Fløiten blev blæst af „en virkelig Frøken", det var det Interessante; men Niels hørte ikke meget af Musikken, han havde gjort Bekjendtskab med en ung Maler, der just nu fandt passende Leilighed til at udtale sig om Kunsten og sig selv. Det blev melodramatisk; vi maae ogsaa høre paa det.

„Naturen," fagde han, „er altid god til Studie, altid
er den correct, men heller ikke mere; Geniet maa revidere
den. Det har ogfaa de større Meftere gjort: fee til Billed-
huggerkunften, der har vi Thorvaldfen, god for fin Tid,
meget god! Praxiteles, god for fin Tid! Den yngre
Slægt, vi fom komme paa Skulderen af den ældre — De
vil indrømme, at den fom er paa Skulderen af En er høiere
end ham der bærer — vore, de kommende Genier," (han fagde
ikke her vi), „ere høiere end hine! vore Genier overfee hines
Misgreb, de overfee med Agtelfe! Jeg er nu ikke Billed-
hugger, det er mig for koldt og for begrændfet; en Figur,
ja felv en Gruppe er kun „Stykværk"! Verden aabenbarer
fig i Farver, de maae til! nu kommer Geniet, og paa en
Flade gjør han Længde og Dybde —! Verden felv, Hiftorien,
Poefien, Allegorien, Alt bliver levende; Marmoret ftaaer kun
i Attitude, Maleriet rører fig; Digterværket fkal læfes mange
mange Timer før det bliver Een klart hvad det vil, Maleriet
derimod — bah! der ftaaer det! faadan feer det ud! det
er Genie! den Bei gaaer jeg!"

Saa gik Teppet op for: „Jomfruen er lumfk",
kjedelig var hun ogfaa, uagtet Hr. Meibum fpillede med
og havde dog i fin unge Alder været ved det kongelige Theater,
og var der traadt op fom Bagbenene af Løven i Trylle-
fløiten og fenere paa Smaatheatre glimret fom Hamlet,
med Paufer, glimret ved, fom han fagde, at holde Mund
paa rette Sted, hvilket er Skuefpillerkunftens Tryllemagt. —
Alle de Spillende her bleve imidlertid fremkaldte, Hr. Mei-
bum tre Gange, og fidfte Gang fagde han et Impromtu,
han havde nedfkrevet Dagen forud, om Publikums oplyfte
Smag og fin egen Ubetydelighed, og Løgn var begge Dele,

men saaledes gaaer det jo. Niels saae og hørte med ikke heel Opmærksomhed, den var deelt mellem Forestillingen og Publikum: tilhøire havde han Hr. Svane, tilvenstre derimod en Student, af de Enkelte, for hvis philosophiskverdensopfattende Blik Menneskeheden er en Las! Dehlenschläger lader i en af sine Tragedier, efter Sagaen optræde en Kjæmpe, der er saa stolt at han har aldrig leet; det klinger stoltelig nok i det skrevne Ord, seet paa Scenen loe man deraf. Her var Noget af den samme Kjæmpe-Bevidsthed, men Niels Bryde loe ikke, han saae halv imponeret paa den, som Hr. Svane kaldte Solon=Diogenes, og som ved den sletteste Deel af Forestillingen udbrød: „godt, meget godt, bedre end det Bedste!" og saa loe han, og ogsaa det var uendeligt dybt. Bag ved sad en ung Contoirist, meget talende og med Modsætninger; hans Humor bestod i at bruge pathetiske eller ophøiede Udtryk om Hverdagsting.

Imellem Stykkerne fik man Iis og Gelee, men der var saa lidt paa Tallerkenerne, at det saae ud som om det var Levninger af en næsten afspiist Portion, der bares om til hver.

Aftenen endtes med Ordsprogsleg og „Forundringsstol", aandrigt og med Kys, den lykkelige Niels blev valgt af Frøkenen der blæste Fløite, til at gaae „polsk Tiggergang" med hende, faae et Kys, af hver og give hende det igjen. Det var high life paa anden Sal, stort Piquenik.

VIII.

Familien Arons. „Solon-Diogenes." Udenlandsreisen.

———

Niels Bryde var ved Kammerater indført i et Par
Familier af Handels- og Embedsklassen; i en af disse, det
være ved Tilfældigheder, Sympathie eller „det skulde nu saa
være", følte han sig meest hjemlig og kom oftest, det var
hos den rige Grosserer Arons; Sønnen Julius var Stu-
dent med Hr. Bryde, de fandt Behag i hinanden, uagtet
de vare forskjelligt begavede og udstyrede; Julius Arons
fremtraadte som meget smuk, inderlig godmodig, og godt klædt
paa, men slet ikke læselysten, han var ogsaa gaaet fra anden
Examen. Af hans tre Søstre lignede han i Udvortes meget
den yngste, Esther, der var noget over fjorten Aar; forresten
var de Alle meget forskjellige, hun, som de sagde, blev altid
borte i en Bog, man hørte ikke et Ord af hende, vidste ikke om
hun var i Stuen eller ei. Det vidste man derimod om den
ældste, Rebekka, hun satte ikke sit Lys under en Skjeppe
og var, hvad vi ikke kunne nægte, lidt for høit paa æsthetiske
Stylter, og fik den anden Søster Amalie med, der kun
var et Aar yngre. Rebekka ansaae sig for det gode Hoved
i Familien, førte derfor Ordet, lod Tungen løbe, og den er
jo Knevelen i Klokken.

Niels Bryde blev anmodet om, for et passende Honorar,
at gjennemgaae „Collegierne" med Broderen Julius; her var,
hvad man kalder det, et godt Huus at komme i, og her kom
han. Gjennem Steen Blichers Noveller kjendte de to ældste
Søstre Jylland og sværmede for de jydske Heder og Taterne
derovre. Hr. Bryde kunde tale med om disse i Virkelig-

heden, og blev saaledes meget interessant. Taterkonen med Idiotbarnet og Fata Morgana var dem noget, der stod ganske udenfor det Kjøbenhavnske, noget saa poetisk!. Imidlertid fandt Amalie, det dog maatte være grueligt at leve derovre, hvor der ingen Comedie var og knap eet ordentligt Bal om Aaret; hendes Sværmeri var en Skuespiller ved det Kongelige — hans Portræt hang inde i hendes Seng.

Niels læste nu som sagt med Julius Arons; denne nye Manuduction skaffede en Lommeskilling til Theatret og til et og andet Digterværk; saaledes Goethes Skrifter, dem han egentlig for Navnets Skyld anskaffede sig og kun læste stykke= viis. De lyriske Digte og Werther tiltalte ham, men Resten var ham bred, phantasieløs, det var hans Mening dengang. Faust blev slugt, det vil sige første Deel, det der fandtes af anden Deel forekom ham uden Forbindelse; han forstod endnu slet ikke Goethe, og de unge Frøkener Arons forsikkrede, at de havde Mod til at sige: „Goethe er slet ingen Digter!“ — „Jo hans Mignon!“ sagde igjen, betænkende, Amalie, „hun er yndig! „„Kennst Du das Land?““ og saa deklamerede hun Begyndelsen heraf, og Søsteren svarede: „Nei Schiller! husker Du Johannas: „„Lebt wohl, ihr Berge!““ — Vi maae imidlertid endnu ikke dømme de to Søstre efter hvad her er anført, i meget Andet var de hvad man kalder „inderlig rare Piger“, fornuftige og behagelige.

Af de Bekjendtskaber Niels Bryde gjorde ved Hr. Mei= bums Piquenik vedligeholdtes kun to i en Slags Tilværelse ved at man mødtes paa Gaden eller i Theatret og der hilsede hinan= den; det ene var med Maleren, han, Geniet paa Skulderen af „de Ældre“, det andet med „Solon-Diogenes“, som han blev kaldt. Paa Langelinie traf det sig en Frostdag, at Niels og

Solon-Diogenes tilfældigviis kom til at staae ved hinanden fæstende Øinene paa et indefrosset Skib; derom kom de i Samtale, og Niels brugte Udtrykket: „vor Herre deroppe!"

„Saa De tænker, han sidder der!" sagde Studenten med et eget Smiil. „De troer altsaa paa ham!"

Det gjennemrislede vor unge Ven, slige Ord havde han aldrig hørt; det var ikke sagt som Spøg, og som en saadan var det jo den grueligste Bespottelse. „De troer dog ogsaa paa ham?" sagde han og fornam sit Hjerte slaae stærkere.

„Det er jeg kommet ud over!" svarede Studenten med et Smiil; talte derpaa om ligegyldige Ting, og de skiltes ad. Men Intet havde i mange Tider grebet og opfyldt Niels Bryde som disse henkastede Ord, han betragtede det Menneske som aldeles frafalden, En Helvede tilhørende, og dog, ligesom Klapperslangen ved sit Blik har en lokkende magisk Magt over Fuglen, den kaarer til sit Offer, saaledes fik dette Menneske en uforklarlig Tiltrækning for Niels. En Aften senere kom de til at sidde sammen i Parterret; Studenten erklærede med Hensyn til den nyere Literatur, at han ikke fulgte den, han læste ingen Forfatter uden han var totusind Aar gammel, en Undtagelse havde han vel gjort nylig, han havde læst Strauß's „Jesu Liv", den skulde dog Niels læse, siden han vilde være Præst, „den klarede!" sagde han.

Uden at han gav videre af Bogens Indhold, fik Niels Bryde dog Forestilling om at den maatte være en Slags „Cyprianus" — uchristelig, djævelsk. Bogen vilde Studenten laane ham.

Dagen efter havde han den allerede; paa dens Blade vidste han stod taget formasteligt Saameget, den fromme Barnetro saae op til som Helligt og Urørligt; han syntes i den Bog at

have i sin Stue et skjørt Glas fuldt af Gift, Slangen selv,
der hvislede fra Kundskabens Træ; han skjulede Bogen, Ingen
maatte see at han havde den; det var ham som om han
begik en Synd mod Aanden idet han aabnede dette Skrift;
han læste og læste, med altid stigende Interesse, og følte
ikke til Djævelen, han blev klogere, hans Tanke, syntes han,
løftede sig høiere — men for Intet i Verden havde han
skrevet til dem hjemme paa Heden at han læste Strauß.

Da han leverede Bogen tilbage, var hos ham, ubevidst,
en Følelse af at være traadt nærmere, mere forstaaende det
høiere Aandens-Compagnie af Engle eller Djævle, som han
i sin uklare Opfatten og Forstaaen betragtede Solon-Dio-
genes at tilhøre; dersom denne havde modtaget ham
med Omarmelse, som Klosterets Ældste modtager den unge
Novice, det vilde ikke have overrasket ham, der jo havde viist
Mod til at læse denne „Fritænker-Bog".

„Nu har jeg læst den!" sagde Niels med stor Alvor
og Betydning, og Studenten tog ganske ligegyldig Bogen og
svarede: „saa, har De det!" man skulde troe at det ikke var
uden en Kogebog eller det meest Ligegyldige der var læst;
og Niels, der gik med en Følelse som om han alt var en
Frafalden, som om han havde smagt paa Kundskabens Frugt,
der var „god til at faae Forstand af"!

I den tilstundende Sommer vilde Niels Bryde i et
Aar Uger hjem til de Kjære paa Heden. Han glædede sig
saa inderligt dertil, det var som om der laae en halv Leve-
alder imellem nu og da han sidst var der; alle kjære gamle
Minder skulde igjen opfriskes, mon vel Barnetroen ogsaa
vilde det? Han kunde som Student derovre betræde Prædike-
stolen; hvilken Hjertensglæde for Moder og Bodil! Han

6*

faae efter hvilke Søndags-Evangelier der prædikes over paa
de Søndage han tilbragte i Hjemmet; han valgte et og
skrev sin første Prædiken, men da den stod paa Papiret, var
den slet ikke et Friskhedens Væld, en Udstrømning af den
Natur der egentligt rørte sig i ham, det syntes, som om han
ved i Tankerne at bestige den gamle Præsts Prædikestol, ogsaa
iførte sig den Gamles Udtryk og hele hans Tænke- og Tale-
maade; vistnok vilde Prædikenen saaledes ret særligt behage
hans Velgjører, hans anden Fader, dog derover havde han
ikke tænkt, han vidste ikke selv at han allerede var en ganske
anden end før. Sand og inderlig var imidlertid Glæden
over at skulle gjensee Hjemmet og de Kjære der, og ikke
mindre glædede de sig Alle i Præstegaarden til dette Besøg;
i henved halvandet Aar havde de jo ikke seet Niels. Breve
vare ofte indtrufne, men hvad er det skrevne Ord mod det
levende, mod det at have hos sig og om sig den, man vexler
Tanker med!

Hr. Svane havde saa tidt tænkt paa dog engang at
see Jylland og der besøge sin gamle Manuducteur; nu var
her en Leilighed, en Reisekammerat, han og Niels be-
stemte at gjøre Touren sammen i den tilstundende Sommer-
ferie. Det var afgjort, Ingen faldt det ind at Touren skulde blive
opgivet, og dog blev den det. Hvad betyde vel vore Bestem-
melser og Planer, naar de ikke ere efter høiere Ordre! Een
Time hos Grosserer Arons vendte op og ned paa det Hele.

Bedstefaderen Arons, en retskaffen, elskværdig gammel
Mand, from i Israels Tro, og ret af inderlig godt Hjerte-
lag, havde stor Godhed for Niels Bryde, og glædede sig
ved at han omgikkes med Sønnesønnen, som endelig var sluppet
vel over den fornyede Examens-Prøve, og skulde til Opmun-

85

tring og Belønning for denne heldige Anstrængelse, der dog egentlig ikke havde været saa stor som Slumpe-Lykken, gjøre en lille Reise en Maanedstid, til Hamborg, Dresden og Prag. Nu meente Bedstefaderen at Julius kunde indbyde Hr. Bryde til at reise med sig, de vilde da have gjensidig Glæde ovenpaa gjensidig Møie; Julius gik glad ind paa Forslaget, hans Moder, en fornuftig Kone, paa det nær at hun var lidt blind i sine Børn, fandt det ogsaa fortræffeligt; Hr. Bryde var vist et meget moralsk ungt Menneske, og det var saa godt for hendes Julius at være sammen med en saadan.

Forslaget overraskede Niels; han blev forlegen; det var saa mageløst herligt, følte han, men det var ogsaa deiligt at komme hjem igjen paa Heden, det havde han saalænge glædet sig til og udmalet sig; hvormeget havde han ikke der at fortælle! desuden var det jo en Aftale at Hr. Svane skulde gjøre Reisen med. Beskedent og hjerteligt takkede han for den ham tiltænkte store Fornøielse, han kunde ikke mod-tage den; Afslaget gjorde at Julius blev ivrigere, han vilde have ham med; den gamle Bedstefader meente at nu kunde Hr. Bryde først sove paa det.

Hr. Svane sagde ubetinget: „reis med til Tydskland! tag hvad der ikke bydes Dig hver Dag. Maaskee Du ellers aldrig kommer ud i Verden. Grib det gode Tilbud! Næste Aar er der ogsaa en Sommer, og de Gamle derovre holde nok lidt længer ud end til den Tid!"

„Stød ikke det gode Tilbud fra Dig!" skrev Japetus Mollerup, og hans Svar skulde være det afgjørende. „Vi længes Alle efter Dig, min Søn, men det vilde være en daarlig Kjærlighed til Dig, ikke at opsætte hellere til

næste Aar at faae Dig herover, end at Du skulde gaae Glip
af al den Herlighed, Du nu kan faae at see uden at give
en Skilling derfor. Det er altid til Lærdom og Gavn at
kjende fremmede Lande og Sæder. En Maaned kan Du godt
tage fra dine Studeringer; naar Du kommer tilbage, har Du
friskere Kræfter og kan snart indhente det igjen. Reis med
Gud!"

Reisen til Tydskland var altsaa afgjort. Studenterne
Arons og Bryde afreiste med Dampskibet til Kiel; Moder,
Søstre og et Par Veninder stode paa Langelinie og svingede
med Lommetørklæderne. Hr. Svane saae fra sit Qvistkam-
mer-Vindue endnu langt ud paa Kjøgebugt den sidste Røg
af Dampskibet; „Nu begynder det!" sagde han, og meente
Søsygen, thi der var stærk Bevægelse derude i Søen.
„Nu begynder det!" sige vi — og tænke paa nye Livs-
Strømninger.

Dersom fromme Ønsker og Velsignelser synligt kunde
vise sig som Følgeskab, da vilde de to Venner have bemærket
en heel Skare fra den jydske Halvø, fra Præstegaarden paa
Heden; Præstemoders og Bodils Tanker vare daglig med
og saae i uklare Billeder al den Herlighed, der rullede op;
de gjøs et Øieblik ved ogsaa at betænke al den Fare, der
saa langveis borte og i saa lang Tid maatte kunne møde,
men de drømte ikke om den egentlige Fare der var, de Ung-
doms Søer gjennem hvis Brændinger Niels gik. Det var
just ikke, som han engang havde læst om og fortolket, Engelen
og den unge Tobias der var paa Vandring; dog derved
være ikke sagt det mindste mod Niels, endnu mindre mod
Julius Arons.

Hamborgs Brand havde ladet nye, prægtige Huse

voxe op om nye og gamle „Jungfernſtieg"; vore unge
Venner toge ind i Hotel Victoria og jublede der et Hjer-
tens Victoria ved Udſigten fra Binduet ud over Alſter-
Baſinet, hvor de lette Gondoler gyngede og Svanerne
ſvømmede. Muſikken klang fra Alſter-Pavillonen, Folkevrimlen
bølgede forbi udenfor; det var jo en deilig Stad, ſaa levende
ſaa livlig, ſaa ny. Det var i Aftenſkumringen de kom hertil,
de maatte ſtrax med ud i Vrimlen, og ſiden toge de Plads
ved det aabne Vindue, Cigarerne dampede, et Glas Punſch
havde de hver foran ſig. Gaslamperne dannede en heel
Ildkrands om det blanke, blikſtille Alſter-Baſin og ſpeilede ſig
deri; ovre ved Beirmøllen funklede, i en lille offentlig Have,
Guirlander af Lamper og dreiende Sole; Raketter ſteg og
faldt ſom lyſende Cafcader.

„Det er ſom en øſterlandſk Nat!" ſagde Niels, og
Julius talte om ſkjønne Houris, og hans ſorte Øine lyſte,
han var jo ſelv af Slægten fra Øſterland og ſmuk, dog
halv Dreng endnu; men om Mund og Hage viſte ſig et
ſtint mørkt Duun; Øienbryn og Haar var kulſort, Huden
fiin og rødmende ſom hos en Pige.

Hamborg var en Pragtens og Glædens Stad, her
maatte de blive et Par Dage. Julius havde her Fættere,
ſin Moders Søſterſønner, unge rige Hamborgere; og næſte
Dag vare de paa Fart med dem til Høiderne ved Blanke-
neſe, ſaae prægtige Villaer og et Fiſkerleie, der mindede om
Sjællands Fiſkerleier; mægtige Skibe kom og gik paa Elbens
graalige Vand, og paa hiin Side ønede man Lynghøiderne i
Hannover! „Et andet Kongerige lige foran ſig", det gjør
altid ved førſte Reiſe et magiſk Indtryk.

I Indiens Pagoder dandſe Bajadererne hellige Dandſe,

udenfor Paris svinge Grisetter og Studenter sig i en lystig
Cancan; den samme Blodets Røst pulserer gjennem disse
forskjellige Dandse, det samme Pulseslag fornemmes ogsaa
særligt her et Sted i Hamborg, og derhen maae vi følge
vore unge Venner; „derhen komme selv Maltheserrid=
dere!" sagde en af de unge Fættere, da Niels syntes at
studse ved Ordet: „Dandsesalon".

„Paa en Reise skal man see det Characteristiske i enhver
By!" sagde han strax sig selv og fulgte de Andre.

Det var et elegant, stort Locale; Gaslamper flammede,
nydelige Baldamer og modeklædte unge Herrer, ogsaa gamle
saae man; dog gjennem Salonlivets fine Flor skinnede Bac=
chanalets Flamme. Fætterne bevægede sig frit, ogsaa Julius
var som hjemme; Niels derimod stod stille beskuende, men
det var just ikke at mærke paa ham hvad han fornam i sig.
Udeeltagelighed for det Hele, Kulde og en egen Stoltheds=
Følelse; et Smiil spillede ham om Munden, i hans Hjerte
tændtes som Indskrift de pharisæiske Ord: „jeg takker Dig,
Gud, jeg er ikke som disse Mennesker!"

Hvo kjender sig selv, hvo kjender Strømningerne i sit
Hjertedyb!

Det var seent ud paa Aftenen at Vennerne vandrede
hjem til Hotellet. Julius var som en aaben Bog, og om
det just ikke var hvad Bodil paa Heden vilde kalde en
god Bog, det var en flydende Stiil, en yppig Stiil og den
ungdommelige Livligheds Musik, den Aabenhjertighed, det blev
baaret frem med, havde Noget der gav det en indsmigrende
tillokkende Magt. Hvilke Erfaringer havde ikke allerede Hr.
Julius, og det allerede fra det sidste Skoleaar i Kjøben-
havn! — Stakkels „Præstemoer" paa Heden, Du vilde være

blevet saare forfærdet over den Ven og Ledsager, saa ung
og saa smuk og dog „saa gruelig erfaren", som din Niels
nu var med, ikke vendte sig fra, hørte paa og ikke holdt
Prædiken for om Synd og Ugudelighed. Hvad maatte der
dog ikke foregaae i Hjertet paa Niels —? Der gik dybe
Strømninger, vexlende Tanker; han syntes at have seet,
i faa Timer, videre ud i Verden, dybere ind i Andre og i
sig selv, end han i Aaringer havde seet; hans Blod brændte
derved. Han sov først mod Dagningen.

Og hermed ville vi forlade Hamborg og ret trække
Veiret inde i Harzbjergene; der mellem Graner og Birke, hvor
Ilsefloden styrter over Steenblokkene, følge vi vore Reisende, høit
derop, hvor engang Druidernes Præster sang foran den hellige
Ild og de formummede Hedninger dandsede og sprang, et
Skrækkens Syn, en Hexe-Sabbath for de troende Christne.
Paa Brocken, i deiligt Veir, saae de Solen staae op, det
røde Baal i Øst, Gud selv, troe endnu Menneskeslægters Vise,
det er. Den hele udstrakte Egn under dem var som et
Skyhav, men alt som Solen løftede sig, viste den billedligt
Verdens-Landenes Stigen frem af Havdybet, først kom en
Bjergtop, saa mørke Skove, nu Eng og Ager, indtil Alt
laae aabenbaret, duftende forfrisket, som født i denne Morgen,
saa søndagsfestligt og herligt; denne Morgenstund løftede
Sindet, som en Kirkesang løfter den Fromme, opad i Kraft
og Herlighed. De fornam det Begge, de udtalte det, men
Stilen var ikke saa flydende som i det Kapitel fra Hamborg,
det var ogsaa kortere og endte med — en god Appetit.

Fortræffeligt kom de To ud af det sammen, der var
saa uendeligt meget Godt hos Julius, og det saae og for-
nam Vennen, ja ligesom gjennemtrængtes af det kjærlige

Sind han havde til at give den Fattige selv sit sidste Stykke;
hjelpsom, trofast i at forsvare hvem han troede led Uret,
ja han var ret hvad man kalder „et inderligt godt Menne-
ske", saa ridderlig, saa indtagende i sin Aabenhjertethed, og
vi maae tilstaae det — dersom „Præstemoer" spurgte os —
en farlig Ven for Niels, i det Tilfælde, at Ordets For-
kynder bør være dets Exempel! Frygt ikke gamle „Præste-
moer", din Bøn og Tanke ere som usynlige gode Engle med
ham, de kunne vidne.

De tre Madonna'er paa Billedgalleriet i Dresden,
Raphaels, Holbeins og Murillos, bleve et Strids-
punkt mellem Vennerne. Niels erklærede, at den jomfrue-
lige, paa Skyen svævende, Guds Moder, som Raphael har
fremstillet hende, var den Skjønneste af dem Alle, dertil nu
Jesu-Barnets Udtryk, i de alvorsfulde Øine, hvori en heel
Verden laae; de fromme Helgen-Skikkelser, og endnu mere
de mageløst deilige Englebørn nederst paa Tavlen; noget
Herligere kunde ikke gives! — Holbeins Madonna var
Himmeldronningen der træder frem midt i det middel-
alderlige fromme tydske Huusliv, Murillos var ham kun en
skjøn ung Moder.

Julius stillede dem alle Tre i omvendt Orden. Ra-
phaels forsvandt for ham paa Skyen, Holbeins var ham
for selvbevidst, hun fulgte bestemt kun sin egen Mening,
men Murillos var en Qvinde, en deilig Qvinde! og han
udtalte sig, som Mange have udtalt sig og Flere endnu ville.
Men Hamborg, Brocken, Madonna'erne, og vi maae til-
føie Jernbanefarten, den første i deres Liv, var Reisens ufor-
glemmelige Glandspunkter, og hermed have vi saa temmeligt
Reise-Resultatet, det vil sige Sjæle-Indblikket, det Psychologiske

der frembødes os af de To; skulde vi derimod udskrive
Niels Brydes Dagbog og hvad Julius kaldte sit
„Oplevede", saa fik vi hele det sachsiske Schweitz, Prag
og Berlin med, der dog kun anslog de samme Strænge,
gav de samme Accorder, som vi hørte i Hamborg, paa
Brocken og i Dresden foran de tre Madonna'er.

Vi ere igjen med Vennerne i Kjøbenhavn; den skikkelige
„Præstemoer" har tilbage i Landet sin Niels, uskadt fra
Verdens Farer og Hændelser. Han var igjen i Sværtegaden
hos Madam Jensen, og hun maatte selv den første Dag
varte ham op, sagde hun, for Ane Sophie, Tjenestepigen,
laae tilsengs fra imorges; det var Kjærestesorg, der havde
sat sig som Rykværk; hun var forlovet med Drengen i Stuen,
han skulde være Svend til Paaske. — Man kan ogsaa have
Anfægtelser i Sværtegade; det var Moralen.

Meget ofte kom Niels Bryde i Huset hos Grosserer
Arons. „Skal det være Rebekka eller Amalie?" spurgte
Hr. Svane, „det maa Du endelig sige mig naar Du veed
det, thi jeg spørger hver Dag!" — „Er det den Ældste
eller den Mellemste?" spurgte en og anden Kammerat. „Vi
høre nok snart Nyt!" sagde Madam Jensen; „det skal
være nydelige Piger, og de kan jo døbes. Penge vil der
ikke manquere!" — Man kjendte ikke Niels Bryde, han
havde ingen Anfægtelser, Videnskaben, især Physik og Astro-
nomie interesserede og opfyldte hans Tanker mere end nogen
af de unge Piger; han gik flittig paa theologiske Forelæsninger,
de førte til Maalet, det de gode Pleieforældre saae deres
Glæde i. Men i hele hans Tankesæt var et Omsving skeet,
den nye Tids frie Tænkning og Udtalelse brød idelig ned

flere ·og flere af de Foreſtillinger og Meninger, han var op-
voret i hjemme paa Heden. Han vidſte ogſaa ret vel at
føie ſin Tale; derfor var han helleriffe en ſtille Tilhører i
Studenterforeningen, naar han i Sophaen der med den dam-
pende Cigar var med at afhandle et og andet Aandens eller
Statens Thema. En Hund havde han ogſaa faaet ſig; der
var i Groſſererens Huus bragt til Verden et Par ſmuffe
Hvalpe, Julius valgte ſig den ene, Niels den anden.

„Hvapſen! Lille Hvaps!" ſagde Eſther, og flappede
den lille, livlige Hvalp, det Ord hun forandrede til Navnet H v a p s.

„Det ſkal han hedde!" ſagde Niels. Rebeffa fore-
ſlog derimod Navnet „Sappho" efter den græffe Digterinde,
men da Hvalpen var en Herre og iffe en Dame, beholdt den
Navnet Hvaps. Siden høre vi mere om den.

Næſten hver eneſte Nat til hen mod Morgenſtunden ſad
Niels Bryde ved Bogen. Det var nødvendigt, ſkulde der
blive beſtilt Noget; han var ſamvittighedsfuld, og der var ſaa
meget af hvad man kalder denne Verdens Lyſt, der drog ham
til ſig; foruden Kammerater og Selſkabsliv var der Concerter
og Theater. Pengene, han fik ind ved et Par Informationer,
bleve iffe tilſtræffelige til at funne tage Deel i Alt dette,
han maatte altſaa' give et Par Timer endnu om Dagen, og
til ſin egen Læsning benytte en Deel af Natten.

„Det er meget fornuftigt af reent galt at være!" ſagde
Hr. Svane. „Du tager Natten til Studeringer, jeg tog
dem til at drive, og derfor er jeg endnu en Slags Driver.
Min Paſſion var det engang ved Nattetid at vandre om paa
de fjøbenhavnſke Gader."

„Og hvad Fornøielſe havde De deri?" ſpurgte Niels.
„O, ſaaledes mellem Midnat og Morgenſtund at drive

om paa Gaden, har noget ganſke Eget for Phantaſien og den var mit Kjøretøi i de Tider. Nu holder jeg mere af at ligge i min Seng; men den Gang, det var ſom fornam jeg da Gadens Liv og Levnet. Stormgaden ſyntes jeg løb med Trommehvirvel og Kampraab, Luften lugtede af Krudt o. ſ. v. o. ſ. v. Og til hvilken Veemod ſtemtes jeg ikke i Hyſkenſtræde — „Häuschen", Smaahuſenes Stræde, hvor de tydſke Kræmmerſvende i Middelalderen boede og handlede med Krydderſager, aldrig giftede ſig, levede tarveligt og fattigt; deres Navn blev et Spottens, et Eenſomhedens Navn: „Peberſvende". Tidt tænkte jeg, om ikke juſt Gud Amor ſelv boede i den Gade. Amor blev jo, ſaavidt jeg veed, Peberſvend; Hiſtorien med Pſyche var alene et For= hold, uden Præſt! Ja paa Amor tænkte jeg i Hyſken= ſtræde!"

Og der var mere Alvor i det Sagte, end Niels troede. Hyſkenſtræde havde virkelig engang ſtemt Hr. Svane veemodsfuld, forhaabningsrig; det var nu hans Hemme= lighed, og hvo har ikke en ſaadan? Niels Bryde havde for Øieblikket den, at han læſte Feuerbach: „Ueber Philo= ſophie und Chriſtenthum".

I den tilſtundende Sommer, det var paa det tredie Aar han var i Kjøbenhavn, ſkulde de kjære Pleieforældre og Bodil have hans Beſøg, og det vilde gjøre ham godt det ſunde afmaalte Liv, den frie Natur; Bøſſen ſkulde igjen frem; Jagtlivets hele Romantik ſtod for ham; Hr. Svane tog med, det var en aargammel Aftale; dog da Afreiſen kom, var Hr. Svane i ſit ſorte Humeur, og vilde, ſom han ſagde, blive i ſin Hule.

„Jeg ſlipper ikke!" ſagde Niels. „Reiſen derover og

og alt det Nye der vil gjøre Dem glad! De som er saa
modtagelig for Humeurets Solskin!"

„Og faaer det dog aldrig reelt!" svarede han. „Min
Etage er ikke lagt paa den Led i Verden! jeg har det lige-
som enkelte Huse der ere saaledes henlagte i en Gade at de
ikke faae andet Sollys end Reflexens: kun Gjenskinnet fra
det hvide Gjenbohuus og dets blanke Glasruder; derfra
straaler en lysere Dag, en Slags malet Solskin uden Varme,
ind i Kammeret. Det er nu min Lod, og det er naragtigt
nok, hvor tidt og ofte jeg kan bilde mig ind at jeg boer
paa Solsiden!"

Niels Bryde maatte snart erkjende at her ikke var
Noget at sige eller at gjøre, men reise alene — dog nei,
Hvaps fulgte med; ikke tænkte den paa hvad der truede
den og hvilken Herre den havde.

Veiret var godt; Havet strakte sig, om ikke just som et
vadret Baand, saa dog uden Bølgeslag; en let frisk Vind
og Strømning gav det en Smule Bevægelse og under den
sad stille med halv lidende Blik hist og her et Par Damer
og en enkelt Herre; hver fornam gjennem sig Skibets Zittren
og Fremadløben, saae paa hvad de kaldte „svære Bølger",
og vare visse paa at disse snart vilde blive meget større,
og at det allerede blæste temmeligt op — de fornam allerede
hvor ilde et Menneske kan føle sig paa det vilde Hav.

Maleren, Geniet „paa Skulderen", var ogsaa ombord,
han begyndte ligesaa interessant som han slap hos Hr. Mei-
bum. Han definerede Genie — „hvad er det? Gjær! Løfte-
stangen for det Hele! Genie er det, som de Fleste ikke har,
det er en Ener, der er saameget som ti, men kan ikke laanes!"

— saavidt kom han, saa blev han daarlig. Han og Niels Bryde talte ikke mere sammen paa den Tour.

Under Samsø faldt Hvaps overbord, Niels saae det og bad i Hast Styrmand og Capitain at standse Skibet; det var hans kjære Hund, den vilde drukne; endnu svømmede den tæt ved.

„Vi kunne ikke standse Skibet for en Hunds Skyld!" svarede de.

„Men vel for et Menneskes!" udbrød heftigt Niels Bryde, og uden videre sprang han i Søen og svømmede hen til sin Hund.

Nu standsedes Fartøiet, og drivvaad af Vand kom de begge igjen ombord.

IX.

Den nye Montanus.

Der var stor Glæde i Præstegaarden, lige fra Storstuen til Bryggerset: „Vor Søn kommer hjem!" — det var det første Besøg siden Niels drog over til Kjøbenhavn og blev Student.

„Nu er han ved at indpakke!" sagde „Moer" Aftenen forud; „nu glæder han sig! ja inat faaer han ikke megen Søvn! bare han ikke i Morgenstunden forsover sig og ikke kommer med Skibet; at de dog betids kalde paa ham!" — ja, hun kunde have kaldt paa ham om Morgenen, thi da laae hun vaagen og tænkte paa ham og bad for ham. Klokken

flog fer; hun traf „Faer" i Ærmet og vakkede ham: „Du
fover! nu feiler Skibet!"

„Hvilket Skib?" fagde Præften og foer op.

„Ih, Dampskibet! Nu feiler vor Niels fra Kjøbenhavn!"
Hendes Tanke var hos ham, hele Dagen gjorde den Reifen
med, og dog var hun travl i Kjøkken og Stue. Bodil var
ligefaa glad opfyldt af hans Hjemkomst, men hun udtalte det
ikke faa. Blomster fra Heden havde hun bragt ind i hans
Kammer, alle fmaae kjære Nipferier og vante Stykker fra
Barndomstiden vare komne paa deres gamle Plads. Bodils
egen nye Bibel havde hun lagt der paa Bordet.

Det blev Aften, fildig Aften, men det var god Vei og
ftrappe Hefte, fagde Fader, til Klokken elleve maatte Niels
være her. Nu rumlede der en Vogn, nu gjøede Hundene
— nu kom Niels Bryde.

Der blev en Omfavnelfe, en Spørgen, en Fortællen
— det var allerede Midnat — Faer gik tilfengs og fagde
at de Andre fkulde gjøre det famme, og at Niels trængte dertil.

Næfte Dag, det var en Feftens Dag, det vilde de alle
blive! her var Ro, her var Hvile i Glæde og Kjærlighed.
Niels følte fig ligefom gjennemftraalet af den Inderlighed
hvormed han modtoges, de kjærlige Øine der lyfte ham imøde,
det var næften fom laae der kun en rig Drøm mellem Før
og Nu; Alt her faa uforandret, men ikke han; frem i Ud-
vikling, Frihed og Verdens-Erfaring var han gaaet, Alt til
det Gode, haabede han.

Aldrig havde Bodil været i Kjøbenhavn, det var
hende Verdensftaden, indtil Niels fkrev Breve fra Hamborg,
Dresden og Berlin; men klareft vare og blive dog hos
hende Foreftillingerne om de Danfkes Kongeftad. Hvor vidfte

han ikke at fortælle om Studenterforeningen, Theatret og Sel-
skabslivet, særligt den „Flothed" der viste sig i Grossererens
Huus. Bodil saae i Skildringen af Rebekka og Amalie
sande Verdensdamer, meest tiltalte hende dog „Barnet", den
stille læselystne Esther.

Ganske underlig forekom Niels den hurtige Ombytning
af Scene og Personer, nylig midt i Kjøbenhavn og nu langt
derfra ovre ved den jydske Hede. Det var ved Dampens Kraft,
den nyere Tids Magt; herved kom Talen over paa Damp-
skibe, Jernbaner, Elektromagnetisme og de mange Storheds-
Kræfter, vi nu alle kjende, men som da endnu vare her i
deres første Aabenbarelse.

„Det er Nutids Mirakler!" udbrød Niels.

„De see saadanne ud," udbrød den gamle Japetus;
„men de ere Menneskeværk! giv dem ikke hellige Ravne!"

„Hvorvidt ville Menneskene drive det?" sagde Bodil —
„og hvorvidt vil saa det Hele føre?"

„Ved de første Luftballoner spurgte man ogsaa hvortil
de skulde tjene, og Franklin svarede med at spørge: hvortil
skal det nyfødte Barn tjene! Menneskeslægten gaaer i vor
Tid frem med Kjæmpeskridt, i ethvert Aartusinde kommer
altid et Aarhundrede, hvori man tydeligst mærker Rykket fremad;
i et saadant Seculum leve vi!"

Saaledes i stille Timer, naar de sad i den eensomme
Præstegaard, blev Niels Bryde en sand Videnskabens Apostel;
han udrullede for dem Naturskattene fra Edderkoppens fine
Spind til Stjernevrimmelen, fortalte om det nye Project, der
var blevet udført: den kunstige Fiskeavl, hvorledes Menneskene
her ligesom traadte ind paa Skaberens Gebeet; talte om
Skydannelsen, Luftballoner og Daguerreotyper, viste Gud

i Naturen, uden just at bruge dette Udtryk, Guds Herlighed
kaldte han det. Liv var der i hans Tale; Ord og Ud-
tryk manglede ham ikke; Alt hvad man kan tænke kan man
ogsaa udsige, det viste Niels; lidt Squadroneren, som hører
Ungdommen til, manglede naturligviis hellerikke.

„Du kommer hjem næsten som en anden Erasmus
Montanus!" sagde Japetus Mollerup.

„Ja, men her paa Heden troer man ikke som „paa
Bjerget", at Jorden er flak," svarede han; „man er
videre, man lader ikke Montanus lide Uret. Det er mig
som en Tragedie, dette holbergske Lystspil, denne Miskjendelse
af hans Omgivelse; og det meest Tragiske er, at han tilsidst
maa boie sig for Uvidenhed og lade Sandheden slaae ihjel,
sige at Jorden er flak! — Derved bliver rigtignok Monta-
nus til en Stymper, og man har ikke længer Interesse for
ham, man føler det Tragiske i det givne Billed af Verdens
Usselhed!"

„Hvad gjør man ikke for at faae sin Lisbed!" sagde
Japetus Mollerup, „Du gjorde vist det samme, Niels!"

„Nei!" sagde Bodil med en Bestemthed, der dog ikke
overraskede Broderen.

„Nei!" vedblev han leende, „Sandheden er Gud, og
den slipper man ikke for nogen Priis. Villien er vor
Styrke!"

Og Niels havde en Villie.

„Fører kun ikke den skrappe Tidsudvikling formeget over
i den reent materielle Verden!" sagde Japetus Mollerup
efter nogen stille Tænken efter. „Alt bliver kun den verdslige
Nytte, Alt gaaer op i Maskiner. Der er kommen en Uro,

en Travlhed over Menneskene, hvorved de idelig vende udad, istedetfor ind i sig selv til Selvprøvelse!"

„Livets Poesie bliver visket ud!" sagde Bodil.

„Tvertimod, den vil komme frem i nye Skikkelser," svarede Niels; „og vi trænge dertil. Hver Nationalitet søger ogsaa gjennem Poesien at gjøre sig gjældende; her i Norden er det skeet særligt ved Oehlenschläger, dog er han ikke nordisk nok, Grundtvig er det mere, men mangler saa igjen Oehlenschlägers skabende Aand. Denne har imidlertid ikke ud af Sagaens Marmorblokke meislet sine Skikkelser, og havde han det, maaskee han da hellerikke havde faaet Indgang i Folket, men vistnok en endnu større Betydenhed for en kommende mere kritisk Tid. Hans Tragedier ere ikke mere nordiske, end Orientalisten kan finde Aladdin at være orientalsk!"

Bodil saae overrasket og bedrøvet paa Broderen, at han saa kjækt, saa afgjørende kunde og turde sige slige Ord om den Digter, hun altid og vistnok Alle i det hele Land beundrende saae op til i Kjærlighed og Taknemmelighed. Var dette Ungdommens Tale!

„Vor Tid forlanger iøvrigt en anden Digtning end den nordiske," vedblev Niels. „De gamle Guder ere døde, Hedenold og Heltetid forbi, hiin Tid er ikke vor, og af vor Tid skulle vore Digtere skabe for at aabenbare sig i Aand og Sandhed. Læse vi de gamle Sagaer, de oprulle for os Hedenold, dens Characterer fremtræde ganske anderledes end hos vore Skjalde; disse tage kun de gamle Rustninger og lade vore Medlevende iføre sig dem, det er vort Sprog, de tale, med en lille paasat Smag af Oldtidens, vi troe at høre og see de gamle Guder og Helte, de gamle Tider —

7*

„Bedre, skjønnere maaskee,
Ak, men det er ikke de!"

Genialiteten kan vistnok paatrykke dem Udødeligheds Præg, som Shakspeare har givet sin Hamlet det, men de ere ikke Skabninger fra hiin Tid og Historie, de staae Alle „Hamlet" nærmere end „Sagaen". Dersom Oldtids Helte og Qvinder saae sig selv i vore Tragedier om dem og Hedenold, de kjendte sig ikke igjen stort bedre, end de Storheder, der frem- stilles ved bevægelige Dukker paa Lirekassen, kunne kjendes af dem, de repræsentere!"

Ihvormeget Kantet og altfor ungdommeligt rask Udtalt der end laae i det Sagte, hørte dog den gamle Japetus Mollerup med Interesse derpaa, det fik en Betydning ved at det var Niels der sagde det; at han saaledes kunde tænke, dømme og sætte det frem i Ord. For de fleste For- ældre ere Børnenes Tale som et Stykke af dem selv, det faaer Familie-Stempel, og det er en Høiesterets Kjendelse.

Hos Bodil var der, om hun ikke udtalte det, en større Afvigen i Anskuelser hvad Poesien angik, i den havde hun gjennem sin naturlige Følelse erhvervet sig en Slags Kund- skab, en Mening; derimod hvor kun Videnskaben lyste i hvad Niels omtalte, saae hun op til ham og hørte med Interesse og Trang til at gribe det.

Om Aftenen var Himmelen saa gjennemsigtig klar, Stjernerne traadte frem, flere og flere, der var en stor vid Horizont; Bodil stod med Broderen i den aabne Havedør, Himmelrummet med sine Verdner derude gav Stof til Sam- tale. Vel kunde man beskylde Niels Bryde for Lyst til at udkramme al sin Viisdom, det var nu saa, men man maa

ogsaa indrømme, at han var gjennemtrængt og opfyldt af
de Herligheder, han havde hørt og læst om.

„Hvilken Uendelighed!“ sagde Bodil.

„Større, end Tanken rummer!“ sagde Broderen. „Husk
Dig Svalens Flugt, og tænk saa paa, at Stormen jager
endnu hurtigere end den, og at Lyden af vor Stemme gaaer
igjen tyve Gange hurtigere end Stormen, og hvad er saa
dog vel den Bevægelse imod vor Jords, den svinger sig endnu
halvfemsindstyve Gange hurtigere om Solen! men titusinde
Gange hurtigere endnu komme Solstraalerne ned til os. En
Kanonkugle, altid i lige Fart, vilde bruge femogtyve Aar
fra Solen til Jorden, og en Solstraale naaer os i otte
Minutter!“

„Hvoraf veed man det?“ spurgte Bodil og foldede
uvilkaarlig Hænderne; „hvo har kunnet maale Afstanden, tælle
Minutterne?“

„Menneskeaanden!“ svarede Broderen. „Solen er os
nær imod hiin Fixstjerne, Du der seer skinne; en af dens
Straaler bruger paa Veien herned hele syv Aar. I Melke-
veien er den fjerneste Stjerne os femhundrede Gange mere fjern
end den nærmeste, og Lyset, der, som jeg siger Dig, gjen-
nemflyver toogfyrgetyve tusinde Miil i Secunden, behøver fra
den fjerneste Stjerne, vort Teleskop kan opdage, femtenhundrede
Aar for at naae os!“

Bodil bøiede sit Hoved, skyggede uvilkaarligt med
Haanden, som stod hun ved et bundløst Svælg; men Bro-
derens Øine lyste, og Stemmen fik endnu større Bøielighed
og Klang.

„Aartusinder hengaae før Lyset fra den ene Yderkant
af Melkeveiens Stjernetaage naaer dens anden Yderkant,

og der er Astronomer, som antage forvist at Himmelrummet har flere Melkeveie, hvis Lys kunne bruge mere end en Million Aar paa Veien ned til os, og husk derved, hvad jeg sagde Dig om Lysets Hurtighed, toogfyrgetyve tusinde Miil i Secunden!"

„Jeg rummer det ikke! Uendeligheden bliver mig ufattelig, ufattelig som Gud! Hvor stor, hvor herlig! — og dog faaer jeg en Angest derved, som forsvandt jeg som et Støvgran for denne Gud, der lever og rører sig i dette Grændseløse!"

Venus var den eneste Planet, Bodil kjendte og vidste at finde; Broderen sagde hende, at den var ogsaa den eneste Planet, Oldtiden syntes at kjende, og at Homer havde besjunget den; han fortalte hende om dens klare gjennemsigtige Luft, dens Bjerge, der vare sex Gange høiere, end Jordens Høider, Dhawalagiri og Chimborasso, udmalede hvor glimrende og længe Bjergtoppene deroppe maatte lyse, til vor Jord steg frem, som en ni Gange større og ni Gange mere glindsende Aftenstjerne end Venus er for os. „Derhen, derhen! synge vist deres Poeter deroppe og kalde vor Klode et Lysets Land!"

Han viste hende Jupiter, saa lille for os at see og dog den største af Planeterne, fortalte at dens Atmosphære er liig Jordens flydende Masser, dens Skyer faste Legemer, og medens de fire Aarstider der ere saa lange som tre af vore Aar, er Døgnet deroppe kun ti Timer.

Bodil lyttede, som Barnet lytter til Eventyr og med Forvisningens fulde Tro, uagtet Tanken ikke omfattede denne Storhed, denne Uendelighed. Hvorledes maatte ikke paa disse Kloder Guds Skabninger være forskjellige fra os, selv heri forsvandt hvert Begreb. Hun hørte, at imedens paa Planeten

Mercur Lyset og Varmen vare syv Gange stærkere end paa vor Jord, staaer i Uranus Alt, selv Luften, evigt under vort Frysepunkt; den klareste Middagstid der er neppe lys som vor stjerneklare Nat; firehundrede Millioner Mile borte fra Solen ruller den i Verdensrummet, omgivet af sine Maaner og en Ring, straalende for os, men mørk for Beboerne der.

„Alt nøie betænkt, Alt nøie beregnet!"

„Og levende Væsner overalt!" gjentog Bodil med svimlende Tænken; „Væsner i Guds Billede!"

„I Vanddraaben er Liv," sagde Broderen, „og i disse uhyre Himmellegemer skulde intet Levende, intet Aandens Afpræg røre sig, det er utænkeligt! Men hvorledes ere de —? der slipper vor Viden. Kun det er os vist, at Skabningerne hist ude maae være ganske anderledes organiserede end vi, især paa Kometerne. Deres Baner ere snart saa nær Solen, at paa dem Heden bliver et Par tusind Gange stærkere end i vort gløbende Jern, og snart igjen ere de saa langt fra Solen, at Kometens Atmosphære har en Kulde i sig som Jisstykket. Hvilke Jordens Skabninger mægte at taale saadanne Afvexlinger, ja alene hvilke Øine formaae at udholde et saa fordoblet Sollys, og fra det at gaae over til et Mørke, hvori vor sorteste Nat vilde lyse som Dæmring!"

„Og engang støder en saadan Komet mod vor Jord," udbrød Bodil, „og det er Dommens Dag!" — hun standsede i sin Tankegang og tilføiede: „Bibelen forkynder det ikke saaledes! — hvorfra, hvorledes," vedblev hun, „vide ogsaa Mennesker dette?"

„De vide det fra ham, som skabte dem, som evig holder det Skabte, og nedlagde Love, der lydes selv af de døde Legemer.

Kun dertil og ikke længer! den Lov ligger i Alt. Elastisk
vil Kometens tankesnelle Kugle stødes tilbage fra de andre
Kloders Luftomgivelse. Vi ere komne ud over den gamle
Tro at det er Uhyrer i Luften, ligesom Hvalfisken og Kjæmpe-
slangen i Havet, Uhyrer der udspye Sot og Syge. Astrono-
merne have udmaalt deres Baner, seet dem i deres dampende
Pels, som de løse, idet de nærme sig Solen, og lade følge
efter sig som et langt Gevandt!"

"Var jeg Mand," udbrød Bodil, "jeg troer, jeg kunde
lade mig henrive af Videnskaben, og i den er dog Intet
saa stort, saa herligt, som Astronomien! Hvor Du er lykke-
lig!" sagde hun til Broderen.

"Den er jo ikke min Videnskab!" sagde han alvorligere,
der laae noget Sørgmodigt deri.

X.

Idiotbarnet. „Bareske Alako."

Bodil og Niels Bryde gik hen over Heden mod
Kratskoven, Hvaps, gulbruun som en velbagt Kommenskringle
og let som en Hind, sprang foran, tilfreds forbi den skulde
ud, det saae man i de kloge brune Øine og i Bevægelsen
med Halen, der er Hundens Smiletøi.

"En prægtig Hund!" sagde Niels Bryde, „og ham
skulde jeg have ladet døe, komme i den sorte Gryde, som
man kalder det i Legen! nei, han skal springe og fornøie sig
endnu en Tid i denne lyse Verden!"

„Hans Liv kunde have kostet os dit; jeg veed det ♭ saaledes at springe ud i Søen, Du kunde have kommet under Damphjulet!"

„Nei, jeg sprang ud bag ved det. Jeg kan nok holde mig oppe et Qvarteers Tid i rolig Sø, som det var; jeg vidste at man ikke lod et Menneske drukne, man turde det ikke engang for Lov og Ret, der var ikke Noget at vove ved det. Og i et saadant Øieblik gjør man ikke Reflexioner, man vil — og jeg vilde beholde Hvaps!"

„Hvor megen Forstand har ikke et saadant Dyr, tidt mere end mangt et Menneske! Det er forunderligt at tænke, at en saadan Skabning kun fik sin Tilværelse for dette Liv. Den kjender Hengivenhed og Troskab, har komplet Dyder; her er dog mere end kun Instinktet!"

„Hvem lover og sikkrer Dig mere Udødelighed end Dyret!" sagde Broderen med et Smiil.

„Det gjør min udødelige Sjæl! det gjør Religion og Bibel!"

„Og Du er vis i din Sag?"

„Jeg har aldrig tvivlet! jeg er forvisset om at jeg skal igjen opstaae!"

„Som hvad? det er Spørgsmaalet! I Verden her gaaer Alt tilgrunde og gjenfødes i nye Skikkelser, men ikke som Du tænker Dig det, nei, ganske anderledes! Der er et evigt Kredsløb: Chemien beviser os, at de samme Materier findes i alle skabte Ting, og at de i deres Sammensætning yttrer den eller den Kraft, og blive saaledes enten en Steen, en Plante eller et Dyr, der, naar det har naaet sin Bestemmelse her, igjen opløses og giver Stofferne tilbage!"

• „Og Sjælen gaaer til Gud, som gav den!" sagde Bo-
dil. „Din megen Lærdom kan ikke omstyrte Troen!"

„Det er egentlig en uendelig Hovmod af os Mennesker
at ville leve evig, og det med Tanke og Bevidsthed. Hvad
giver os Ret dertil? Mon vel vor Kløgt, vor Udvikling?
Seer Du den Myretue, selv gav Du mig engang den første
Lærdom om disse Smaadyrs Kløgt, og at Tuen er ingen
planløst gjennemrodet Jordklump; og nu Bierne, vidste de
ikke alle, længe før nogen Mathematiker, at Sexkanten er den
Form, der ved Sammenstilling indtager det mindste Fladerum,
og byggede efter den deres tusinde Celler!"

Bodil saae alvorligt paa ham. „Du har Ret og dog
ikke ganske Ret! Dyret selv var fra Skabelsens Tid udviklet
heelt i alle dets Evner, det naaer i sin korte Levetid fuldelig
til sit Maal her, Menneskene derimod vinde i Kløgt gjennem
Slægter!"

„Hvor høit troer Du vi staae over Ægypter og In-
dier?" sagde Broderen. „Vi Alle have samme Begrændsning
som Dyret, Alt eftersom Stofferne ere blandede!"

„O Du, med dine Stoffer! Du gjør os til Maskiner!
Du siger Ting, Du ikke mener, Du vil kun ved din Kløgt
vise hvor høit Du staaer over mig, men i Troen, haaber
jeg, staae vi lige!"

„Der staaer Du høit over mig, ja høit over Sandheden,
heelt inde i Overtroen!" — Med Eet standsede han og saae
sig omkring.

Hvaps spidsede Ører, holdt Halen ubevægelig, jog
derpaa i en Fart hen mod en lille Høide af opgravede Lyng-
tørv, og nu gjøede den. De nærmede sig Stedet, og under-
ligt nok, det af Niels Bryde sidst udtalte Ord „Overtroe"

vilde, for andre end de To, let her kunde have gjort sig
gjeldende.

Nede i Jordhullet laae eller stod en ganske underlig
Pusling i blaat Skjørt; et laset rødt Klæde var bundet om
Livet, en gammel rød Nisse=Hue sad paa det uformelige store
Hoved; smaa sorte Øine stirrede glindsende fra det brunrøde
Ansigt, som det mørke Haar hang i Tjavser ned om, og en
uforstaaelig Lyd blev udstødt.

„Hvad er det?“ udbrød Niels Bryde.

„Er det et Menneske?“ sagde Bodil.

„Ja, et bit' Menneske!“ svarede en Stemme tæt ved.
„Det er min lil' Knaspert*), sølle Veivan**)!“ og op fra
Gyvel og Buske reiste sig besværligt en høi, stærkbygget Kone.
Niels kjendte hende, det var Tatersken med sit Idiotbarn:
den stakkels vantrevne Menneske=Skabning havde hun lagt i
Hullet ved Lyngtørvene, idet hun fornam sig „et bitt' Korn ilde“;
hun var stukket i Foden af en leed Orm, Benet var hovnet
op, og det rev i det, saa at det havde klemt hende om Hjertet;
nu havde hun lagt vaad Jord om, og den, meente hun, trak
nok, til Sol gik ned, det Ilde ud af Benet; men over hen-
des brune Ansigt var et sygeligt Skjær, Øinene havde et Ud-
tryk af Smerte, og da hun løftede Foden var denne og
Benet svært opsvulmet.

„I kan ikke blive her paa Heden,“ sagde Niels Bryde;
„kom til Præstegaarden; ja, derhen er for jer ikke saa kort,
men vi ville hjelpe!“

I Lyngen havde hun ligget saamangen Nat, sagde hun
og begyndte, idet hun mærkede Deeltagelse, at tale mere ind

---

*) Dreng.   **) Ben

i Folkedialekten uden saa mange Tilsætninger af hendes eget
Sprog. Ude eller inde var lige fedt, meente hun, men fore-
trak dog at være inde nu da Kulden kneb hende i Lemmerne.

„Kan Puslingen gaae?" spurgte Niels Bryde.

„Ak!" sagde Konen, „han er mere ildefaren end jeg!
han er mulo*) i Fødderne; han kommer aldrig igang, jeg
maa være Been for ham. Det er jeg nok nødt til!"

Konen kunde neppe bære sig selv, mindre Drengen, hun
bad dem imidlertid at binde sig sin „Knaspert" paa Ryggen,
og meente da at hun nok kunde humpe efter; i Loen vilde
hun kunne sove tør, thi Regn vilde der falde til Natten, det
fornam hun i sin store Taa paa den friske Fod.

Barnet kunde hun ikke bære, saa tog Niels Bryde
det paa sin Arm.

„Han er tung!" sagde han.

„Der er Fyld i ham," sagde Konen; „dog er han kun
lille af en ti Aars Dreng!" Kroppen var som et Barns
paa fire Aar. Sine sorte, glindsende Øine fæstede Idiotbarnet
stivt paa Niels, og i Fornemmelse af at man ikke vilde gjøre
det Fortræd, lukkede det Øinene for at sove.

Konen humpede i Smerte med, men et Stykke fra
Huset sank hun i Knæ og laae afmægtig. Bodil løb
efter Folk og efter Vand og Eddike; Konen bragtes ind i et
lille Kammer ved Stalden, hvor Seletøiet gjemtes, en gam-
mel Dyne blev lagt under hende, Foden badet og indsvøbt,
og da denne samaritanske Gjerning var øvet og en af Pigerne
sat til at hjelpe Drengen, som man havde givet Grød og

---

*) Døb.

Melk, selv kunde han ikke magte det, forlod Broder og
Søster Kammeret.

Musikant-Grethe kom just Dagen derefter over i Præste-
gaarden, og som engang de vandrende Troubadourer i Provence,
havde hun Harmonikaen med, desuden sit Næstsødskendebarn
„lille Karen", der skikkede sig saa vel hos Byfogedens, hvor
hun havde tjent først som Barnets, men nu gik tilhaande inden
Døre. Som Lille havde Karen været en sand Spillop, nu var
hun Aar for Aar blevet saa eftertænksom; dermed meentes tung-
sindig. Det hørte ikke til den unge Alder og gik vel over!
For at muntres lidt var hun sendt her i Besøgelse, og saa
kom de To over til Præstegaarden. Alle syntes de godt om
lille Karen, men snaksom eller fornøielig var hun slet ikke.

De traadte ind til den syge Taterske; lille Karen
madede Drengen, der teede sig som et fireaars Barn, Musi-
kant-Grethe tog frem sin Harmonika, drog i den til en
Melodie, og den Lille stirrede mere og mere forundret, og
der kom et Smiil om Munden, han udstødte et glad Hyl.

„Han leer min Grumsling!" sagde Taterkonen, „der er
en rar Klang i den tjeiko!*) hvorfra har Du den?"

„Den har jeg havt i mange Aar," sagde Musikant-
Grethe, „den er et Arvegods. Den er min Fryd og Glæde;
med den kan jeg spille mig ordenlig rask naar jeg ligger syg
tilsengs. Maaskee hjelper den ogsaa Dig!" og hun spillede
flere Stykker. Sandelig man skulde fristes til at troe, at der
virkelig laae Lægedom i disse Toner; Tatersken blev livligere
og snaksom; Musikant-Grethe havde Fornøielse af sit In-
strument.

*) Gjenstand, Ting.

„Den kan lyde langt over Heden, den er som en god
Ven, man har, der kan tale med En! Du siger ikke saa-
meget, lille Karen!" sagde hun spøgende til sit Næstsødskende-
barn, „det har Du vænt Dig fra; men det er ingen god
Vane! Nu skal vi have En med Peber og Salt!" og hun
spillede en lystelig En.

Siden efter humpede Tatersken ind i Kjøkkenet.
Hævelsen i Foden var faldet, Feberen borte. Folkene talte
til hende om det lede, omvandrende Liv, og Skiftingen, hun
bar, han var nok en Trold, forbyttet var han, sagde de.

„Øinene ere hans Faders!" udbrød Qvinden i et dem
tydeligt Sprog, og forklarede, hun vilde nu ud af Landet igjen,
for at træffe sammen med sin Mand, der ogsaa som hun
var af det rette Blod; han havde dernede i Bøhmen og
Wallachiet været en mægtig Fører, og havt Folk at byde
over, flere end nogen Herre paa en jydsk Herregaard, men
han var sat i Hullet uden al Skyld dernede i Østerrige;
imens var hun med sin syge „Knaspert" draget Nord paa,
hvor hun var født i Skovkanten hos Ma-Krokone, jo hun
havde været her før, hun kunde ogsaa Sproget, saaledes som
hun kunde det.

Alle hørte de paa hende; Bryggerpigen udtalte sin
Forfærdelse over at drive om som en vild Fugl uden Tag
over Hovedet, og Musikant-Grethe spillede en Sang, hun
kunde om „et Slot i Østerige", derhen var det jo Tatersken
vilde.

Lille Karen skulde afsted for at komme betids hjem,
Musikant-Grethe vilde gaae et Stykke med, hun søgte
efter sin Harmonika, den havde været lagt paa Hylden tæt

imellem de to store Leerskaale, der hvor hun tidt havde stillet den, men nu var den borte.

„Jeg har den ikke!" sagde Tatersken, „søg alt mit Tøi igiennem!" og hun løftede sine Skjørter høit til Forfærdelse for Pigerne.

„Den maa være gjemt et Sted, lagt hen, for at skaffes bort!" sagde Niels Bryde, og i alle Gjemmer søgtes forgjæves.

Lille Karen blev syg, hun var hvid som et Liig, stakkels Musikant=Grethe havde megen Sorg paa een Gang; dog lille Karen kom sig, men Musikant=Grethe fandt ikke sin Harmonika.

I Morgenstunden drog Tatersken bort med Grumslingen. Hun kom forbi Huset hvor Musikant=Grethe boede, den Stakkel havde ikke sovet hele Natten, hun havde virkeligt mistet det Kjæreste og Bedste, hun eiede, det der var Liv og Leven for hende. Hun stod i sin Dør, saae paa Tatersken og spurgte med bedrøvet Stemme: „Har I taget den? Giv mig den igjen! den er mig mit Barn, min Trøst og Glæde. Jeg spillede for at gjøre Jer Lille glad, for at lette Jeres Tanker! vær som et christent Menneske imod mig, gaae ikke bort med al min Rigdom!"

Tatersken saae paa hende med et Griin: Vel var hun en puro*), sagde hun, men hun gav sig ikke af med purra**). Hun satte Barnet paa Jorden, reiste sig i hele sin Høide, og svor at dersom Tyvekosterne fandtes paa hendes Krop, vilde hun raadne op i Snurren***). Drengen vilde

---

*) Gammel Kjærling.   **) Stjæle.   ***) Tugthuset.

hun ikke bære mens hun gjorde den Eed; det var hendes
Prædikant=Tro! sagde hun.

En halv Miil derfra, inde paa Heden, satte hun sig,
og løfte Idiotbarnets sammenbundne Been. Mellem disse
havde hun snørt en Gjenstand, viklet ind i en Las; hun
tog den frem, saae med speidende Blik hen over Heden, til
alle Sider, smilede derpaa og tog Harmonikaen frem. Ikke
paa hendes Krop, men paa Barnets hang den, der hvor man
neppe vilde søge, mellem dets visne Been. Hun drog den
ud — den gav en skarp Lyd, der øieblikkelig syntes at for=
strække hende, men snart fik hun de fulde, vexlende Toner;
hun loe derved, ogsaa Drengen plirede fornøieligt med
Øinene. Hun legede med sit Barn, kyssede det inderligt, spil=
lede igjen for det — men da hun saae op, stod Hvaps,
Hunden, lige foran og fæftede sine Øine stivt paa hende.
I et Nu skjød hun Harmonikaen ind i Lyngen, fløitede med
Munden, og begyndte derpaa en Art Syngen, der efterlignede
de udholdende Toner af Instrumentet, som om det var det
der hørtes; nogle Lyngbuske knækkede hun, for at mærke sig
Stedet. Stemmen løftede hun høiere og høiere, saae frem
for sig om Ingen kom, og rigtig — hun opdagede Niels
Bryde. Han var gaaet paa Jagt, tidligere end hun forlod
Præstegaarden. Han kom nærmere, hun vedblev sin Harmonika=
Sang for Barnet.

„Vi spille Instrumentet!“ sagde hun, idet Niels Bryde
stod foran hende. „Var det ikke saa den klang?“

„Lidt bedre!“ sagde han. „Hvor har I lagt den?
Hvor er Tyvekosterne?“

„Jeg Stakkel!“ sagde hun; „I vil dog ikke at jeg
usselige Qvinde skal klæde mig og Ungen af! I finder dog

Intet!" — Det var alt det Forstaaelige, han fik ud af hendes
Tale, som denne Gang gik mere op i et ukjendt Tungemaal.
Hun vilde klappe Hvaps, der knurrende nærmede sig. Niels
gav Hunden et Tegn at finde og bringe det Skjulte; den
snusede rundt om.

„I fortjente et godt Livfuld Bank, I nedrige Qvindemen-
neske!" udbrød Niels; „saaledes lønner I Gjestfrihed! Veed
I ikke at det her er meget mere, I har taget, end et Lam
eller et Par Gjæs! I har taget det, jeg veed det! — En
fattig gammel Kones kjæreste Eie, hendes eneste Fortjeneste!
Den er her! jeg hørte den klinge, I aber for slet efter! —
og see der! Hvaps skraber i Lyngen, han viser os Tyve-
kosterne!"

Harmonikaen blev fundet. Et Stub mod Qvindens Skulder
og et haanlig: „pak sig!" var Straffen, hun fik, med det Til-
føiende: „kom aldrig mere til Præstegaarden naar jeg er der!
før saa skal hun smage Ridepidsken! Præsten selv er hellerikke
til at spøge med, og Herredsfogeden har vi ikke langt borte!"

Tatersken grinede, fæstede sine mørke Fugleøine haanlig
paa ham, sagde vel ikke et Ord, men denne Grinen, dette
Blik tirrede Niels Bryde.

„I leer!" raabte han, „vogt Jer! jeg skal lære Eder
hvad det vil sige at tage en Fattigs Eneste og Bedste —!"

Fra hende kunde han Ingenting tage! sagde hun haanlig
udfordrende; hun havde Intet, han gad løbe med!

Niels forstod hendes Ord, en Tanke lynede op i ham:

„Det Kjæreste og Bedste, I har, det Eneste — vil jeg
tage!" og han greb hendes Barn, tog det paa sin Arm,
kastede Geværet over Skulderen og gik.

„Min Grumsling!" skreg Qvinden, strakte Hænderne

ud og hylede om at faae fit Barn tilbage. Han stødte hende
bort, hun saae paa ham med et Blik, som den tirrede bundne
Rovfugl kan see; „rakk dero!"*) mumlede hun neppe hørligt.
Hendes Øine mødte Niels Brydes, det var som forstøde
de hinandens Villie. Hun kastede sig ned til Jorden, han
gik, i heftig Opblussen, afsted. Barnet lagde udeeltagende
fit tunge Hoved til hans Skulder.

Han var gaaet et Stykke, hans Byrde blev ham tung, han
standsede, saae tilbage, der var kun Heden at øine, ikke Tater-
sken; var hun blevet eller gaaet videre? Havde han taget
Feil deri at hun ikke vilde slippe fit Barn men snart komme
for at hente det? overlod hun ham denne Fangst? det var et
deiligt Jagtbytte at bringe hjem! Han betragtede „Grümsling",
der just slog de sorte glasagtige Øine op og saae paa ham.
Da kom ham i Hu hans hæslige Drøm, hvorledes dette
Utyske med Flagermuus-Vinger da knugede sig fast og over-
mandede ham. Det gøs i ham; uhyggelig, væmmelig blev ham
den Skabning, han slæbte paa. Han var ved at kaste den, da
Tanken om, det har hun ventet, det stoler hun paa, holdt ham
tilbage. Han vilde overvinde sig, ikke lade sig paavirke af en
Drøm; hun kom sikkert! Moderfølelsen vilde nok drive hende!
Rask gik han fremad og stod ved Præstegaardens Have.

Bodil traadte just ud af Laagen, og saae med Forundring
og Forbauselse paa Broderen; han klarede hende Sagen,
hun rystede med Hovedet over hans heftige Sind, smilede
derpaa og trykkede hans Haand. Tatersken vilde komme
og hente fit Barn, meente ogsaa Bodil, og tilføiede: „kom-
mer hun kun ikke til Natten og gør Fortræd her paa Gaarden!

---

*) „Vogt Dig!"

hun er af et hævngjerrigt, ildesindet Folkefærd! vi maae passe vel paa!" — Ikke strax vilde de tale til de Gamle om den Sag.

„Du troer dog ikke, at Mennesket kunde falde paa at stikke os Ild paa Gaarden?" udbrød Niels.

„Vi ere i Guds Haand!" sagde Bodil; dog i en Angest, som hun ikke udtalte, førte hun ham med Idiotbarnet ind i sit eget Kammer.

En Time gik, og atter een, der kom ingen Taterske. Efter Middagsbordet betroede Bodil det til Moderen, der blev aldeles forfærdet ved at Niels saaledes havde bragt dem denne Ulykke i Huset. Køerne vilde nu nok lade være at give Melk, Hestene fik vist Snive og Kuller — ja Menneskene selv, hele Gaarden; det var jo forfærdeligt!

Bodil maatte anvende al sin Veltalenhed, Bibelens Trøst — og endelig den Overbeviisning, som hun og Niels havde, at Tatersken ikke slap sit Barn; „Præstemoder", der aldrig havde anden Tro og Mening end hvad Fader og Børnene havde, lod sig da nogenlunde trøste, ja lovede, indtil videre, ikke at tale derom til Fader eller nogen Anden i Gaarden.

Niels fortrød at Heftigheden saaledes var løbet af med ham, men vilde ikke tilstaae det engang for sig selv. Speidende søgte han rundt ude om Gaarden; Bodil fik det Hverv at bringe Musikant-Grethe Harmonikaen, hen paa Eftermiddagen gik hun over til hende.

Døren var lukket, indenfor syntes stille og uddødt. Bodil bankede paa, Ingen svarede. Da tog hun Harmonikaen, spillede nogle Toner under Vinduet, stærkere og stærkere; da viste sig ved Ruden et Ansigt. Det var Musikant-

8*

Grethe; hun var, som hun sagde, af Sorg gaaet iseng, men blev nu glad kaldet op. Hendes Henrykkelse var stor; hun trykkede Harmonikaen til sin Mund, kyssede den saa inderlig:

„Min lille Sangfugl! min egen Violin! o Jomfru, hvor har De gjort mig gamle Menneske lyksalig! — Hvor var den dog, hvor fik De den?"

Og Bodil sagde hende at Tatersken havde stjaalet den, og at Niels havde faaet den fra hende ude paa Heden.

Seent paa Aftenen, da alle Gaardens Folk vare tilsengs, havde man endnu ikke fornummet noget til Tatersken; skulde hun virkelig være glad ved at have sluppet sin Byrde? „Grumslingen" havde spiist og drukket vel, den sov nu og drog hæslig rallende Veiret i Bodils Kammer. Der var noget Uhyggeligt ved det Hele; hvad vilde Natten bringe? Phantasien omklamrede Niels et Øieblik, saa fast, saa ængsten-de, som Skiftingen havde gjort det i Drømmen; men snart rystede han denne Fornemmelse af, „man har jo Øine og Øren," sagde han sig selv, „jeg skal nok holde saadan en Fjende fra Huset!" Han undersøgte sin Bøsse, tog dertil frem en forsvarlig Stok; sove i Nat blev der nok ikke meget af.

Alt udenfor var stille. Efter Midnat hørtes Uro af Hunden. Niels aabnede Vinduet — det var smukt maane-klart, Intet rørte sig udenfor. Hunden knurrede; Niels gik med sit Gevær sagte ud i Haven, speidede rundt om, traadte ud paa Marken, Alt var stille og lydløst, kun en Fugl skreg langt borte. I Bodils Kammer saae han Lys tændt, heller ikke hun sov. Han ærgrede sig; var Tater-qvinden nu pludselig traadt frem, hans heftige Sind havde igjen brudt løs. Mere end en Time blev han lyttende der udenfor.

Halv afklædt havde Bodil lagt sig paa Sengen; hun kunde ikke sove, hun saae hen paa Idiotbarnet, dette laae med aabne Øine og stirrede som et gammelt Menneske paa hende, det var hende ikke et Barn. Hun sprang op, klædte sig paa og gik ud i Haven; Dagningen skinnede allerede. Niels var nyligt gaaet til sit Værelse. Bodil kom hen imod Gjerdet og der — tæt udenfor, op til et gammelt Piletræ, stod Tatersken.

„Jomfru!" sagde hun, dæmpende Stemmen, „raab ikke høit! — Vær god mod mig Stakkel!" hun strakte Hænderne ud, og saae med et inderligt bedende Ansigt paa hende. „Mit Barn har I! det er ikke Gaarden til Gavn eller Glæde! lad mig faae det, jeg er nu saa vant til det, jeg kan ikke stavre frem uden jeg har den Bylt at bære! det er som mit syge Been, hvor svært det er mig, jeg kan dog ikke lade det hugge af!"

Det var hvad Bodil forstod af hendes dæmpede Tale, der løb mere ublandet end ellers, som for at blive forstaaeligere, men dog ikke var uden Indblanden af enkelte fremmede Ord og Udbrud.

„Ja, ja!" sagde Bodil, med ligesaa dæmpet Stemme, Hendes Hjerte bankede stærkt; hun gjorde vinkende Tegn til Qvinden. „I skal faae det! min Broder vidste at I kom efter det; men han vilde lade Eder prøve hvad det var for den stakkels Musikant-Grethe, at miste det man inderligt holder af!"

Og Bodil gik ind, tog Stiftingen op af Sengen, svøbte Tøiet om den, fik noget Brød og et Stykke Skinke, og stod dermed snart igjen ude hos Taterqvinden, der i heftig Glæde greb sit Barn, kyssede det, snørede sig det paa Ryggen, og med Tak og funklende Øine vandrede afsted mod Nord=Øst, ad Skoven til. Hvorhen? — Igaar gik Vandringen herfra i modsat Retning hen over Heden; var hendes Gang uden Tanke, gik hun som Vinden blæste? Nei, i det eneste korte Blund, hun siden igaar havde nydt, havde en Drøm, eller hendes Phantasie, igjen belyst for hende Eet fundet og vundet, Eet der særlig drev hende op til disse Egne hvor hun var født. Til bestemte Tider, ret som Trækfuglen, men hos hende med Aaringers Mellemrum, kom hun herhid, naar Drøm eller Tankesving indgav hende det; her alene, det var hendes Forvisning, var det at finde, som kunde hæve Troldmagten der knugede hendes usselige Barn.

I den søndre Skov ved Silkeborg, hvor den Gang Landeveien gik vesterpaa, stod da et gammelt berømmeligt Træ, Skovens ældste Dryas, Almuen kaldte det Ma=Krokone, et Navn det havde fordi det i sin Bæxt lignede noget en menneskelig Skikkelse: tykt nede ved Roden, libt høiere oppe smalt, ligesom Been, derpaa uformeligt tykt i Stammen, det var Maven; oven over den kom to vældige, udstrakte Grene, det blev Armene, saa løftede sig Stammen med den udbredte Krone. Qvæghyrderne tyede herhen i ondt Veir, og da Egnen rundtom var ubeboet, blev her af de Kjørende søgt Bedested, ja endogsaa Natteqvarteer. Der var godt Tilholdssted hos Maren Krokone, eller Ma=Krokone, som det udtaltes. Flere Mennesker kunde i Skylregn være her i det Tørre.

Derhen gik Tatersken, der var hun født, der var maaskee tabt og muligt at finde den Frelsens Skat, hun søgte,

som var hende mere end alle de Skatte, Peer Guld=
graver ikke fandt; her eller i Dybdal maatte den findes,
skulde den findes, det vidste hun af sin „Madrum" *), der
var af ublandet Taterblod, en ægte Datter af Slægten fra
Himalaja.

Det er først i de sidste Aar, ved dybere Undersøgelse
af Sprogene og Kjendskab til Indien, at det er godtgjort,
at denne vandrende Slægt er Afkom af et indisk Folk, at
deres Sprog nedstammer fra det meest fuldendte af alle
Sprog: Sanskrit. Fra Himalaja, fra Egnen om Gan-
ges, kom disse Landets Urfolk, fortrængte af Hinduerne og
agtet ringere end Kasten Sudras. De vandrede ud fra
Landskabet Assam, hvis Navn endnu bevares af dem i
Sagnet om Hjemstavns=Byen Assas i Landet Assaria;
derhen vil engang, det er det eneste religieuse Sagn, denne
ulykkelige Slægt eier, Alako føre dem. Baro Devel:
den store Gud, sendte til Jorden i Menneskets Skikkelse
sin Søn, Alako, for at aabenbare og skrive Love, og da
det var udført, steg han igjen op i sit Rige, Maanen,
hvorhen han kalder de Døde. Alakos Billed er en op=
retstaaende Mand, der holder i sin høire Haand en Pen, i
sin venstre et Sværd; indskaaret i en Steen, stor som en
knyttet Haand, Bareske Alako kaldet, gjemmes den af
hver mægtig Taterhøvding.

Et saadant Gudebilled havde Taterkonens Moder baaret og
bevaret; men heroppe i Jylland, da hun fødte sin Datter, var det
under Ma=Krokones grønne Tag, eller i Dybdal, tabt,
forsvundet og aldrig fundet igjen af hende. Hun var en rigtig

*) Moher.

Madrum med Guldmønter i fit Haar, Kniv i Beltet, og med mere end Svovl og Dyvelsdræk i Lommen; der laae Stenen med Alako's Billede. Bester fra kom hun og Manden; de havde Natten forud sovet i en eensom Gaard paa Heden i Dybdal; hun følte sig ilde, det gik vel over, tænkte hun; de droge mere østerpaa for at træffe Venner, der havde sat dem Stævne. Hun støttede sig paa Manden, orkede frem til Ma-Krokones Tag, og her fødte hun sit Barn. Himlen var overtrukken, Skoven tæt, det var mørk Nat; hun greb efter Alako's Billed, den svære Steen, hun altid bar hos sig; den var borte! Hun havde følt sig saa tung og besværlig paa Vandringen og ikke fornummet Øieblikket, den tabtes. Skrækken herover oplivede hende, hun fornam sig med Eet ved alle sine Kræfter, søgte rundt om, Manden tændte en stor Ild, der lyste ind i Skoven; hun vilde afsted, tilbage den Vei, de havde gaaet, hen til Gaarden, hvor de sidst overnattede; men Fødderne svigtede hende, og det var den mulmmørke Nat.

Først næste Dag, henimod Middagstid, kom hun i Gang, sin Nyfødte bar hun paa Ryggen; det blev en tung, langsommelig Vandring for hende og Manden. Luften var lummer idet de fra Skoven steg hen over Jordaasen; der kom en stærk Røg af Lyng, og fra Høiden saae de, at nede i Dybdal var Hedebrand — den skjød fremad, gjorde imellem et Spring, tændte Enebærbuskene, der øieblikkelig blussede op. Ilden omspændte hele Strækningen dernede, hvor Gaarden laae, de søgte til. I Skumringen flammede Ilden som om hele Dalen brændte, og det vilde den, til Mosen satte en Grændse, eller Sandjorden ikke længer frembød Brændstof. Røgen bredte sig, Luerne fore frem, drev Urhøns,

Harer og altslags Vildt foran sig mod de To, der lang-
sommelig skred fremad. Flammerne lyste rødt op i Røgen
og hen over Vandstederne. De sølle Folk rundt om vare ilde
tilsinds, derom havde „Madrum" tidt fortalt; de overfaldt
voldelig og morderisk de To, paastode, at de vare Skyld i
Ulykken, havde antændt Lyngen; de sloge og lemlæstede Ta-
teren, saa det blev hans Død, Hustruen, med sit ikke
døgngamle Barn, blev taget fast, sat i Aar og Dag i Vi-
borg Tugthuus, ganske uskyldig, naturligviis —! Alt dette
vidstes fra Moderen selv, hun, der havde baaret Taterqvin-
den, som nu bar og altid bar sit Idiotbarn. Da Mo-
deren kom ud fra Viborg, søgte hun strax til Ma-Kro-
kone, det gamle Træ, derfra gik hun gjennem Skoven
over Høiderne ned i Dybdal til Gaarden der, men fandt
intet Gudebillede, drog saa for altid bort fra det danske
Land; men hendes Bortgang var som en fornem Frues
Reise, havde hun sagt. Vesterpaa gjennem Sandegnene ved
Havet blev Veien lagt; der var hun kommet ikast med Gjøg-
lere, som havde Abekatte og en Kameel; høit paa Pukkelen
af den sad hun med sin lille Pige nok saa stoltelig øverst
paa Bagagen, med Tromme og Trompet, med Abekatte for
og bag; Kamelen bar dem langsomt skridende frem i det
dybe Sand. — Datteren voxte til, Moderens lynende Øine
havde hun, og Haaret saa sort som en Skovsnegl; hun fik
sig en Kjæreste og blev hans Venneviv; Moder og Datter
mødtes ikke i mange Aar; men da Datteren bar sit syge
Barn: Grumslingen, der saae ud til at blive ilde for alle
Tider, traf de sammen ved Donaustrømmen, under Valdnød-
træerne, nede i det Serbiske; og Madrum gav hende Raad,
fortalte om den tabte Bareske Alako, om Ma-Krokone

og Alt, hvad vi her have hørt; hun forklarede hende saa
grangivelig hvert Sted og hver Vei heroppe, at den var hende
som kjendt og gaaet før. En Drøm styrkede hende i Haa-
bet om Hjelp for sin „Knaspert". hun drog op til Jyl-
land, til Silkeborg-Egnen i Søndre-Skov. Ma-Kro-
kone stod der, men dens Krone var faldet, dog saae man
hele den mægtige Træbul, Fødderne, Maven, de udbredte Arme,
endnu et Tilflugtssted for Hyrderne og de Veifarende. Men
ikke her og ikke i Dybdal var at finde, hvad Tatersken
søgte. Aar og Dag varede det første Ophold i disse Egne,
nu var det for tredie Gang hun kom her.

En Storm havde afrevet de to udstrakte Grene; uden
Arme stod Ma-Krokone, et underligt udbovnet Spøgelse-
Træ. Med Mod og Fortrøstning, som var det først denne
Morgen at Skatten gik tabt, begyndte hun at søge og
grave i Jorden — forgjæves! Her var den heller ikke tabt, i
Dybdal var Findestedet, og der var den fundet for mange
Aar tilbage — endnu iforgaars, da hun tog den stak-
kels Musikant-Grethes Harmonika, stod hun den nær,
som kunde have givet hende hvad hun søgte, og vilde have
givet hende det, om hun vidste, hvilken Betydning det havde
for denne usselige Qvinde. Lille Karen, der gik saa efter-
tænksom, var jo fra Dybdal, fra Fattigmands Huus, hun
havde som Lille fundet der den mørke Steen med den underlige
Indgravning; hendes Moder sagde, at den var en Trold-
klump og at der var Lykke med stiltiende at gjemme Sligt;
i Aaringer havde den nu ligget i hendes Skriin — og det
saae Tatersken ikke i sine Drømme og Tanker.

Hun gravede en Halvkreds om Træet, aftørrede og be-
tragtede hver Steen, hun fandt; Grumslingen sad i de ned-

faldne visne Blade, hun havde samlet i Hob; han var tvær
og ilde i Sindet, brummede og udstødte, som han kunde
det, Skjænd og vrede Ord, indtil en Fugl skreg fælt oven=
over ham; saa taug han og saae med lurende Blik, som
Katten seer, idet den vil paa Rov; men Taterkonen søgte,
og — som vi veed — forgjæves.

XI.

Ufred i Hjemmet. Silkeborg bygges.

„Hvor hjelpeløst, hvor elendigt er dog dette Barn!"
sagde Bodil, beklagende den stakkels Taterqvinde og hendes
levende Byrde. „En saadan usselig Skabning vilde reent
omkomme, var ikke Kjærligheden saa uendelig stor hos Mo=
deren!"

„Det er en Drift," sagde Niels; „den er ikke min=
dre hos Dyret, end hos Mennesket. Hønen kjæmper for sine
Kyllinger; Ørentvisten, ja, forsøg kun at sprede hendes Unger
omkring hende, hun vil samle dem igjen. Det er Driften,
eet af de store Drivhjul i Maskineriet! Du seer paa mig!
ja, tro dog ikke, at vi ere andet! Det er ved Sam=
mensætning af Stofferne, det hele Kunstværk fremkommer!"

Jeg forstaaer Dig slet ikke," sagde Bodil; „og jeg
bryder mig heller ikke om det!"

„Men det skal Du," sagde Niels; „man bør vide,
hvad der kan vides, og hvad et oplyst Menneske bør vide!"
og han begyndte at fortælle om Urstofferne, hvoraf, sagde

han, kjendtes henved een og treds, der ikke lod sig blande;
„Livets egentlige fire Elementer er Ilt, Brint, Qvælstof og
Kulsyre —"

„Det er meget muligt," sagde Bodil med et Smiil;
„jeg forstaaer det ikke! Du er blevet saa forfærdelig lærd,
og det skal jeg jo ikke være!" Hun vilde ikke fortsætte denne
Samtale, men høre paa ham maatte hun. Der laae til-
visse noget Lokkende i alt dette Nye og i hele hans Veltalen-
hed; han udviklede Tingenes evige Kredsløb, fortalte, at de
jordagtige Dele, der ved chemisk Opløsning steg ind i Plan-
ten, forarbeides der til Næring for Dyret, som derved igien
blev Fødemiddel, Varmestof for Mennesket; Alt trængte til Var-
men, det satte Maskineriet i Bevægelse, Delene vendte siden under
Opløsningen tilbage, og Gasarterne gik til deres Udspring.

„Og Aanden til Gud!" sagde Bodil.

„Til det store Hele, Guddoms-Altet," udbrød Niels,
„den gamle Pan, som Grækerne troede bliver den Sidste, der
overlever Guderne!"

„Hvad er det for en ugudelig Snak, Du staaer og
fører!" sagde med alvorlig, stærk Stemme den gamle Ja-
petus Mollerup, der var kommet til og havde hørt en
Deel af det Sidste, uden at blive bemærket. „Luk ikke Dø-
ren op for Djævelen, saa har vi ham strax med al hans
onde Gjerning!" — Med mørk Mine saae han paa Niels
og gik.

Men endnu samme Aften fornyedes Samtalen mellem
Niels og Bodil; hun var bedrøvet, Broderens Yttringer
laae ængstende i hendes Sind; hun vilde saa gjerne i
det Sagte kun fornemme den ungdommelige Lyst til at vise
Kløgt og Lærdom, og derfor, da de sad ene igjen, og han

ligesom greb den tidligere Tales overrevne Traad, kunde
hun ikke tilbageholde den Tilstaaelse: „Du har i Dag sagt
Meget som bedrøvede mig, eller jeg forstod det ikke; det var
tilsidst, som om Gud forsvandt for mig i alt det Skabte!"

„Det er da igiennem dette, at vi komme til ham!"
sagde Broderen.

„Det er det! og igiennem Aabenbaringen! Jeg for=
staaer ikke at tale derom, ikke at udtrykke mig. Mit Hjerte
vil og forlanger en personlig Gud, der er mig nær og
kan høre mig! Videnskaben stiller ham saa langt fra mig,
at han forsvinder. Du, som selv vil forkynde Guds Ord
og lade det lyse for Menneskene, grib ikke Videnskabens
Lygtemand, den, der leger og fører i Afgrunden. Riget
af denne Verden og Riget af hiin Verden, troer jeg, staae
hinanden modsat, og man maa enten vandre den ene eller
den anden Bei!"

„Jeg troer, det er ganske venlige Naboriger; de komme
ikke i Strid, men deres bornerede Grændsebetjente komme
det, fordi de savne den sande Oplysning. Lad os bare
stræbe at finde Sandheden og holde os til den, da vil de
gamle Mpther og Historier falde hen til hvad de ere!"

„Jeg frygter for, at Du i din Søgen efter det, Du
kalder det Sande, gaaer en syndig Bei ved at ville være
Præst; tænker Du, som Du nu taler, da vil Du gjøre
Fortræd og give Forargelse for Mange! Du tør ikke vælge
Prædikestolen!"

„Det har jeg selv tænkt!" sagde Niels med et Smiil,
„Du er meget nær ved mine Tanker!"

„Den Gud, Videnskaben viser mig, er formløs!" ud=
brød Bodil; „den er alene Forstandens og Billiens Kraft;

saa stor, at jeg ikke tør holde mig til den; min Natur for-
langer den christelige, levende Gud, med Øine for mig og
Verden. med Øre for mine Glæder og Sorger. Naturkraf-
ten i sin ordnende Forstandighed kan ikke fornemme mig og
min lille Verden i og om mig; jeg bliver Intet i de store
Loves Kreds!"

Der var, syntes Bodil, traadt frem et nyt Element
hos Broderen, Drilleriet; saaledes vilde hun helst optage
det. Med haard, uskaansom Haand, syntes hun, greb han
ind i Alt, hvad der var hende helligt og uantasteligt; og
vistnok, der er i os Mennesker tidt ligesom en dæmonisk
Magt; det vil sige, det Onde i os er stærkere end det Gode;
Forfængelighed, Tankeløshed og Mangel paa Skaansel ere
Lederne. Niels elskede denne Søster, skattede hendes For-
stand og Hjerte; dog just mod disse fandt han ligesom Ud-
løb for de Strømninger, der bevægede sig i hans Sind.

Var den gamle Japetus Mollerup tilstede, førtes
vel ikke slige Taler og Foredrag; men det var dog umuligt
andet, end at jo det Farvelys, som gjennemstrømmede det
unge Sind, maatte ved hver Leilighed skinne frem i Ord og
Mening.

„Du har lagt dig nogle underlige Udtryk til, Niels!"
sagde da den gamle Præst; „dem skulde Du vænne dig
af med!" og sædvanligviis endte det da med, at Niels
blev taus eller forlod Stuen. Disse Scener fornyedes, og
den stakkels Bodil var den, der maatte høre derfor af
Niels: det gik for vidt, han var ikke længer et Barn og
havde ikke „Øllebrøds Taalmodighed" til at taale Alt.
Jorden var nu eengang ikke flak, og han var ikke Monta-
nus den Anden. Der kom Taarer i Bodils Øine; hun

forstod og følte, hvorledes „Fader" og Niels vare i Tanke
saa forskjellige — altfor forskjellige — men her maatte og
skulde dog Niels give efter for den gamle Mand.

Alt gaaer til en Tid, saaledes ogsaa her. Strauß's
Bog om Jesus blev nævnet, og da den gamle Præst, der
ikke kjendte den, gav den Navn af „Syndens Vederstygge-
lighed", tog Niels den i Forsvar, mildt omgaaende, men
dog bestemt, og meente, at det Helligste maatte kunne taale
at discuteres.

„Nei!" udbrød den Gamle heftig og reiste sig op,
hans Kinder skiftede Farve — og med en noget svagere
Stemme tilføiede han: „i det mindste taales det ikke i mit
Huus, og her er jeg vel dog endnu Herre!" Bodil saae
smertelig bedrøvet hen for sig; Moder rystede over alle sine
Lemmer, saaledes havde hun ikke mange Gange seet Fader.

Først Dagen efter kom det til en Samtale imellem
ham og Niels.

„I Meget har jeg mærket, at Du er rykket ud fra
den gamle Tro og Tænkemaade og revet med Strømmen.
Jeg veed nok, at Du staaer inde i den nyere Tid og jeg i
den gamle; men der er Noget, der til alle Tider er og
bliver det Samme, og det er Sandhedens Rige, og hvor
er det at finde renere og helligere end i vor Religions Lære.
Bibelen er vor Rigdoms Skat her og hisset; men denne
Bog, har jeg mærket, Du ikke saaledes dømmer om i Eet og
Alt; Forstandens Hovmod er kommet over Dig, bitte Niels!"

„Der er vist Ingen," svarede Sønnen, „der mere end
jeg erkjender, hvilken Rigdoms Skat der for os Alle ligger
i Bibelen; den rummer Tanker for alle Tider og alle Men-

nester, saa klart, saa ligefrem udtalt; det er en Livsens
Poesie!" — —

„Poesie!" udbrød den gamle Præst.

„Ved Poesie mener jeg ikke Ordets klingende Bjælde,
men Hjerteslaget i Glæde og Lyksalighed, i Frygt og Bæven!"

„Tør Du tvivle om, at et eneste Ord i det nye Testa-
ment ikke er af Vorherre! — „„den ganske Skrift er ind-
blæst af Gud!""

„Jeg veed at Christus selv Intet har nedskrevet! vi
have Alt gjennem hans Diciple, og jeg er forvisset om, at
de kunne og ville tale Sandhed; Begivenhederne selv, Alt
fortælles eens, men vel paa hver Enkelts eiendommelige
Maade; i Evangelierne fremlyse de samme Sandheder, under
forskjellige Udtryk; hver Evangelist giver noget af sin Natur
med, skulde vi da ikke turde sige at der kan være menneskelig
Tilsætning, Ordet selv kan oversættes forskjelligt!"

„Du læser altsaa kun, som Du vil! Religionen vil
Du indrette efter din Beqvemmelighed; destilere og fremsætte
den efter din Smag og Lyst!"

„Religionens hellige Sandheder lader sig ikke omskifte,"
sagde Niels med Alvor og Ærbødighed. „I det Vigtigste,
i Hovedsagen, er vi enige; hver som følger vor Troes Lære
vil af dens Virkning forvisses om dens Guddommelighed!"

„Hvad er det Vigtigste, hvad er Hovedsagen!" udbrød
den gamle Mand, „ikke et Bogstav tør omflyttes eller kastes
til Jorden —!" han standsede, der foregik en Kamp i hans
Sjæl — og under denne tog Niels Ordet, som om det
var en Opfordring, en Nødvendighed at forklare sig.

„Jeg veed heelt vel, at Intet i Bibelen tør forandres
efter det tydeligt der givne Udtryk; men Ting blive dog

sagte — om end i og for sig uvæsentlige — som ikke ere sande; Jordens fire Hjørner kunne ikke angives paa en Kugle, ligesaalidt tales om dens Grundvold, naar den er fritsvævende; Himlens Befæstning, er ogsaa et forældet Udtryk. Meget kan kun antages som billedligt sagt, som det: at Gud i Rummet sidder paa en Throne, det er jo dog kun Orientens Udtryk for Storhed og Magt! Copernicus beviser os at Josva har talt i Billeder: kunde Sol og Maane med Eet standses paa Himlen, som der staaer skrevet, det vilde da være af en Virkning, som om En greb med fast Haand ind i et kunstigt Værk og standsede et af Driv-hjulene; der maatte jo blive Forstyrrelse og Sønderbrydelse!"

„Han som rullede Kloderne ud i Rummet, han skulde ikke kunde standse et af disse Atomer!" sagde den Gamle. „Lærdommen famler, Aarhundreders Vise have modsagt hinan-den, men Skriftens hellige Mænd, de i hvem den er ind-blæst af Gud, havde aldrig Tvivl! — Hvad er det dog der er faret ind i Dig, Niels! Kan Du da ikke begribe, at med de Tanker, og med en saadan Tro, kan Du aldrig og tør aldrig blive Guds Ords Forkynder. Saa sandt jeg lever!" her reiste den gamle Mand sig, hans Kinder blussede, Øinene skinnede, Bedrøvelse og Vrede lyste ud af hver Mine: „bliver Du ikke et ganske andet Menneske, da vil og maa jeg, naar Du engang ordineres, eller agter at træde op paa Prædike-stolen, gaae frem og for den hele Menighed spørge Dig i den treenige Guds Navn, om Du har forandret din Tanke fra denne Stund, og troer paa den ganske Skrift og alle Troesbekjendelserne!"

„Jeg vil aldrig blive Løgner, vilde jeg det, da var

denne Samtale ikke blevet!" sagde Niels med en Heftighed,
som endnu mere forbittrede den Gamle.

„Gaa Du heller hen og bliv Feltskærer!" sagde denne,
„lap paa Legemet og hold det sammen; det er det Vigtigere.
En Christen er Du ikke, og kan ikke forkynde den Tro, som
Du kun har halv!"

„Da vi ere komne til dette Punkt," sagde Niels med
stærk, fast Stemme, „ja, jeg kan ikke, jeg vilde ikke ærligt,
efter min Overbeviisning, kunne sværge paa Former, der vel
forekomme mig uvæsenlige, men ikke ere det for de Mange,
som igjen skulle have Tillid til mig. Vi see mod samme
Stjerne, troer jeg, men gjennem forskjelligt Glar; vi see
den hver paa et noget forandret Sted, efter vort Øiemaal;
selv det venstre Øie seer Stjernen paa et andet Sted, end
det høire seer den!"

„Det hører ikke herhen," sagde den gamle Præst, „og
laane Øre til din ugudelige Snak, lyster jeg heller ikke; det
sømmer sig ikke min Alder og mit Kald!"

Han forlod Værelset, Niels stod tilbage med et Smiil
om Munden; vi kunne ikke nægte det, med en Smerte i sin
Sjæl: han fornam, at Hjertetraaden mellem ham og den
Gamle var overskaaret.

En saa levende Udvexling af Forskjellighed i deres Tro
og Tanke fandt vel ikke oftere Sted; men fast og inderlig,
som før, var ikke længer Talens Væld. Der var Ufred i det
Hjem, hvor før Tiltro og Sammenhold lyste, og Bodil
var den som dybest led derved; hende var det en Hjerte-
sorg, at Broderen nu afgjort havde opgivet at blive Præst.

„Ved et uoverlagt Ord kan og vil Du støde saa me-

131

get Godt og Velsignet fra dig, bedrøve saa dybt de to
Gamle!"

„Jeg kan ikke andet!" svarede han med Heftighed,
„og jeg er glad, at det saa betids er kommet til Klarhed
og Bestemthed hos mig. Jeg kaster Intet bort, der har
Rod i Sandheden! — Forarger dit Øie eller din Haand
dig, saa kast den bort! — legemligt, som aandeligt gjør
man det i Forvisning om at vinde noget Større. Jeg har
læst om en gammel Fribytter, der lovede sine Folk, idet de
nærmede sig Landet, han vilde erobre, at den, hvis Haand
først berørte Græsset der, skulde den udstrakte, skjønne Land=
strækning tilhøre; og Roerkarlene toge raskere Tag med
Aarerne, den ene Baad skjød forbi den anden; da greb
en af dem ihast sin Stridsøxe, afhuggede sin venstre Haand
og kastede den hen over de Andres Hoveder, og Haanden
faldt i Græsset, berørte det, og ham tildeeltes det vundne
Land. Lignelsen kan vel, som alle Lignelser, halte, men Du
vil forstaae mig; for at seire og vinde der, hvorhen jeg
gaaer, kan jeg bortkaste det Nærmeste, det Nødvendige!"

„Du rives hen af din heftige Opblussen! den var det,
der fik dig til at springe i Havet, vove dit Liv for at
tvinge dem til at redde din Hund; det var den samme Op=
blussen, der bragte os Taterqvindens Barn her i Huset —"

„Med min Villie frelste jeg min Hund," afbrød han
hende; „med min Villie straffede jeg Tyveqvinden — jeg tog
ikke feil, hun maatte bøie sig! der er Noget indeni mig
som siger: dette er det Rette! Og denne Stemme lyder
jeg; det er Guden i mig, Funken, Gasflammen, der er tændt
ved Maskinens Gang og holder den i Bevægelse til Tap=
pene slides og det Hele falder sammen!"

9*

Niels Bryde forlod snart Hjemmet; Afskeden med
Fader var stille og piinlig; Moder græd, Bodil sneg sig
ud af Gaarden, stod ved Gjerdet og tilraabte ham Lev vel!
Niels smilede og nikkede, Hvaps saae freidig fremad, sid-
dende foran sin Herres Fødder.

Ved den gamle Avlsgaard, nede ved Aaleværket, hvor
Hr. Skjødt boede, skulde Kudsken aflevere Brev fra Præ-
stegaarden; Hestene fik her frisk Vand og en Bid Brød,
det forlængede Opholdet. Niels Bryde traadte ind i
Hovedbygningen, der endnu fra ældre Tid kaldtes „Slot-
tet". I den store Sal herinde traf han paa næsten hun-
drede Mennesker, Muur- og Tømmersvende samt Haandlangere,
der sad som de kunde, paa Kurve og Tønder, og spiste
deres Mad; Kruus og Flasker stode paa Gulvet. En stor-
artet Papiirfabrik skulde anlægges herovre, den rige Vand-
masse i Gudenaa gjøre Tjeneste. Ingen tænkte endnu ret
paa den store Betydning, denne nye Bygning vilde faae, at
den var Spiren midt i Oplandet til en ny Stad, et nyt
Liv skulde fødes paa Heden. Det var Aaret 1844. Hurtig som
en af Amerikas Byer vilde Danmarks yngste Stad vore
frem, medens et nyt Tvivlens og Kampens Liv rullede op
for Niels Bryde.

Arbeiderne reiste sig og gik til deres Dont; Niels
satte sig paa Vognen, og idet Tømmermandens Øxe klang
mod Bjælken, der skulde reises, smældede Pidsken sit „fremad!"

Anden Deel.

I.

Brevet. Kammerherrens Hund. Hr. Svane.

Det var de første Dage i October, Naturens Farvemaaned hos os her i Norden. Skoven skinnede rød og guul, som om hvert Træ var overdynget med saftfulde Æbler og Pærer. De zinnoberrøde Blade, det guulbrune Løv glimrede fra Buskvæxterne og faldt Blad for Blad, som Menneskelivet falder for Dødens Pust; man veed ikke „hvor let, hvor snart“ og hvilket der løsner sig. Med Farvepragt og i Alvors Tanker stod Aaret, som Jephtas Datter, der i sin rigeste Klædning gik hen at døe. Over Heden og de pløiede Marker, det saae man i den synkende Sols Straaler, var som et Net spændt milelange Traade af Edderkoppen, kun at øine i denne Belysning, et Slør kastet over hele Egnens Grund, et Tegn paa Flid og Udholdenhed — til hvilket Øiemed? Præstegaardens hvide Vægge skinnede rosenfarvede i de sidste Solstraaler, saa venligt, saa indbydende her ved den alvorsstore Hede med de mange, de glemte Heltes og Kongers Grave. Den Alvor, den Sorg, maae vi sige, som udgjød sig over det Hele, idet Solen forsvandt, harmo-

nerede ganske med Stemningen indenfor i det før saa hyg=
gelige Hjem.

Har Du hørt om Afgrundens Rose, fra hvis skimmel=
graae Blade duftede Sot og Syge, vredt Sind, Misun=
delse og Had? Hvert Blad havde i sig sin fule Magt. Onde
Aander i en stormende Nat plukkede den, fløi med den hen
over Lande og Steder, og hvert af dens Blade faldt
derned, og hvor det berørte Jorden, viste sig dets onde Magt. Et
saadant Blad var baaret her hen i det fromme Hjertelig=
hedens Hjem; et saadant Blad, syntes den gamle Præst, var
lagt i hans Haand i Skikkelse af et Brev fra Niels, ham,
hvem han engang havde taget bort fra Lud og koldt Vand,
som man siger, hvem han havde givet en Søns Plads ved sin
Arne, arbeidet for, bygget paa, Alt i Haab og Tro til Gud.
Brevet udtalte vel nok Erkjendelsen af alt dette, der var
givet Tak og inderlig Hengivenhed, kun at han fulgte sin
egen Villie, kun, som Japetus sagde, at han satte sin
Forstand over Guds. Den gamle Præstemo'er græd, Bodil
bad, mere med Øiets Udtryk end med Ord, dog ikke at
være ham saa vred.

„Den Klogskab! den Klogskab!" sagde Præstemo'er,
„den er ikke altid Velsignelse; salige ere de Eenfoldige!"

„Ham just havde jeg ventet saa meget Herligt af;"
sagde Japetus; „den Forstandens Blomst, jeg blev glad
ved at see allerede i hans Drengeaar, til hvad førte den?
til en Frugt, som ikke vil modnes i Herrens Solskin!"

„Slaaentornen," sagde Bodil, „sætter tidligt Blom=
ster, dens Frugter staae den hele Sommer og Høst uden at
modnes, og dog kommer engang ogsaa dens Tid: med Vin=

teren, naar Frosten knuger, naar Jis og Snee er der, saa
modnes den!"

„Men bliver stram og bitter!" svarede Japetus.

„Den presses og gjærer, bliver saa til en liflig Viin!"
sagde Bodil.

„Du vil undskylde ham, han fortjener det ikke! Hele
syv Uger er der gaaet, siden han forlod os, og først nu
sender han os Brev, og det et Syndens og Forargelsens
Brev! Skrev Du ikke til ham lige Ugen efter at han foer
afsted, og jeg veed, hvorledes din kjærlige Sjæl har lagt
Ordene i Pennen; han er et Hovmodens, Djævelens Barn!"
og den gamle Mands Læber zittrede.

„Nei Fader!" udbrød Bodil, der vel følte, hvilken
Uret mod de Gamle og mod hende Niels øvede, men og-
saa erindrede hvert Hjertens Ord, al smuk Gjerning, i selv
det Mindste, de Uger og Aaringer, de her havde levet sam-
men; en ualmindelig Natur, som hun saae i Pleiebroderen,
maatte udvikle sig anderledes end Andre.

„Den forlorne Søn vendte tilbage," sagde Præste-
mo'er; „men Niels vender sig fra Bibelen og vil ikke følge
dens hellige Exempler!"

„Han er saa ung, og, det har Du selv sagt, Fader, i
Verden gaae Strømme af Ondt og Godt gjennem Menne-
skets Hjerte. Det vil ogsaa blive ham klart! Vi vide jo hans
heftige, opblussende Natur, men vi vide ogsaa, at Grunden
er god og velsignet; Du veed det, Moder veed det! Tro
mig, han vil komme til Eftertanke!"

„Eftertanke er der just i hans Brev!" sagde Japetus.
Der er Ro og Alvor, der er Klarhed i hver Sætning, men
al hans Klogskab er dog kun af denne Verden. Det er

som om Antichristen, for ikke at sige Djævelen selv, havde indblæst ham al den Viisdom!"

„Jesus, vor Herre!" udbrød den gamle Kone og gjorde Korsets Tegn, idet hun bøiede Hovedet.

Det var, som sagt, det første Brev fra Niels siden Afreisen, skrevet til den gamle Præst og fuldt af den dybeste Erkjendelse af det uendelig meget Gode, man havde viist ham, det fremmede, fattige Barn; men tillige klart og bestemt udtalt, at han ikke efter sin Characteer og Samvittighed kunde gaae den theologiske Vei. Over en Maaned havde han prøvet og veiet, hvad Statskirken og hans Medchristne fordrede af ham, randsaget sig selv, stridt og vundet den Forvisning, at han handlede som han ene skulde og burde.

Mellem de forskjellige Yttringer i Brevet var især en, som særlig betog den gamle Japetus; der stod:

„En af de meest betydningsfulde Læresætninger i Bibelen er den om Arvesynden. Af Videnskaben veed jeg, at før Menneskene bleve til, var Døden i Verden; Døden kom ikke ind ved Menneskenes Synd. Genesis' Blade og Jordlagene have ikke overeensstemmende Indskrifter. Menneskene skreve Genesis, Kraften i Naturen skrev Jordlagene. Arvesynden falder da bort! Og i min Sjæl er ikke den Hovmod, at naar jeg veed, at vor Jord er et forsvindende Atom i Verdensrummet, jeg skulde tænke, at Gud just vilde vælge dette Gran til at nedstige paa, og forme og klæde sig for at sees af Menneskenes Øine!"

Mange Gange hvilede den gamle Præsts Øine paa disse fremhævede Linier; hans Kinder brændte febrilt, der kom Taarer i hans Øine. Niels Bryde stod for ham som Antichristen, som Fornægtelsens Aand, hjemfalden til den evige Ild; og i det fromme Sind talte det høit: skulde han, som har skabt Underværker i Vanddraaben, har lært Myren Viisdom og i Fluens lille Snabel ordnet Aarer, Nerver og Muskler, skulde han ikke til disse Undere kunne lægge det, at give sig selv Lemmer og Klædning for Menneskenes Øine, skulde han ikke ville nedstige til dette Atom, der kaldes Jorden! Stakkels Niels, Du bygger paa Menneskenes Forstand mere end paa Guds. Jordlagenes tomme Muld har stærkere Røst for dig end det evige, levende Ord, det som var Alts Begyndelse! — Dumme Dreng! Hovmodige Sjæl! Forfængelighed:

> „Hvad er det dog Alt,
> Som Verden opsminker med faver Gestalt;
> Det er jo kun Stygger og skinnende Glar,
> Det er jo kun Bobler og skrattende Kar,
> Det er jo kun Ise-Skrog, Skarn og Fortred,
>   Forfængelighed!
>   Forfængelighed!" *)

Den aftagende Maane steg som en krum Segl op over Heden ved Midnats-Tid. Bodil var endnu ikke tilsengs; en lang Tande brændte i Lyset, hun saae den ikke, sin Pande hældede hun mod Vindueskarmen, medens gjennem hendes Sjæl Sorgens stille Strømninger bar Broderens Billed, ham, der var paa den feile Vei. Mildt, som det Lys, der, nu i sit Aftagende, steg op over den sørgelige Hede, kom i hendes Tanker et Vers af Ingemann:

*) Kingo.

„— — Beb for be fynbige Sjæle! —
Gik ingen Synber til Frelferen inb,
Du felv ffulbe ubeluft fnæle!"

Og paa Bønnens Fortrøftning løftede Tanfen fig til
Gub; da den atter var ved Jordens Ting, gif Bodil ihaft
hen til Sfabet, tog Papiir og Sfrivetøi frem. Tanden
flippedes af Lyfet, og hun fatte fig til at ffrive. Tunge
Taarer trængte frem i hendes Øine, de trillede over Kin=
derne, een faldt paa det Sfrevne; hun bøiede Hovedet
dybere, Pennen faldt af hendes Haand. Brevet blev ikke
denne Aften fluttet, det vilde heller ikke kunne rumme eller
bære den Hjertefum, den Hjerteforg, hun følte.

Har Du hørt om Himlens Rofe, hvis fneerene Blade
aande Liv og Sundhed, Fred, Mildhed og Kjærlighed? Hvert
Blad har fin Velfignelfens Magt, dens Blade fpredes, ved
Englenes Kys, ud over Jorden, og hvor et af dens Blade
falder, maa god Gjerning fødes og trives. Det ffrevne Brev,
indviet her, fuldendt næfte Dag, var et faadant Blad, paa
det faldt hendes Taarer.

———————

I famme fynlige Høide, fom paa Heden hos Bodil,
ffinnede med lige flare Straaler den aftagende Maane ind
i de fjøbenhavnffe, ved Midnat tomme Gader, hvor Lyfene
blinfede hift og her og Bægterne vare ifærd med, efter
Magiftratsbud, at fluffe Lyfene, for at fpare paa den dyre
Tran, nu Maanen løfte af. Endnu vare Bægterne vaagne;
en enfelt Lais i „Nordens Athen", fom Kjøbenhavn er
faldt, fvævede, fom Elverpige med Klods=Sfoe, om Hjørnet;
en lille Hund bjæffede udenfor en Gaard, faa inderlig for=

bittret, som vilde den sige: „Skal jeg gaae med Portnøgle! De har ikke et Lod Hunde=Forstand derinde! Skal jeg kunne ringe paa, hvor Klokkestrængen sidder ti Gange høiere end Hunds Høide! I veed nok ikke, hvem jeg er! Fruen derinde tjener mig, og hun er Rasmus, hun er Herren der, og han selv der har Guldnøgle og det bag paa!"

„Det er Kammerherrens Hund!" sagde Vægteren op til En, der fra et Vindue udtalte sig vredagtigt:

„Saa slaa dog det Bæst for Panden! man kan jo ikke have Ro for den forbandede Bjæffen!"

„Det vedkommer ikke mig," svarede Vægteren. „Det er Kammerherrens; den er lukket ude. Jeg har saamænd ringet for den, men der er Ingen, som vil lukke op."

„Det er Kammerherrens!" sagde Hr. Svane ironisk lystig, idet han netop kom forbi med sin Gudsøn, Niels Bryde; de havde været i Vennelag og vilde hjem. „Man maa ikke lægge sig ud med en fornem Hund, saa bider baade den og Herskabet!"

Hr. Svane var i sit gode Humeur, det. der gjorde ham ung med de Unge.

„Hold Mund!" havde Niels Bryde raabt til Hunden; men denne lagde sig det ikke paa Hjerte, den viste Selvstændighed og sagde sin Mening paa sit Sprog. „Jeg gad vide, om den skjelder Huset ud, eller om det er os det gaaer ud over! Hvad er det, den foredrager?"

„Ikke Noget til Ære for os!" sagde Hr. Svane. „Jeg forstaaer ham saa godt, kan saa ypperligt sætte mig ind i hans Anskuelser, stille mig paa hans Standpunkt, tænke mig det at være en Hund, saadan fornem Hund, der gaaer med i Huusholdningen! — Du kan troe, at han seer

ned paa dem Alle derinde, paa os med herude, dig og mig,
paa Alt, hvad man kalder Mennesker! Bi ere jo ogsaa no-
get ganske Egent udenfor hans Slags. Han veed rimelig-
viis fra sin Hvalpe-Lærdom, at Mennesket blev til efter at
den hele Verden med alt Levende var skabt. Der behøvedes
ikke mere; men saa skulde der dog endnu være en Snirkel,
en Slags Spas ovenpaa det Hele, Krusedullen: og da
kom Mennesket. — „„Sikken Fyr!"" sagde alle de andre
Skabninger, der var blevet til, da der var Noget at blive
af. „„Hvad er det for En, dette Menneske? han er hverken
Dyr eller Engel, hverken det Ene eller det Andet! Et
Slags Nemme har han, en ringe Deel efter os Dyr. Bæ-
veren lærer ham at bygge Huse, Myren og Bien at have
en Statsforfatning, men han kan ikke rigtigt komme efter
det! Mange Remedier behøve Menneskene for at hjelpe sig,
hvor vi have Alt medfødt! Udmærkede Remedier have de, men
jeg troer dog ikke, at Ørnen vilde give sine Øine bort for deres
bedste Briller! De gjøre sig til af deres Sted-Sands, og dog fandt
aldrig Storken hjem, havde han ikke mere, end de har. Og hvad
har de? Ikke andet end Hovmod! De kalde sig Skabningens
Herre, og saa kan en Vognmands-Hest løbe løbsk med en
heel Menneske-Familie og knække den!"""

Niels lo og meente, at Hr. Svane burde skrive et
Værk: „Hundelivet fra et høiere Standpunkt"; deri kunde
Menneskene dandse som latterlige Vrængbilleder, idet man
kun saae Vrangen af dem. Originalernes Tid var forbi!

„Forbi!" udbrød Hr. Svane, „nei, de have kun
taget Domino paa, see eens ud! Indlad dig med dem, træk
Dominoen tilside, og Du vil opdage, at idetmindste hver
Tiende er en brugbar Characteer for et Lystspil. Jeg skal

kunne vise dig dem. Jeg skal finde paa en Spas, hvor de melde sig hos dig. Du skal faae dem frit tilkjørt! vær bare forberedt!"

De vare under Samtalen komne i Nærheden af Hr. Svanes Hjem, havde naaede til Garnisonspladsen, der endnu dengang var et sandt Uføre. Store Steendynger laae her henslængte over den halve Plads, lave Bindingsværks-Bygninger og høie Pakhuse med Luger gav den et trist Udseende, et stort Træskuur, en Kjødbod, med udhængte Skanke og blodig Lever og Lunge, prangede midt ved Overgangs-stedet, hvor der sædvanligviis var dybest Søle, og derfor sagde Hr. Svane, at denne halv ufremkommelige Grændse skulde være Skillestedet; men Niels Bryde, oprømt ved Gudfaderens Humor, vilde følge med lige til hans Port, og da de kom der, gik han op med.

„Kirkehistorie og Dogmatik skal der vel ikke læses i Nat," meente Hr. Svane, de kunde altsaa endnu ryge en Cigar sammen.

„Kirkehistorie og Dogmatik høre ikke længer til mit Brødtræ!" svarede Niels Bryde noget alvorligt. „Dog derfor groer Træet alligevel! Man har altid en Udvei: man kan blive Vægter!" tilføiede han leende; „lær De mig Dyrenes Sprog, som De iaften har viist at De forstaaer, saa kan det være et meget aandrigt Liv! ikke at tale om Ind-tægterne ved Paaske-, Pintse-, Juletid og andre Helligdage. Troer De ikke, at jeg har Røst nok til at være Vægter, naar alt Andet slaaer feil?"

„Men ovre i Jylland," sagde Hr. Svane, „vilde man nok ikke synes om denne Magistrats-Ansættelse af en vordende Bisp eller Cultusminister!"

„Jeg maa sige Dem det," udbrød Niels med Eet, meget alvorlig, „jeg har opgivet at læse til theologisk Examen!"

„Opgivet!" udbrød Hr. Svane, der jo i flere Uger havde seet og talt med ham, uden at høre eller ane herom. „Og hvad sige de derovre dertil?" spurgte han forundret og trækkende lidt paa det Hele.

„De sige, at jeg har handlet slet! at jeg er utaknemmelig! — Jeg kan ikke handle anderledes! Den Sag er gjennemtænkt, gjennemstridt! Jeg vil være „Feltskærer", som den Gamle raadede mig, „lappe paa Legemet". Men lad os iaften ikke tale derom; jeg var i godt Humeur, jeg vil helst blive det! Lad den Sag gaae sin egen Gang! Jeg kan nok lede og hjelpe mig selv; det maa ethvert sundt, ene Menneske kunne!"

„Men naar Kjærligheden kommer?" sagde Hr. Svane, „naar man ikke længer kan være Een?"

„Man maa undgaae at faae fire Ideer, og andet er Kjærlighed dog ikke! De selv er jo dog sluppet vel fra den gjennem det største Stykke af Livet, og er vistnok ene og alene derved i Deres sædvanlige friske Humeur! Jeg vil ogsaa kunne det; før jeg vil! Har De ikke viist, at De kunde det?"

„Nei!" sagde Hr. Svane, med en ham usædvanlig Alvor. Han trykte Gudsønnens Haand, smiilte derpaa; egentlig satte han et Ansigt op, der skulde skjule, at han fortrød sit Udbrud. Han smagte nok paa den gamle Sentents: „Din Hemmelighed er din Fange, lader Du ham undslippe, saa er Du hans!"

Hvor tidt var ikke sagt: Hr. Svane har aldrig tænkt

paa Andre end paa sig selv, paa enten at sige en Spas, en
Sarkasme, eller være kulsort Menneskehader; han tænkte
aldrig paa, hvad de unge Lyrikere altid synge om, „hende!"
— eller som Werther tog sin Død over. Verden troer
at vide Alt og veed dog saa lidt.

„Jeg har havt dit Sind, dit Mod — og tør kun sige
Dig Goethes Ord:

> „„Eines schickt sich nicht für Alle!
> Sehe Jeder, wie er's treibe,
> Sehe Jeder, wo er bleibe,
> Und wer steht, daß er nicht falle!""

„Ogsaa De!" udbrød Niels og greb hans Haand.
Det var et Udtryk af Forundring, af Deeltagelse; en
Stræng var berørt, der ikke turde klinge, ikke skulde det —
thi ogsaa Hr. Svane sagde: „for jeg vil det!" —
Der blev heller ikke talt et Ord mere derom; men var
Hundebjæf Tale, og Niels havde, som Kong Salomon,
forstaaet Dyrenes Sprog, kunde han endnu før Sengetid i
Nat have hørt om hende, der nu ikke længer var svævende,
som dengang, nu ikke længer var slank og ungdomsfrisk,
og fra hine Dage ene og alene havde en Deel af Glandsen
endnu i sine Øine, men ikke Trolddommen, der jo kan for-
vandle Straahalmet til en blomstrende Rosengreen, ja til
en vild, dandsende Ganger. „Stakkels Gudfader!" tænkte
han, „ogsaa han har brændt sig paa Lyset. Voxlys eller
Tællelys, Flammen skal jo gjøre samme Fortræd! — Jeg
bliver aldrig forelsket, ret tilbunds forelsket! jeg veed det!
Her er meget Andet at bestille i denne Verden!"

Det var Niels Brydes Tanker, idet han sagde Hr.
Svane Levvel, og paa Hjemveien netop igjen var udenfor

Kammerherrens Huus. Vægteren syntes at sove, men den
lille Hund sprang vims om, uden at gjøe; han nærmede sig
Niels, snusede til ham, syntes at ville gjøre Bekjendtskab
og fulgte derpaa med. Niels jog 'den tilbage, den vilde nu
følge; og da Niels kom til sin Gadedør, smuttede den ikke
foran, men stod ganske ynkelig der, som om den vilde bede
om Nattely.

„Saa kom da!" sagde Niels Bryde.

Maanen skinnede lige ind i Stuen paa det gamle Por=
træt af den høiadelige Frøken, der saae tvær ud og skjulte
Hullet i Betrækket. Hvaps fløi med et Hviin af Glæde
mod sin Herre, men tog med en uvenlig Knurren mod den
lille fremmede Hund. Niels bød Rolighed og Kammerat=
skab, satte Vandskaalen frem, brød nogle Stykker Brød til de
to; den fremmede, fine Hund snusede, vragede, tog en Slurk
Vand, og snart laae den og Hvaps fredeligt paa Tæppet
under Bordet. Niels Bryde lagde sig ogsaa og sov meget
snart, uden at hans Tanke havde besøgt Præstegaarden paa
·Heden, og særligt der Bodil, hun som netop i denne taufe
Nat havde grædt for ham, bedet for ham, udtalt hele sin
varme Sjæl paa det hvide Blad, det hendes kjærlige Sind
indviede til et Skjønheds=Blad, en himmelsk Rose. Han sov
saa fast, som han i mange Nætter ikke havde gjort, da stærke
Strømninger vare gaaede gjennem hans Sjæl, dem vi
ogsaa siden skulle høre om.

II.

„Genie og blind Alarm."

Niels Bryde var for noget over sex Uger siden kommet fra Jylland igjen til Kjøbenhavn, vred paa dem hjemme, just maaskee fordi han følte, at han ikke havde ganske Ret. Hver Erindring derfra havde han gjennemgaaet, for at opdage og udfinde alt, stramt og bittert, og hvor hensynsløst han, som han syntes, der var blevet behandlet; den Gamle glemte jo ganske, at Barnet i Aaringer voxte til Mand, og at Velgjerninger ikke have Patent paa Despotie over Person og Tanke. Villien hos ham løftede sig høiere, hans naturlige Tilbøieligheder rørte sig stærkere, de Baand, der hæmmede, maatte og skulde brydes. Næsten fornam han nu Uvillie, ja Mistro mod Alt, hvad der kaldes Geistlighed; hans Hukommelse frembar hver Keitethed, enten i Mangel paa Begavelse eller som Menneske-Skrøbelighed, han fandt hos en og anden af Præsterne. Eens Prædikener klang ham som Bibelsteder klinede sammen i Alenmaal uden Aandens og Hjertedybets Sammenhold; en Anden talte ham som et Væld med Roser og Tulipaner; en Tredie gjorde Effect ved at smælde med „Helvedsporte", tomt — „uchristeligt". At blive En, som disse, det vilde de Gamle derovre synes om, sagde han i Bitterhed.

Bodils første Brev, der kom strax Ugen efter hans Ankomst til Kjøbenhavn, var saa inderlig velmeent, saa udstrømmet af en kjærlig, for ham bedrøvet Sjæl; men en Henpegen paa hans Heftighed og ungdommelige Færd krænkede ham; Brevet blev derfor ikke besvaret. Han erkjendte, at

10*

noget Dæmonisk rørte sig i ham, men han lyttede dertil, rai=
sonnerede for sig selv, at Mennesket maatte have Mod til at
lade alle de vilde Tanker og Kræfter hos sig sprudle frem,
maatte selv kunne beskue dem og finde Kildens første Boble,
forstaae Motiverne hos sig til sine Handlinger, selv om disse
ere slette; ja vide dette! Mennesket maatte mægte, uden
Rædsel at trænge ind i det, der var ham Helligt, maatte
kunne gjøre sig fortrolig med hver Tanke=Udskeielse, Syn=
den selv, hver Last, fornemme sit Hang til den, vide sin
Sjæls Magt i denne Retning — vide om Christendom er
Sandhed, have Mod til at udtale sin Overbeviisning, ikke at
være en Løgner, det de Fleste ere! — Saaledes talte det i
Niels Bryde.

Præst kunde han ikke og vilde han ikke være; men
hvad da? Ørsteds Foredrag af Naturvidenskaben havde
længe den overveiende Stemme, men Klangen af den Haan,
som han syntes laae i hans Pleiefaders Ord: „Bliv Felt=
skærer, lap paa Legemet!" — satte ligesom i Glorielys Læ=
gekunsten; en Velsignelsens Magt, en Trøster og Frelsens
Engel var den dygtige Læge. Han kunde vise Troen i
Gjerning! Læge vilde Niels Bryde være.

De bedst betalte Manuductionstimer, han havde, vilde
han ikke opgive; de sikkrede ham et tarveligt Udkomme. Fra
Præstegaarden kunde og vilde han ikke længer modtage nogen
Slags Understøttelse; Gjelden var stor nok, sagde han, den
turde ikke forøges.

Saaledes stod det til sidstnævnte Aften, da Niels Bryde
lagde sig tilsengs, og Kammerherrens Hund og Hvaps stif=
tede Bekjendtskab; saaledes stod det til om Morgenen, da
han, efter at være klædt paa, have drukket Kaffe og specu=

leret en god Times Tid, begav sig med Ane Sophie, Madam Jensens Pige, der bar Kammerherrens Hund, hen til dennes Hjemstavn, hvor de nu maatte være staaet op. Og det vare de.

Fruen viste sig; hun var en meget corpulent Kone, altfor gammel til at gaae med „Krølnakke", men den havde visselig klædt hende som ung, og det kunde hun ikke glemme; hun syntes en gammel „Gurli", hvor Naiveteten var gaaet i Frøe. Aandrigheden var Stængel og ikke Blomst. Øinene vare endnu smukke; det skulde man troe hun vidste, og dog spolerede hun dem i Dag ved Taarer, hun græd over Zemire, der havde været paa Gaden og hos vild Fremmede. Hunden peb af Glæde, Fru Kammerherrinden græd, glemte sin Taknemmelighed, som hun sagde, „mod Red- ningsmanden"; dog det udtalte hun, at hendes Huus fra i Dag af stod Hr. Student Bryde aabent; han var „indført ved Zemire".

Kammerherren indlod sig med ham om det Skan- dinaviske, og vilde inderlig gjerne vide, som han udtrykkede sig, hvad der laae bag ved — og hvad Studenterne sagde! — Hr. Bryde svarede, som Hundrede kunne svare, og Ægteparret fandt ud af det Hele, at han var et saare aandrigt Menneske, og han skulde indbydes i næste Uge, naar der skulde bydes Alle; det maatte interessere en Student fra Jylland at see en storartet Soirée.

Netop to Dage efter, tidlig paa Morgenstunden, kom Madam Jensen med en Avis i Haanden ind til sin Lo- gerende. „Men hvad er dog det her staaer i Bladet! — Er det ikke vort Huusnummer?" hun nævnede dette, „og boe vi ikke i Sværtegaden paa tredie Sal?"

„Jo, ganske rigtigt!" sagde Niels.

„Men giver De et Legat bort paa to tusind Rigsdaler? Det er virkelig nydeligt at læse, men jeg forstaaer det ikke!" og hun viste i Avisen et langt Stykke med Overskrift: „Et miskjendt Genie søges!"

„Det er ganske morsomt!" sagde Niels Bryde, da han havde gjennemlæst det lange Stykke, hvis Indhold fuldkommen var Stof til et Lystspil, idetmindste Ramme for en Samling af Originaler. „I Verden gaaer det endnu til, som i Comedier," begyndte det, og nu fortaltes der om to Brødre, den ene meget praktisk, og ham gik det godt, den anden meget genial, og ham gik det galt, han var tilsidst, da Sygdom stødte til, blevet saa trængende, at han maatte tage mod Pengehjelp af den Praktiske, der eengang for alle sendte ham fem og tyve Rigsdaler, dem han skulde bruge fornuftigt til Doctor, Apotheker og andre Nødvendigheder; men da det netop var Dagen før sidste Trækning af Classelotteriet, saa tog han en heel Seddel, og Tallene kom ud, Fortal og Bagtal; Geniet vandt de halvtredsindstyve tusind Rigsdaler og døde — døde før de bleve ham udbetalte; men Testament gjorde han over Seddelen, og bestemte, at den aarlige Rente af de halvtredsindstyve Tusind, der omtrent vilde blive to tusind Rigsdaler, skulde tilfalde et dansk miskjendt Genie; og herfor opfordredes de miskjendte Genier, netop i Dag, den Afdødes Fødselsdag, til enten at indlevere Brev mærket: „miskjendt", og vedlægge Beviis for i Virkeligheden at være det, eller helst personlig at fremstille sig „forborgerlig Middagstid" i Sværtegaden, og her stod virkelig Madam Jensens Bopæl eller rettere Niels Brydes, idet at der anførtes: man melder sig hos Studenten, hvis Navn staaer paa Døren.

Det Hele saae man var en Spøg, og Niels tænkte derfor strax paa Hr. Svane, som jo havde lovet at vise ham, hvor rig Byen var paa Originaler. Men skulde virkelig noget Menneske være saa eenfoldig, at tage dette Avertissement for Alvor og løbe derefter. Opfind det Utroligste, og det finder dog sine Troende, ligesom den sletteste Bog finder sit Publicum. Der kom et Par Breve, et enkelt maaskee skrevet paa Commers, gaaende ind paa Spasen, men nogle syntes satte i Pennen for ramme Alvor; der meldte sig Personer, en fire Stykker, men vi ville kun give een af disse, ikke som den originaleste, men fordi samme blev den Eneste af dem, hvem Niels Bryde senere endnu engang skulde møde.

Madam Jensen var endnu i Stuen, men fjernede sig da han traadte ind; det var en frakkeklædt, gammelagtig Herre, med Hestehaars Halsbind og, næsten tør vi troe det, Papiirs-Flipper. Han meldte sig som Een af de Indkaldte, som aldeles miskjendt, hvilket han denne Gang ansaae for sin Lykke, sin Fremtid, og da Niels Bryde spurgte om hvem han var, svarede han ved at spørge: „Kjender De Salomon de Caus, Opfinderen af Dampkraften? Det var en udmærket Mand, høit over sin Tidsalder, og den spærrede ham derfor inde i Daarekisten! Det er Skade, at han ikke lever nu, han havde været Manden for Livrenten. Jeg nævner ham — jeg er ham ellers stik imod, jeg forkaster Dampen med hvad den koster, jeg behøver den ikke!"

„De mener —" begyndte Niels Bryde.

„Dampen koster Penge for at næres," sagde Manden, „Dampen koster Menneskeliv; jeg har det nemmere, uden Bekostninger, uden Fare, kun at Maskinen er der, og jeg kan sige:

vær saa gød, det koster ikke Noget, De faaer Penge til! —
og saa gaaer det!"

„De har altsaa et billigere og sikkrere Middel end
Damp?"

„Ja, det har jeg! De kjender af Navn Robert Ful-
ton, Dampskibets Opfinder. Han begyndte som Lille med et
Slags Hjul, han traadte, og Baaden sattes i Bevægelse;
der var han ved det Rigtige, det meget Simple. Alting er
simpelt i denne Verden! Jeg vil løfte Benet, see, saa løf-
ter jeg Benet! Jeg vil hæve Armen, jeg hæver den! Det koster
ikke noget, der er ingen Damp, der er ingen Kunster, der
er kun den menneskelige Villies Kraft, og med den kan Far-
tøiet gaae, naar det sættes i Forbindelse med en Trædemaskine!"

Og nu forklarede han, hvorledes hele Skibsdækket maatte
være med Tremmer, Vipper og Bevægelighed efter hans Con-
struction; Passagererne skulde da bare gaae op og ned, træde
og træde, saa kom Bevægelsen, Hjulene dreiede, Skovlene
gik, og det kostede ikke noget.

„Damp er en Afvei," vedblev han; „dreier Jorden sig
ved Damp, gaaer Maanen og Planeterne ved Dampkraft?
Nei! simpelt og Maskine er det Hele, og saa gaaer det! Havde
Napoleon kjendt til Trædemaskinen, saa var han aldrig
blevet paa St. Helena; men da havde jeg endnu ikke
Ideen, og jeg kjendte heller ikke Napoleon, han kjendte
heller ikke mig. Han forkastede Dampkraften, det er vor
Lighed, deri mødes vi to!"

Niels Bryde vidste ikke ret, om Manden var gal,
eller han kun havde „Genie-Feber". Hvad skulde han svare
ham? det Simpleste og vistnok Rigtigste var at sige Sand-
heden ligefrem, at de begge To ved en Avis-Spas vare

blevne førte sammen, at det hele skrevne Stykke var kun Opdigtelse; han havde intet Legat at give bort, og et saadant fandtes neppe. Til sin Forundring saae han, at Manden herved hverken blev heftig eller nedslaaet, men efter at have sagt: „Er det virkeligt! — ja jeg tænkte det nok!" vedblev han at udvikle og forklare Trædemaskinens Simpelhed og overordentlige Nytte. Det syntes næsten, som om Manden var fuldkommen tilfreds med sin Gang herop, idet han antog her at have fundet en dannet Tilhører for sin Plan; før han gik bort, maatte Niels love ham, at see Modellen til Trædemaskinen; en Slags Pram, der laae ved „Larsens Plads". — At Niels ikke kom, hører ikke herhen; de mødtes først i en af Livets alvorligste Timer.

Af Brevene, der indtraf, ville vi, som sagt, ogsaa kun fremhæve eet, der særligt tiltalte Niels; han antog det for at være lavet sammen i Spøg, men Hr. Svane, der saae det, meente det Modsatte; det var alvorligt meent og skrevet. Underskriften lød: „Intet Genie, kun et Hjerte".

„Tilgiv! — jeg er en Qvinde, ellers kom jeg op til Dem; nu maa jeg skrive! — Et Genie er jeg ikke, men Hjerte og Tanke har jeg for dette, og derfor tillader De, at jeg efter Avisen kommer! Deres kostbare Tid vil jeg ikke spilde, og derfor har jeg her kort og klart og efter min Overbeviisning redeligt nedskrevet, hvad jeg vilde sige Dem. Et miskjendt Genie har sin Fremtids Glorie i sin Miskjendelse; tag ikke Glorien halv fra ham ved to tusind Rigsdaler om Aaret! — Jeg troer at have et andet Forslag med Anvendelsen af Legatet, og har derfor til Deres dybgrundige Overveielse her nedskrevet min Overbeviisning. Man kan sige, at vor Tid er Monumenternes Tid; for alle Store skal der

reiſes Monumenter. Men, ſpørger jeg, have de Store ikke
Monument nok i ſig ſelv? Jeg troer og mener jo! og det
vilde viſtnok være langt rigtigere, om man tænkte paa Mo-
numenter for de Smaa, de trænge mere til det. Jeg mener
ved de Smaa, Genierne, ſom ikke ere naaede op til at blive
ſtore, og dog have gjort, hvad de kunde. Det kunde være
ſmukt og forſkjønnende at opreiſe Monumenter for de ſmaa
virkelige Genier; ſaaledes for Opfinderen af chemiſke Svovl-
ſtikker, ſom ikke lugte! det er en Opfindelſe, der griber ind
i Livet og har i ſit Slags, ſaadan i det Smaa, ligeſaa-
meget at ſige, ſom Dampen i det Store. Jeg har tænkt og
mener, at det var værdigt at reiſe et Monument for Op-
finderen af Kruſemaſkinen. Hvormangen Moder med ſine
Børn lever ikke alene ved ſin Kruſemaſkine! Opfindelſen er
en Velſignelſe; men Opfinderen ſelv er ſaa „miskjendt“, at
ikke engang Navnet er optegnet! — Maaſkee er Opfinderen
en hun; jeg antager, det er en Qvinde; lader os ſætte
hende et Monument. „De Smaa kunne være ſaa ſtore!“
har en ſtor Digter ſagt; lad os tænke paa de Smaa mis-
kjendte, dem vi vide vare virkelige Genier, og anvende Liv-
renten her. Dette er min Overbeviisnig, min Tanke; tag
den op i Deres, idet jeg underſkriver mig

Intet Genie, kun et Hjerte.“

Efterſkrift.

„Der var endnu meget, jeg vilde ſige; men det er
ſaa temmeligt ſagt i det, jeg har ſkrevet, og jeg vil ikke
berøve Dem Deres koſtbare Tid!“

Dette Brev, ja hele Pakken, ſtak Niels Bryde i
Lommen og begav ſig til ſin Gudfader, Hr. Svane, hvem
Spaſen var fra. Beſøgene bleve refererede, Brevene læſte.

„Jo, var det ikke et godt Indfald," sagde Hr. Svane; „der maatte kunne skrives en heel Comedie, betitlet: Genie og blind Allarm; den blinde Allarm skulde gaae paa dem, som meldte sig, Geniet maatte Digteren selv levere."

„Skriv det!" sagde Niels Bryde.

„Nei, nu har jeg en anden Idee, som jeg heller ikke fuldfører!" udbrød Hr. Svane, „uagtet jeg troer, det vilde være mig mageligere og behageligere end Correcturlæsning, Gaaen paa Auctioner og alle disse andre Smaabeen, jeg har at gnave paa. Jeg kunde udgive et Blad eller to; et tamt og et iltert. Det tamme skulde altid begynde med et lyrisk Studie af en ung Forfatter; der maa være lidt Tamt i Forenden. Saa levende Artikler med Characterer: Meget godt — Agtværdigt — Saamænd! dertil faaer man Bidrag fra Høire og Venstre. I Nederdelen maa der en lang fransk Roman; men ikke for lang! — Det iltre Blad kalder jeg „Hals-jernet", Enhver kan komme deri, og altid vil haves nogle Udvalgte, man stadig kan tage til; det morer Folk at see Bekjendte. Der skulde ogsaa være om Kunst og Theater, humoristisk Kraftanstrængelse i at pudse Gadelygter og spytte paa Stjerner!" — Hr. Svane lo, og derved blev det.

Niels fortalte om sit nye Bekjendtskab, Kammerher-rens, og at han alt havde faaet Indbydelse til Thee, stor Rout, og at han var indført af Zemire, som Fruen havde behaget at udtrykke sig. Han fortalte, hvorledes det var gaaet til, og Hr. Svane spurgte særligt om hendes Naade, hvorledes hun saae ud, hvilket Indtryk hun havde gjort paa ham. Niels havde ingen ret Mening endnu om hende, da han kun havde seet hende i Ekstase, i Smiil og Taarer ved

Zemires Ankomst. „Ganske kjøn havde hun vistnok en=
gang været!"

„Meget kjøn!" sagde Hr. Svane med en egen al-
vorlig Betoning.

„Men vist ubetydelig!" sagde Niels Bryde. „Hun
gjorde mig Indtryk af — ja jeg bør nok ikke strax antage
det — hun ogsaa kunde høre med til den Række Originaler,
De sendte mig i Dag!"

„Aandfuld — jeg mener begavet med Sands for det
Skjønne — galt hun i sin Ungdomstid for. Hun var jo en
af Kjøbenhavns første Skjønheder! Et Smiil af hende
har gjort mangen En lykkelig, en Dands med hende sat
Galskab i mangt et uerfarent Hjerte. Hun saae eengang ud,
som man tænker sig en Feedronning, fiin, yndig, og deilige
Øine!"

„Øine, o ja!" udbrød Niels Bryde; „men det
øvrige Trylleri er rigtignok borte! De har kjendt hende, da
hun var ung."

„Ja!" sagde Hr. Svane, „hvem kjendte ikke eller
lagde Mærke til den, · som da blev anseet for den smukkeste
Pige! — derfor blev hun ogsaa Kammerherrinde!" og han
talte ikke mere herom; havde Niels været snildere i det
erotiske Elements Udvikling, Forvikling og „saaledes endte
det", han var strax naaet nærmere det, som Hr. Svane
aldrig vilde sige!

Aftenen til Soiréen kom; Klokken ni indtraf endeel
af Selskabet, Andre Klokken ti, halv elleve. Der var smaae
Stuer, altfor mange Mennesker; Diplomater, Fruer og —
Thorvaldsen ikke at glemme. Trykket op paa hinanden
stod man; her var meget varmt og inderlig kjedeligt. Ita-

lienerne skulde synge, sagde man; Tenoristen Ciaffei vilde
komme. Lysene straalede, Kammerherrindens Øine straa-
lede. Niels Bryde fik det venligste Smiil; „mon-
sieur l'etudiant!" var Velkomstordet. „Hilsen fra Ze=
mire!" dette var ogsaa det eneste Stykke Conversation, der
tilfaldt ham, og efter det kunde han jo ikke dømme om
Aandrigheden. Sang fik man ikke, men Salater og daarlig
rød Viin. Den egentlige Aabenbarelse af Hendes Naade
viste sig først et Par Dage efter.

Niels mødte tilfældigviis Kammerherren lige uden=
for dennes Port; Fruen, som sad ved Vinduet, modtog
og gjengav en Hilsen, og da Gemalen spurgte vor unge
Student, om han vilde træde op med, — en Takkevisit
vidste Niels at han skulde gjøre, — fulgte han med og
saae og opfattede den naadige Frue, som eengang ved
Ungdoms Trylleri, ved hele sit Ydre, havde sat Hjerterne i
Flamme, ja — var engang Hr. Svanes „stadige Tanke".
For at vinde hende vilde han ogsaa paa Aandens Vinger
tilveirs, gjøre Opfindelser, ikke gaae den almindelige Vei,
thi den mægtede ikke at føre til Besiddelsen af Skjønhedens
Fee; men hele Fortryllelsen hos denne laae i det Ydre, nu var det
gaaet, det Indre var blevet. Smilet, der klædte hende som
ung, havde udvidet sig med Smilehullerne; de krøllede Cen-
drillon=Lokker klædte ikke længer den ældre Matrone, og det
Væld af Ord, hun havde, og ansaae for Veltalenhed, skyl-
lede hver Tanketraad bort. Hun var af dem, der ere saa
rige paa Talestof, at Talen egentlig bestaaer ligesom af
Capitel=Overskrifter, korte Sætninger, der ikke blive videre
udførte.

Et godt Kobberstykke af den sextinske Madonna i Dres-

den hang paa Bæggen og gav den første Taletraad; Hr.
Bryde havde seet Originalen, altsaa reist, hørte hun.

„Det er deiligt!" sagde Fruen, — „og Hotellerne! —
Elegance! — Fløiels Sophaer! — som man er vant til!
— — Berlin! — Dresden! — — ja, men Benedig! det er
min By! — Band! — Maaneskin! — Paladſer! — Mar-
mor lige til Kjældertrappen! — De gamle Doger! — man
føler dem! — — og saa Schweiz! det er nu ganſke ander-
ledes! — var der ifjor! — oppe i Skyerne! — god Lande-
vei! — svimlende! — jeg faldt paa mine Knæ! — og dog
er jeg ikke længer ung enthuſiaſtiſk Pige! — Guds Almagt!
— man maa reiſe! — reiſe ſelv! — ellers har man ikke
været paa Reiſe!"

Niels Bryde fik ſlet ikke Lov til at ſvare et eneſte
Ord; der blev førſt en Pauſe, idet Zemire løftede Hovedet
fra ſin lille Kurv og ſyntes at kjende Hr. Bryde.

„Deres „„Schußling""! ſagde ſhun. „Zemire! —
intelligent! — Menneſke-Tanke! — Soiréen!"

Saaledes gik det i et fort over en halv Time; og Zemire
laae paa Skjødet og dreiede ſig, og Hr. Bryde vendte og
dreiede ſig; det var ſom om han fik et Converſations-Dou-
chebad. Der taltes om Alt; men det var ſom en Strøm
af Hakkelſe. Niels Bryde havde en Suſen i Hovedet, ſom
om han havde kjørt i Stormvind paa et bruſende Locomo-
tiv; taknemlig kyſſede han Fruen paa Haanden, da han fik
Lov at ſlippe.

„Hun er rædſom!" ſagde han til Hr. Svane, der
viſt vilde have ſagt det ſamme, om han nu havde kjendt
hende. Det var fem og tredive Aar ſiden at han ſtod med
i Beundrernes Række og blev bemærket og nær var blevet

den Lykkelige, som Kammerherren blev; da saae Hr. Svane
med Ungersvendens forelskede Øine, og da var hun yndig —
Alt hvad hun sagde blev Musik. Tiden sondrer og klarer;
men Hr. Svane var ikke kommet til Klarhed, og bar
sin Hemmelighed som et Mysterie, en deilig Drøm, aldrig
opfyldt, og det var hans Lykke — dog han vidste ikke
sin Lykke, anede den ikke!

III.

Saaledes var nu Niels Bryde.

Brevet fra Bodil, det hun hiin Aften skrev ud af
sit Inderste i Sorg og Kjærlighed, giorde et godt, et dybt
Indtryk paa Broderen; han følte en Trang til kjærligt
igien at mødes med hende i Tanker og Anskuelse, at komme
til en større Tilnærmelse, og i denne Stemning, hvori den
gode Natur hos ham havde Overmagten, skrev han et Brev,
det Følelsen tilsagde ham; vi ville deraf fremhæve et
Par Linier, som vilde have gjort Bodil vel, vare de
naaede til hende.

„Tro mig," skrev han, „jeg forstaaer saa godt din
Sjæl og Tanke! Du er langt kjærligere, langt mere god,
end jeg er eller nogensinde bliver i denne Verden, hvis
Strømninger i Ondt og Godt fare gjennem mit let bevæ-
gede Sind. Din Tro er dig en Skat, og jeg veed, den er
en Guldmønt; taabeligt er det af mig, at stride om Præget

paa den. Tænt dig, hvad der maastee er Tilfældet, at jeg
maa samle fra alle Dybder i Naturen for at finde den Rig-
doms-Sum, der er liig i Betydning med din, og muligt
naaer jeg ikke, i Alt hvad jeg søger og samler, at vinde den
Rigdom, Du alt har i din Guldstat!"

Det strev han, og næste Morgen læste han det Strevne
igjennem og fandt, at han havde gjort en Indrømmelse, den,
ikke at være paa det Klare, at have viist sig sygelig og
vaklende; et „Kjærlinge-Brev" havde han strevet, og rev det
itu. Han strev et andet, et livligt, klogt, det stulde synes
saa, med henkastede Yttringer om, hvor særdeles hans Viden-
stab tiltalte ham, og at han havde valgt den rette og for
sig eneste rigtige Vei.

Brevet var særdeles vel strevet, men Hjerteslaget hørtes ikke
deri, det Bodil lyttede til og paa det hun byggede Gjen-
syn og Fornyelse af gamle, kjære Dage. Dog den Sindets
Ligevægt og Sikterhed, hans Strivelse frembar, var iøvrigt ikke
hos ham; medfødte og fast indgroede Forestillinger, som han
selv kaldte dem, stjød tidt pludselig frem, ligesom Svampen
i nye Bygninger, og det stærke Bjælkeværk, Videnstaben havde
reist, truede med at styrte sammen. Bodil vilde have
sagt, at det var Guds Stemme, der varede ham og kaldte.
Mere og mere stærk blev Trangen efter at vide og forstaae;
han fordybede sig i Læsning mangen Nat til Dagningen brød
frem, og Madam Jensen, der mærkede det, meente, det gik
aldrig godt — man maatte ogsaa kunne blive Præst uden
saadanne Anstrængelser.

Mere og mere modstillede sig for ham Riget af denne
Verden og Riget af hiin. Ved Anatomien, der særlig inter-
esserede ham, og som han hørte med Tænkning, saae og

forstod han, hvorledes vort dyriske Legeme dannes af smaae
Celler; den ene springer ud fra den anden, alt Liv kommer
herfra. I sin Beskuen tabte han sig, som saa Mange, i
Studiet eller Beundringen af de enkelte Celler, og stillede
sig ikke udenfor det Hele i sin Tanke-Sammensætning, tog
ikke Lærdommen som selv det mindste Fugleæg giver. Og-
saa der udvikler sig Celle af Celle; hver brister og
forandrer sig, og hvor for det almindelige Øiesyn viste sig
en lang sort Stribe som en Gaaen til Grunde, opdager
Forstandens Blik en Overgang til noget Vigtigere, Striben
bliver Rygrad; mod en høiere Udvikling skrider det fremad,
der kommer Pulsslag, der danner sig en Skabning, den
levende Fugl. Gjennem Tilintetgjørelse kommer frem en
høiere Tanke; Alt er forudseende, viseligt betænkt, lige til
indeni Ægget den lille, skarpe Tand foran paa Kyllingens
Næb, som den bryder den haarde Skal med, og derpaa
mister. Niels Bryde var endnu kun ved Cellerne — og
Mange komme ikke videre.

Han havde fornummet Electricitetens Magt til at frem-
bringe alle Sandse-Fornemmelserne, Prismaformer for Øiet,
Toner for Øret, Varmevexel for Følelsen o. s. v.; Sand-
serne vare reducerede til electriske Strømninger. — Organet
og Livskraften kunde være et og det samme, og idet han
antog det, maatte han erkjende, at med Hjernens Tilintetgjø-
relse maatte Sjælen døe; „med Organets Ophør slukkes den
Phosphor, der tændtes fra Fader og Moder, og gik over i de
Celler, som kunstig danne vore Lemmer.” Uger, Maaneder
glede hen i Granskning og Læsning; det kjække Ungdoms-
sind gjorde mangt et dristigt Tanke-Experiment, og før Aar
og Dag var omme, havde Niels Bryde bragt det saavidt,

„At være eller ikke være.”   11

at han for „Troens rare Klenodie" havde tilbyttet sig hvad i vor Tid en berømt Lærd kalder: „den rene Forstands Fad Lindser".

I sin Menneskenatur følte han Gud incarneret; Ungdomssindet, Sjæls- og Legems-Friskhed gjorde ham kjæk; hans Valgsprog blev den stoiske Læresætning: „adlyd dig selv!" han følte Ungdoms-Mod, Sundhed paa Legem og i Sjæl, Gud selv blevet legemliggjort i hans Menneskenatur. Men der kom ogsaa Øieblikke, hvori der foer store Blink gjennem Sjælen, i hvilke Trang var efter at optage i sig alt Godt og Stort; der var en Kamp, som den Bibelen siger os mellem Engelen og Jakob. Han erkjendte i Mennesket Høidepunktet af Naturkræfterne, af Verdensaandens Kraft, og dette Høidepunkt, i selve hele Menneskeheden, blev paa en anden Tanke-Strømning næsten forsvindende; i Verden, vidste han jo, er altid samme Maal i Alt; Jorden taber ikke et Gran af sin Tyngde, ogsaa i Menneskeheden bliver Ondt og Godt lige til alle Tider; Dannelse, Humanitet, Religions-Indvirkning forbrer den ulige Fordeling, en synkende og stigende Bølge er det, hvori Menneske-Atomet lever, henkastet, et Perpendikelslag i Evigheden.

Det var ikke Forfængeligheds-Overmodet, men en Overvurderen af Menneskenaturen, Guden i sig, som han kaldte det, der experimenterede, og lod ham troe, at han kunde løfte sig over sig selv, holde sig oppe uden Udødeligheds-Haabet, ja uden — Gud; freidig synge:

„Ich hab' mein Sach auf Nichts gestellt.
Juchhe!"

Disse Bevægelser i det gjærende Gemyt hos vor unge Præste-Apostat, var Resultatet af hele to Aars Læsen, Tæn-

ken og Tumlen. Ved det første Aars Slutning var imid=
lertid allerede første Examens Halvdeel fortræffelig taget,
anden Halvdeel tog han Aaret efter, og den practiske Prøve
med Udmærkelse. I Dygtighed stod han høit mellem de andre
Studerende, og i aandelig Udvikling over de Fleste.

To Aar var gaaet siden Niels Bryde sidst besøgte
Hjemmet derovre paa Heden, Breve, men kun mellem ham
og Bodil, vare vexlede, og i den senere Tid sjeldnere. Han
var hendes stadige Tanke; et Gjensyn, en Forsoning havde
hun haabet i denne Sommer, idet de Gamles Guldbryllup
da feiredes; han vilde da komme, Præstemoder var ogsaa
forvisset herom, for han var „et godt Barn." Men han kom
ikke; et Brev til Japetus Mollerup selv udtalte smukt
og lykønskende hans Deeltagelse ved denne Festens Dag;
dog Skrivelsen gjorde et forstemmende Indtryk, Japetus
viste den til Kone og Datter, lagde den saa hen og svarede
ikke med Brev igjen. Meer og meer vendte den Gamle ham
Ryggen i Vrede; Moder sørgede derover, men hun forvandt
det igjen, da hun syntes, at Fader ikke tog sig det saa nær;
Bodil bar det smerteligere og altid, hun elskede den kjære
Pleiebroder, undskyldte ham saa godt hun kunde, og saa
meget hun vovede det, for de Gamle, hvis Fest feiredes af
Venner rundtomfra og hele Menigheden.

Ogsaa Niels fornam ved den Tid en smertelig Følelse;
havde „Faber" kun skrevet ham et Par Ord til, udtalt, at
man ventede ham derover, han var ganske vist kom=
met. Nu ihjelslog han dette Nagende, sagde sig selv, at han
ikke passede for dem derovre; han kunde jo heller ikke for=
lade Byen, han havde sin Examen at læse til, havde In=

11*

formationer at besørge; skriftligt vare jo de Gamle lyksnskede, hermed var det i Orden.

Ikke at bringes ud af sin jævne gode Stemning var Pligt mod sig selv; er man nu paa det Høidepunkt, at vort Jordliv er vor Tilværelses afsluttede Hele — dertil havde han allerede løftet sig, — da bliver rigtigst Epikurs Læresætning: nyd og vær glad! Nydelsens Brønd er imidlertid dyb, den har Kilder, hvor Aandens Viin sprudler, ligesom den ogsaa gjemmer i sig den laveste Bærme. Kjend Alt og vælg det Bedste, sagde Niels Bryde til sig selv, men det Bedste var tidt kun det, som Stemningen gav Navn af det Bedste.

„SolonDiogenes" saae han aldrig noget til, han var i de to sidste Aar forsvundet for ham; hvorvidt iøvrigt de To nu vilde have fundet Interesse i hinanden, er uvist. Imidlertid var Niels Brydes Bekjendtskab, Kredsen af „Goddag og Farvel=Venner", meget udvidet; man kunde sige om dem med Goethe:

> „Wären's Bücher — ich würde sie nicht lesen."

Snart saae man ham vandre med den eller den unge eller ældre Kammerat, tidt Mennesker, der syntes aldeles forskjellige fra ham, det var ikke let at udfinde Berøringspunktet; Hr. Svane udtalte sin Forundring, og Svaret, han fik, var vel forklarende, men øst af Ungdoms=Overmod, der paa dette Livs Stadium var Hovedstrømningen i Niels Brydes Characteer.

„En begavet Natur, det er deres Ord, at jeg er en saadan, og en sand aandelig Pjalt kunne ved Leilighed ypperligt gaae i Spænd; thi selv hos den meest Betydelige er der noget af Pjalten, og dette Noget er da Berøringspunktet. Prinds Henrik maatte have sin Falstaf, der var et Hjørne, hvori de to Skikkelser mødtes. Desuden — dog

jeg anvender det ikke her paa mig selv og mine Gangkam=
merater — men det er verdensanvendelig, troer jeg, at lige=
som mangen En holder sig en Hund eller Papegøie, han
virkelig faaer kjær, saaledes kan man ogsaa samle sig Ven=
ner, som man i deres mindre Begavelse mødes med — netop
kun i Udskeielsen, saaledes som vor Natur og Stemninger
forlanger det!"

Niels Bryde var virkelig saa ganske begavet med
alle menneskelige Stemninger, at han paa Lidenskabens Glat=
iis godt kunde gjøre meget farlige Svingninger; men hvad
der holdt ham sikker — vi tør ikke i hans Nærhed kalde
det „hans gode Engel," men hellere, hvad han selv vist
vilde kalde det, — var hans „Skjønheds=Sands".

Det Indblik, Julius Arons havde givet ham i Ham=
borg-Mysterier og i sit unge østerlandske Hjerte, fik han ogsaa
i Kjøbenhavn og i sig selv; han kunde paa en Maade
sige med Holbergs Chilian: „Ligesaa hos os!" og dog
ved Nærmelsen af „Elverpigen" gik det Niels Bryde som
i Walpurgisnat Faust, der træder ud af Dandsen med den
Skjønne, thi:

> „Ach! mitten im Gesange sprang
> Ein rothes Mäuschen ihr aus dem Munde!"

Det Skjønne hævdede hos ham sin Ret.

De meest ophøiede Tanker og de allerlaveste mødes.
Det rene Sollys berører det fede Dynd.

„Lysteligt er det at see fra Bjerghøiden ned paa den
friskblomstrende pontinske Sump," sagde han; „jeg fornemmer
altfor ofte en Lyst til at styrte mig ned i det frodige Grønne, men
idet jeg fyldes af denne Lyst, kommer en Luftning, der min=
der mig om Sumpen, og jeg styrter mig ikke. Kald

ikke det Dyd! dette er ikke noget Stort af mig, det er kun
et Omsving, en modstridende Vibreren i Nerverne. Jeg er
derved slet ikke tryg; jeg faaer maaskee en Svimmel og
styrter fra Høiden. Kun saadan er der Fare for mig, som
for Enhver; Svimmelen kan komme i Morgen, i Dag! —
Feighed vilde det være, at undgaae Bjerghøiderne, af Frygt
for Faldet!"

Hans „Skjønheds-Sands" altsaa holdt ham oppe, og
dertil kom det Fremblik, Forstandens Øine saae med; han
fandt Skytsengle der, hvor Mængden kun saae de fordærvende
Magter. „Maadeholdenhedens Bei fører til Velværen!" var
Mindelsen, den usynlige Haand skrev paa Væggen for ham i
hans Epikur-Tempel. For at holdes paa denne Bei, see vi
for os opstillet Vellyst, Fraadseri, Drukkenskab, alle onde Laster;
som varslende Aander, der slaae med Svøber hver som for-
lader Beien, og følger dem ad Stien til det dybe, dræbende
Sumpland, hvor Menneske-Maskinen voldelig sønderbrydes.

Niels Bryde fornam det og gik freidig sin Bei — vi ville
i Tiden see, hvorhen den fører, for Øieblikket følge vi ham i Besøg.

IV.
Goethes „Faust" og Esther.

En Formiddag, man regner denne i Kjøbenhavn efter
Husets Spisetid, selv om Middagsmaden først frembæres
Klokken sex om Aftenen, kom Niels Bryde for at aflægge
Besøg hos Familien Arons; Alle her vare ude, undtagen

Bedstefaderen og lille Esther, som den yngste af Døttrene endnu kaldtes, uagtet hun havde fyldt sytten Aar; hun sad alene i Stuen, saa fordybet i en Bog, at hun slet ikke mærkede, Nogen traadte ind. Hr. Bryde gjentog sin Hilsen, hun foer ganske forskrækket op, blev blussende rød og saae med sine store, sortbrune Øine forvirret paa ham.

„Det er kun mig", sagde han; „kan jeg saaledes forskrække Dem? — Hele Huset er nok ude i Dag?"

Hun besvarede det med Ja, men var synlig forlegen; han troede at bemærke, at hun søgte at skjule med sit Lommetørklæde Bogen, hun havde læst i.

„Jeg forstyrrede vistnok i en meget morsom Bog?" sagde han.

„Morsom!" gjentog hun, „det kan man vist neppe kalde den!"

„Tør jeg see den?"

„Nei!" det blev ikke uvenligt sagt, men med en Bestemthed, der viste, at Esther meente det. „Jeg skal sige Bedstefader, at De er her!" vedblev hun og smuttede bort med sin Bog.

„Ja, hvad har hun læst i!" sagde den gamle Bedstefader, da siden Niels Bryde spøgende talte derom, og — meente, at alle Romaner ikke kunne læses af unge Piger.

„Det har neppe været en Roman", sagde den gamle Mand, „snarere en lærd Bog, eller maaskee — det nye Testament!"

„Ogsaa det læser hun!" udbrød Niels.

„Ja, jeg har engang overrasket hende dermed. Hendes Læsning er saa ganske forskjellig fra alle andre unge Pigers; men jeg er vis paa, hun bliver aldrig uden ved et reent Væld!"

Esther læste altsaa ogsaa det nye Testament; men var al denne særegne Læsning den unge Jødepige sund og naturlig? Den gamle Bedstefader, saa orthodox i sin Tro, havde ingen Angest for hende.

„Det var ikke det nye Testament, jeg læste,“ sagde hun selv en Dag fortroende til Niels Bryde, der med Flid havde ledet Samtalen derhen, idet de vare ene. „Hvorfor skulde jeg blive forlegen ved, at De saae mig læse deri! Det var en ganske anden Bog. De vilde maaskee have leet af at jeg saa ivrig læste den, da jeg vistnok ikke ret forstaaer den; men jeg har dog en stor Glæde af at læse den!“

„De maa jo forstaae Bogen, dersom De har Glæde af den!“

„Jeg forstaaer den ikke, som De, som Andre der vide Mere end jeg; men jeg fornemmer, at den er saa riig, saa dyb, den er som et heelt gjennemlevet Liv — ja, jeg har ikke Udtrykket for den!“

Hvor forundret blev han, da hun nævnede Bogen: Goethes „Faust“.

„Første Deel kan De vist have megen Glæde af, den er et sammenhængende Heelt, hvor Gretchen staaer „„gerichtet““ og „„gerettet““. Anden Deel derimod er som en Komet-Hale, der breder sig og forsvinder; der er ingen Sammenhold, ingen dramatisk Traad, ingen fortsat Historie. Goethe er blevet gammel!“

„Har De nylig læst den?“ spurgte Esther.

„Nei, ikke i flere Aar; jeg blev kjed af disse Maskeoptog og alle disse Allegorier. Den egentlige Heelhed i Compositionen hører op med første Deel!“

„Just ved at anden Deel kommer med,“ sagde Esther, „synes mig at det bliver, hvad De kaldte det, en heel Historie;

jeg er ikke færdig med den, før jeg ogsaa har læst den sidste Deel!"

„Ja det kan man ganske rigtigt sige om enhver Bog i to Dele," udbrød Niels Bryde leende, men dog saa god- modigt, at Esther ikke tvivlede paa hans gode Villie og Ærlighed, idet han vedblev: „Jeg maa reentud tilstaae, jeg kan slet ikke huske den, men det veed jeg, at den forekom mig saa løs, saa svævende, det var mig ikke muligt at finde Handlingens Gang i anden Deel; har De fundet nogen? jeg ikke! og Læsningen har ikke givet mig Lyst til at læse Bogen om igjen!"

„Ja saa vil jeg ikke kunne bringe Dem til det", sagde Esther; „men jeg savnede ikke Handling og en fuldstændig Slutning!"

„Hvad har De da faaet ud deraf? Lader det sig sam- mentrængt give som i et heelt Billede? Jeg kan ikke troe det."

Esther blev igjen rød, men der laae noget Bestemt og Roligt i hendes Blik: „Jeg har ikke forsøgt at fortælle, at sætte ud fra hinanden den hele Handlings Gang, men det maa man kunne!"

Der havde altid hos hende viist sig, netop mod Niels Bryde, en Hengivenhed, en Tiltro, som til ingen Anden af de Nærmeste; kun med ham alene vilde hun saaledes som her kunne indladt sig om det Læste.

Ham var det gaaet som de Fleste, og som han selv til- stod det, han havde kun bladende læst Faust anden Deel; han bevarede et storartet Indtryk af første Afdeling, der i Form slutter sig nær Dramaet og Tragedien, og derfor og- saa har faaet sin Plads paa den tydske Skueplads. Han fandt i denne Deel af Digtningen: Stræben, Kamp, Kjærlighed og

Fald. Faust's og Gretchens Historie er den dramatiske Traad, der slutter ved hendes Død. — Selv første Deel traadte frem som Fragment, og gjennem Aaringer udviklede den sig i hele sin nuværende Skjønheds Fylde; anden Deel fulgte endnu mere stykkeviis, een Scene krystaliserede sig efter den anden, „ist fortzusetzen" stod der, men om den vilde blive det, om den kunde det, var et let gjort Spørgsmaal, som man ikke engang ventede Svar paa. — Naar man seer den herlige Herkules-Torso i Baticanet, er det os strax klart, den har været et fuldendt Kunstværk; men anderledes staae vi foran en Digtning, der gives os lidt efter lidt, kun som enkelte Stykker af en heel Kjæmpe-Statue; veed man nu, at Mesteren alt gaaer op i Oldingsalderen, saa er den Tanke saa rimelig: vil han kunne fuldende sit Værk, give med Ungdoms-Friskhed og Genialitet, som Gubbe, hvad i Ynglingsaarene tænktes i Inspirationens Øieblik? Men det er lykkedes, dristigere, dybere og rigere end vi forestillede os det. Niels Bryde havde tænkt mageligst: det er ikke lykkedes! Hans Tankeflugt var blevet hildet i den første Acts Allegorier og Maskeoptog — nu derimod fik han, ligesom ved den klare Barne-Sjæls Speil, at see hele det store Omrids af denne Genialitetens Kjæmpeskikkelse, blev grebet af den og følte Trang til at see med egne Øine og optage i sig mere end kun et Speilbillede.

Det vilde være let og hurtigt, her at sige: Esther gav ham klart og beskueligt Sammenhængens Traad, hele Historien, Omridset af Digtningen; men de, som ikke bedre, end Niels Bryde dengang, have læst deres Faust eller erindre samme, ville høre og fornemme, hvorledes han gjennem Esthers Fortælling samlede i sig Digtningen. Det er ikke hendes

Ord, men Klangen af dem, som han fornam den, vi høre, og vi ville
forstaae hans Interesse for hende, denne særegent rigt begavede
Natur, der i sit stille, dybe Sind alt havde optaget saameget af
Tænkernes og Digternes Aands-Efterladenskab. Et Indlæg
af Betydenhed, idetmindste for Niels Bryde, blev i hans
Livshistorie denne Time og hvad her rummes paa et Par
Blade:

Goethes Faust, anden Deel.

Første Act viser os „Faust ved Keiserens Hof";
Narren der er forsvundet, men Mephistopheles ind=
tager hans Plads og tilhvisker Hoffets Viismand, Astro=
logen, Kløgtens Ord; Faust skaffer Penge tilveie i den
tomme Statskasse, skaber Hoffet Carnevals=Liv og Lystighed,
hvori Keiseren optræder som den store Pan og Faust
som Rigdommens Gud, uddelende sit Guld, men dette er en
ond Sæd, i den er ingen Velsignelse. Keiseren forlanger ny
og anden Underholdning, vil at Faust ved sin Kunst skal
fremkalde Oldtidens Skjønheds=Par, Helene og Paris.
Faust møder heri Modstand hos Mephistopheles, der
dog tilsidst giver efter og rækker ham Nøglen til Dødens
Rige, hvor „die Mütter" boe i det Tomme, Grændseløse,
Forsvundne. Et Hof=Skuespil skal det blive; høie, fornemme
Gjester indbydes paa Keiserens Slot, hvor Theatret er reist,
Tilskuerne samlede; Mephistopheles tager Plads som
Souffleur. En arrangeret Forestilling er det kun man ven=
ter, og det er noget langt Mere. Faust hæver den antike
Skjønhed frem i den romantiske Tid, men forelsker sig i
Helene, ved hans Omarmelse exploderer Alt, han kastes

bevidstløs til Jorden, hvor i Tumult og Mørke Mephi-
stopheles griber ham.

„Da habt ihr's nun! mit Narren sich beladen,
Das kommt zuletzt dem Teufel selbst zu Schaden."

Anden Act giver os Faust's Drømme-Tilstand, den
vi føres ind i gjennem Omverdenens Virkelighed; vi ere
igjen med Mephistopheles i Studerekammeret, der staaer
uforandret som vi saae det i Digtningens første Deel, kun
at Alt er bedækket med Støv; Pennen, Faust forskrev sig med,
ligger henslængt paa Gulvet, en størknet Bloddraabe sidder
i den. Mephistopheles kaster om sig Faust's gamle
Pels, Krybet i den springer og slaaer ud i lysteligt Chor.
„Der Schüler", hvem vi kjende fra første Deel, ydmyg,
beskeden, lyttende til den store Mester, der belærte ham og
skrev i hans Stambog, kommer nu som Baccalaureus,
langt videre skredet frem end Mephistopheles tænkte. Han
har stillet sig: at blive som Gud; han er saa vidt i sin Viden,
at uden hans Villie tør Djævelen ikke være til. I La-
boratoriet arbeider Wagner, og ved Stoffernes Sammen-
sætning skaber eller krystalliserer han et Menneske: Homun-
culus, der netop faaer Liv idet Djævelen træder ind. —
Hvor er den Lille klog, morsom, kundskabsviis, og dog end-
nu kun halv Menneske; der mangler Noget, derfor maa han
blive i sit Glas, kun der finder han Ligevægt; han er ikke
engang heel legemlig, og det vil han være; han tænker paa
sig og selv paa Faust, der hviler i Drømme-Tilstand,
byder Mephistopheles tage paa sin Kappe den Sovende;
Homunculus flyver lysende foran og fører dem til den
antike Verden, Hjemlandet for Faust's Skjønheds-Sands:
hen til den classiske Walpurgisnat. Her oplives Faust

og henrives i Begeistring, thi her er Grækenland, denne
Luft har Helene aandet; Sphinxen minder om Oedip,
Sirenerne om Ulysses; han spørger om Helene, og
Chiron tager ham paa sin Ryg, engang Helenes Sæde,
og bærer ham til Æsculaps Datter, der fører ham til de
Dødes Rige. Jorden ryster, Seismos hæver sig, løftende
de dybe Grunde, Guld og Skatte rulle frem, det bruser og
risler, Pygmæer, Daktyle, Jbykus' Traner mellem hinanden;
Gravens Lamier hvirvle i Dands om Mephistopheles
⁐: Middelalderens Djævel, der ikke strax kan føle sig hjemme
paa classisk Grund, dog snart kommer han efter, at i Skjøn-
heds-Landet findes alt det Flaggermuus-Vampyrskab, som rører
sig i hans Levetid, og han kurer nu til de væmmelige Lamier
og de hæslige Døttre af Chaos. Homunculus iler her
mod sit Maal: at blive mere legemliggjort. Ved Havets
Fest, i den ægiske Havbugt, siger Proteus ham, at han kun
halvt er kommet til Verden, han maa ud af det omsluttende
Glas, kaste sig i det uendelige Hav, og der gjennem tusinde
Former bevæge sig fremad til at vorde heel Menneske; han
følger dette Raad, og knuses mod Thronens Muslingskal i
Havets og de andre Elementers Jubel ved Galathees og
Nereidernes Fest.

Tredie Act er i Sparta; vi ere der i Mene-
laos's Slot, hvor netop Helene med en Skare fangne
Trojanerinder er vendt tilbage til de Rigdomme, hun forlod,
og som hendes Gemal forøgede; han har ført hende hertil,
men paa hele den lange Bei talte han ikke et Ord til hende,
han viser sig heller ikke, hun veed kun hans Bud, at Alt her
skal være beredt til en Offring. Phorkyas, Slottets gamle,
graae Bestyrerinde, træder heftig op mod sin Frue, saa Cho-

rets Vrede vækkes derved. Phorkyas forkynder Mene=
laos's Villie: Offeret er Helene selv; denne forfærdes,
spørger om Raad og Udvei, den Gamle veed kun een. Hiin=
side Floden Eurotas har en mægtig Fremmed, det er
Faust, reist en Borg, til ham skal Helene tye; derhen,
paa Taageskyer, bæres hun med sit Følge og modtages som
Herskerinde. Menelaos med sine Krigsskarer stormer frem,
men forjages ved Trylleriets Magt. Nu sværme, elske, og
aande lykkeligt med hinanden de To, Helene og Faust, den
antike Skjønhed og middelalderlige Romantik. I deres Om=
favnelse jubler og synger det deiligste Barn, Euphorion:
han er deres Lykke, Glæde og Angest; thi han hæver sig
som Ikarus, og snart synker hans jordiske Deel i Gra=
ven, hvorfra den tilraaber Moderen at følge ham; hun ad=
lyder, men hendes Skjønheds Gevandt bliver tilbage, og
opløst i Skyer bærer det Faust derfra, mens Chøret gaaer
over i Natur=Toner og =Syn. Da reiser sig kjæmpestor
Phorkias, det er Mephistopheles, hans Gjøglemagt op=
rullede det Hele.

Fjerde Act stiller os igjen ind i Virkeligheden, hen over
Faust's Drøm; Skyerne bringe ham tilbage til Hjemmets
Bjerge, til Keiserens Land; han vaagner, kraftig og stærk,
føler Drift til at handle, udrette noget Dygtigt, hemme Ha=
vets ødelæggende Bølger, lade Aandernes stærke Magt virke;
men hele Keiserens Rige er henfaldet i Anarchie, en ny Re=
gent valgt. Faust slutter sig til Sandhed og Ret, og
paa hans Bud maae, ved Mephistopheles, Naturkræfterne,
som tjenende Aander, virke i det Godes og Sandes Tje=
neste. Keiseren gjenvinder sit Rige; uddeler nu Magt og
Værdighed til de Udkaarne, sidst kommer Geistligheden; Erke=

bispen udtaler, at onde Magter have ſkaffet Seiren, det maa
afſones, en Kirke bygges her paa Stedet; Dal, Eng og
Marker ſkjænkes Kirkens Tjenere; Meer og altid Meer for=
lange disſe, tilſidſt ſluger Geiſtligheden ſaa godt ſom det
hele Rige.

Femte Act. Efter Livets lange Omfærden kommer en
Vandrer til Hjemmet, hvor i Hytten to Gamle boe i Lykke
og Tilfredshed; de ville ikke ombytte dette Sted for det
prægtigſte Gods, ſom den mægtige Fauſt har tilbudt dem,
idet at deres Hytte lukker ham Udſigten fra hans rige Slot.
Ved hans Kløgt og Magt er Havet her blevet inddæmmet,
Enge og Skove vundet, Byer have reiſt ſig, Meget er ud=
rettet; men i den Tid er Fauſt blevet en gammel Mand,
mægtig ved Lykke og Rigdom, og dog ikke mægtig til at
faae Hytten dernede bort. Mephiſtopheles lover ham,
at det ſkal ſkee, og at de Gamle ville bytte om med et
bedre Sted. Morgenluftningen vifter en brændt Lugt, Hyt=
ten er affvedet, de Gamle indebrændt; Fauſt forfærdes, thi
ſaaledes vilde han det ikke. „Det kommer paa dit Regne=
brædt!“ ſiger den Onde til ham. I Natten nærmer ſig nu
til hans Slot fire aldersgraae Qvinder: Mangel, Brøde,
Sorg og Nød. Der er ikke Sted for dem; men Sorgen
ſlipper med dem gjennem Nøglehullet og ſætter ſig hos
Fauſt i det rige Huus; han føler Smerte og Savn, hun
aander paa hans Øine og han bliver blind; men indeni ham
klares det, og han kalder ſine Folk til Arbeid og Virken;
de giftſvangre Sumpe lader han aflede og udtørre, Landet,
der vandtes ved Inddæmning fra Havet, opdyrkes til frugt=
bare Marker. At ſtaae paa fri Grund med et frit Folk,
blev hans Livs Ønſke, og i Opfyldelſen heraf er det forbi

med hans Jordiſke. Mephiſtopheles med ſin Djævlehær
vil gribe den bortflyvende Sjæl, men i ſamme Nu nedſvæve
himmelſke Hærſkarer; ved dette Syn faaer Mephiſtophe-
les hele Kattens Lyſtenhed efter Fuglene; Englene ere ham
ſaa „appetitlige“, han vil gribe dem, og i denne Drift
glemmer han et Øieblik ſit Sjælebytte; duftende Blomſter
regne ned rundtom ham, den onde Magt mægter ikke at
bortblæſe disſe himmelſke Roſer, de brænde ſig faſt i Me-
phiſtopheles; men heel djævelſk er hans Natur, den lader
ſig ikke udbrænde, ikke luttre; han ſkyder det af ſig ſom et
Hjobs Legeme; under denne Bortſtøden og Krympen have
imidlertid Englene ført bort med ſig Fauſt's udødelige Deel,
og Helvedsaanden maa i afmægtig Haan ſynke til Dybet.
Anachoreternes Sange høres, de i Fødſelen døde Børn
ſvæve gjennem Jordens Egne, Verdens-Naturen viſes og for-
klares dem; men de længes efter endnu ſtørre Skjønhed og
ſvæve høiere op imod den. Aander af bodfærdige Qvinder
hæve ſig, og mellem disſe er „Gretchen“, hun beder om at
naae og belære ſit Barn om denne Verden, endnu er det ſom
blændet af den nye Dag; og efter hende, Kjærligheden,
bæres Fauſt op mod Naaden. Fauſt har, ſom Men-
neſke, i ſit Jordlivs Stræben feilet, ſyndet, men gjennem det
Skjønne, Sande og Gode løftede i Villien Sjælen ſig
til ſtørre Klarhed, derfor kan og maa den ſtige op til
Naaden, baaret af Kjærligheden.

———

Saaledes ſamlede ſig ved Eſthers Fortælling i eet
Billed hos Niels Bryde Digtningen Fauſt; hun havde
givet Traaden, Forbindelſen, forſtaaet, langt over ſin Alder,
det Hele. Forundret ſaae han paa den unge Pige, der var

af en saa usædvanlig udviklet, aandelig Natur, og vistnok
ikke at sammenligne med Andre; ligesom der i Verden er
flere sande Digtere end just dem, som bringe deres Tan-
ker og Stemninger paa Papiret, saaledes er der ogsaa
flere aandfulde Qvinder, end en Rahel, Fru Staël-
Holstein, George Sand, men Livs-Omstændigheder
stille dem ikke saaledes frem for Verden; tidt er det
endogsaa kun Enkelte, i deres nære Omgivelse, som saae
et Indblik i en saadan usædvanlig Natur. Hvor for-
skjellig var hun dog fra de to andre Søstre her i dette
kjøbenhavnske, rige Huus; hvorledes gik det til, ja — hvorledes
gaaer det til i Planteverdenen! man seer i Skovgrunden tidt
en sjelden Væxt udvikle sig tæt ved de andre, almindelige
Urter; det er de samme Jordstoffer, de Alle der have om
deres Rod, den samme Luft, det samme Solskin, de ind-
aande, og dog staaer denne ene Plante saa sjelden, saa ganske
forskjellig.

Vi have, hugget i Marmor af Jerichau, en ung Slav-
inde i Lænker; der er i Ansigtsformen noget saa aandigt
Reent, der ligesom gjennemstraaler Stenen, en Skjønhed,
ligesaa meget i Udtrykket som i Formen. Man skulde troe, at
Kunstneren havde givet en Portræt-Statue af Esther, netop i
den Alder, hun var; hertil kom nu de sortbrune, alvors-
fulde Øine, som udstraalede Tanke og Phantasie: man følte
sig gjennemtrængt af disse, og vilde maaskee have bevaret
et Billed af stille Sorg, var ikke hele Aasynet ligesom løftet
ved et lykkeligt Smiil, der forunderlig kjækt spillede om
den fine Mund og var ligesaa talende som Øinene, der sagde:
„jeg er tryg, jeg er glad paa dette rullende Livshav!"

„At være eller ikke være."   12

Fra denne Stund saae Niels Bryde med ganske an-
dre Tanker og større Interesse end før paa Esther. Samme
Aften endnu læstes Faust anden Deel, og Omridset deraf,
som hun havde givet det, blev kritisk bøiet, og med Man-
dens Tænkning forstaaet.

I Faust selv fandt han en Natur, beslægtet med sin
egen; ogsaa han stræbte jo, kjæmpede og vilde kunne give
sig hen, selv til onde Magter, dersom han ved disse
kunde vinde Fodfæste, stige et Trin høiere. I Kampen for
det Skjønne, Sande og Gode maatte det Jordiske snuble,
feile — men den udødelige Deel vilde tilsidst seirende leve!
Goethe var humanitets=christelig, han tilhørte den antike
Skjønheds Verden, var et Olymp=Menneske, løftet en Lys-
grad høiere end den classiske Oldtids Viismænd, idet han
stod bestraalet af Christendommens Sol.

Den Interesse, Læsningen af Faust i dens hele Af-
rundelse vakte hos ham, gjorde, at Goethe, ligesom Shake-
speare var det, i lang Tid blev hans vanlige æsthetiske Læs-
ning; hos begge disse Digtere er Qvinden den forædlende Indvir-
kende, som hun er det i Verden selv. Der er en gammel Fabel, at
Stormen med Magt vilde rive Kappen af Vandringsmanden;
han svøbte sig fastere i den, da kom Solen med sine milde
Straaler, Varmen gjennemtrængte ham, og han løste, løf-
tede og henlagde villig Kappen; her er Solen Qvindens
Magt, og den har alle store Digtere følt og erkjendt, der-
for lyser Qvinden frem hos Shakespeare i Kong Lear,
Coriolan, Viola, Kjøbmanden i Venedig, og saa-
ledes ogsaa hos Goethe i Tasso, i Egmont, dog her-
ligst i Faust, syntes det ham, hvor hun som Kjærlighe-
den svæver foran til Naaden.

Hvilken Betydning har ikke Qvinden! Niels Bryde tænkte deri saa vidt omkring: hans Moder, den ringe, fattige Kone, hvor levende erindrede han sig dog Udtrykket i hendes Øine, da hun stum og halv legemsdød sad i den lille Stue og han trykkede Bibelen, „Guds Mund", som Barnet troede, til Moderens Mund; en Sum af Kjærlighed, en Moders hele Tankesum laae deri; han forstod, hvad hun engang havde været ham. Bodil, Søsteren paa Heden, hun, den trofaste, ærlige Sjæl, from og kjærlig; — han huskede saa levende hendes milde, trøstefulde Ord, da han miskjendt, krænket og vildtopbrusende laae forladt derude i Lyngen; saa mangt et Hjertens Træk af hende lyste frem, hun havde aabnet hans Øine for Naturens Skjønhed, selv paa Heden; hun den deeltagende Søster i gode og tunge Dage, endnu var hun vist tidt bedrøvet for hans Skyld, indsaae han, det kunde og vilde ikke gaae med ham og den Gamle.

Hans Moder og Bodil — ja de To udgjorde det hele Gallerie af indflydelsesrige, herlige Qvinder paa hans Livsbane. Liden Esther, Jødepigen — hun skjød frem, interessant, endnu en Blomst i Knop; hvorledes vilde den engang heelt udfolde sig? Hendes forstaaelige Program-Givelse af Digtningen Faust var mere end Ungdommens Hukommelses-Værk; hendes Leven i Bøgernes Verden, midt i det „flotte" Huus, midt i Hverdags-Sqvalderens Bølgeslag, gav Klang om den indre Dybde. Hvorhen gik vel der Tankens Strømning? Han var saa langt fra at ane det. Mangen Philosophs og Digters aandelige Efterladenskab havde hun optaget og gjort frugtbringende; men idet hans Opmærksomhed fæstede sig paa hende, var hun i Bortsvæven fra

12*

ham, der tidt i Selvets Forfængelighed ikke trængte til „Livets Ror"; Materialismens Strøm styrede til det Heles Ophav. „Troens rare Klenodie", som han havde bortkastet, var hende Livets rigeste Skat; hun, Jødepigen, bøiede sig mod Korsets blødende Rose, Messias, Frelseren, om hvem det gamle Testaments Propheter og Skjalde sang, han, som fødtes, lærte og døde, for at hver den som troer ikke skal fortabes, men have det evige Liv!

Niels Bryde og den israelitisk troende Bedstefader vare iøvrigt de eneste To, som ret opfattede og skjønnede paa det Eiendommelige hos Esther; Søstrene, især Rebekka, som gjaldt for det egentlige gode Hoved, der bestemmes efter den Vurderendes egen Aands-Formue, havde mere Øie for hendes Unoder, idetmindste een vidste Søsteren at fremhæve. Esther, naar hun sad til Bords, lagde altid sit ene Been op under sig og sad paa det.

Amalia, den tredie Søster, havde sin Beundrer i Hr. Bruß, idet hun indtil Yderlighed sværmede for det Nordiske; og hvem var Hr. Bruß? en begavet, ung Theolog, stræng orthodox og kaad! — ja, det klinger underligt, men saadanne Naturer gives der; hos ham var Stemning af Nordens Storhed og dens Grønhed. Dette Nordiske hos ham interesserede Amalia, Storheds-Klangen vandt Esther, og hos Rebekka — ja, der var det denne Grønhed, som gjorde ham til et „udmærket Menneske". Genial og triviel, en underlig Blanding af Modsætninger var han, sød og barsk, seig og skjør; medens han viste sig fanatisk orthodox, og kun lod dem, der bare hans kirkelige Stempel, give Navnet rette Christen, fik hans Erke-Nordiskhed ham til, uden selv at forarges, at blande i Eet Christendom og Hedenskab, nævne som Een Chri-

stus og Balder, Djævelen og Loke, Himmeriges
Rige og Gimle, Dommens Dag og Ragnarokr.

Niels Bryde fornam mangen Stund, at dette sær-
ligt var til stort Anstød for Esther; men det undgik
ham heller ikke, at hun med levende Interesse hørte til,
naar Hr. Bruß med Liv og Varme fortalte om Nordens Helteliv,
eller fremsagde et Stykke af Eddaen. Det gjorde han fortræffe-
ligt; en Aften gav han dem et Omrids af Njals Saga, saa
ingen stor Digter kunde give den bedre. Men Niels Bryde
behagede han dog ikke; Denne fandt ham hvid og rød, vel-
klædt som en Kræmmersvend, ubehagelig ved sit søde Hov-
mods-Smiil, kunstlet pærenordisk, heel utaalelig ved sin ko-
lossale Forfængelighed, der jo rigtignok er reent uforbra-
gelig, naar man selv har den ligesaa stærk; men den Be-
mærkning gjorde ikke Niels Bryde.

Det forekom ham, at Esther viste Hr. Bruß en
ligesaa stor Interesse som ham; det leed han' ikke, nu hun
havde en Betydning, ikke til Forelskelse, han var formeget
en aandelig Narcissus, men, — han leed det ikke. Og
dog var hun Niels Bryde ikke blot meest, men egentlig
ene og alene ret tillidsfuld hengiven, kun ikke i det Ene,
som laae hendes Hjerte nærmest, Troen; det var som om
hun instinktmæssig følte, at her havde de ingen Tilnærmelse
i deres Anskuelser.

„Paa Nilen bar et Papyrusblad som Bugge Moses,
hvor rig en Blomst og dog fattig mod den Frugt som
hang paa Korset!" det var Stemmen i hendes Hjerte, det
var Isdedom og Christendom i Modsætning. For sin fromt-
troende, kjærlige Bedstefader, ham hun altid med Barnets Tillid
hang ved, udtalte hun med zittrende Stemme den Overbe-

viisning, som fyldte hende, det nye Aandens Lys, der var gaaet op for hende, den forunderlige Trang, der drog hende til Christendommen; med ligesaa megen Forstand som Hjertelighed hørte han herpaa og indlod sig derom, i den stille Forhaabning, at denne hendes altfor levende Bevægelighed vilde fordunste ved nøiere Selvprøvelse og ved ret at betænke, hvilken Spalte det vilde gjøre i Familielivet; ikke at tale om den Opmærksomhed, hun derved paadrog sig hos Publikum. Han gav sit Hjerte Luft i Glæde over Israels Folk, der under alle Tryk, gjennem Tiderne havde holdt sig som et udkaaret Folk af Jehova, een Gud, stræng og dog miskundelig. Den gamle Bedstefader saae med en Inderlighed, en Smerte maa det næsten kaldes, paa det kjære Barnebarn, og hun klyngede sig om hans Hals, brast i Graad, men snart løftede hun igjen Hovedet frit, knugede sine Hænder sammen — hvad sagde det i hende? Læberne taug derom.

„Herre Jesus! slip mig ikke!"

<hr />

V.

Ingen Christen.

Det gamle Ordsprog:

> „To Store i een Sæk
> Kan ingenlunde rummes!"

stadfæstede sig med Hr. Bruß og Niels Bryde, dersom iøvrigt disse To kunde kaldes Store. De vare lige begavede, lige forfængelige, og det var nok Knuden, den de

stødte imod, hvergang de mødtes. I Dag gav Hr. Bruß
humoristisk Douche- og Styrtebad til den hegelske Philoso-
phie, den han antog Niels Bryde hyldede. Heiberg og Mar-
tensen, sagde Hr. Bruß, havde indført denne „Guldkalv“,
som Ungdommen her hjemme nu dandsede om, efterat Dand-
sen var ophørt i Tydskland, og de der fornam den bedste
Smag af Malmen.

Niels Bryde talte om daarlige Prædikanter, „Blomster-
sprog“ eller „Aandløshed, spækket med Bibelsprog“, Perler
paa Traade, der ikke hang sammen.

„De kommer jo aldrig i Kirke,“ sagde Hr. Bruß,
„undtagen maaskee ved at følge Liig; De har selv sagt saa-
dant noget engang.“

„Ogsaa ved Brudevielser!“ svarede Niels Bryde;
„jeg hørte nylig der om de mange skjønne Gaver, de unge
Folk vilde finde fra Venner og Veninder, naar de kom hjem!“

Det gik videre, altid videre; Hr. Bruß og Hr. Bryde
skulde ikke indbydes sammen, det var en fremtidig Bestem-
melse af Husets Frue.

Der staaer i Bibelen: at paa Dommens Dag skulle vi
gjøre Regnskab for hvert utilbørligt Ord, og til disse slutte
sig vistnok tungest hvert ukjærligt Ord om vor fraværende Næste;
det komme tankeløst eller af Bitterhed, men det gjennem-
bølger Luften og staaer maaskee engang som evig Iisblomst
paa vort Regnebræts Glar.

Saaledes optog idetmindste Esther en Yttring af Niels
Bryde. Hun var i den senere Tid oftere kommet til Enken
efter Consistorialraad Ancker, en ældre Dame, der i høi
Grad var godgjørende og af christeligt Sindelag. Esther
talte med Inderlighed om hende.

„Hun er vist en meget agtværdig Kone," sagde Niels Bryde. „Det er Skade, at hun nok er lidt gal!"

„Gal!" udbrød Esther.

„Ja, hun troer jo for ramme Alvor, at Himmelens Stjerner kunne falde ned paa Jorden og ligge der som vissent Løv!"

„Hun troer det, fordi det staaer i Bibelen," sagde Esther.

„Men at hun kan troe det og i Alvor sige Sligt, der er lige stik imod al sund Menneskeforstand, det er jo Galskab."

„Det antager De, men ikke hun!" svarede Esther og vedblev: „Jeg troer ikke, man saa afgjort tør forkaste en Andens Tro i hvad der kommer ind paa det Religiøse!"

„Min lille fornuftige Esther vil nu i Dag disputere!" sagde Niels Bryde, og smilede af det unge, kjække, bestemte Ansigt. „De, som veed baade om Stjernernes Afstand og Størrelse, veed godt hvorledes vor lille Jord vilde knuses og forsvinde under de nedfaldne Stjerner — hvor kan De — det er jo Galskab!"

„Men om Deres Viden nu var Galskab!" sagde Esther.

„Bravo!" raabte Niels Bryde. „Snee er sort, Kul er hvidt! — vi lege at disputere."

„Det vil jeg ikke kunne med Dem," sagde Esther; „men De er ingen rigtig Christen!" og hun saae paa ham med et Blik, det Niels Bryde ikke forstod at tyde; det var alvorligt og dog mildt, der spillede endogsaa et Barnesmiil om hendes Mund.

„Jeg er ikke af de Christne, der troe paa Umuligheder!" sagde han.

„For Gud er Intet umuligt," svarede hun; „det troer nu jeg, — og jeg veed Intet bedre!"

„Intet umuligt!" gientog Niels Bryde. „Det er ham da umuligt at handle imod det Fornuftige! han kan ikke lade det Skete igjen være ugjort! han kan ikke elske det Onde! ikke lyve! Jeg kan af Skriften selv give Modgrunde nok! — Jeg forstaaer Dem ikke; hvad antager De, hvad troer De?"

„At De er ingen Christen!" sagde hun og forlod Værelset.

„Jeg, ingen Christen!" gientog han, „ja, efter hendes Begreb er jeg det ikke. Men vil hun være det! Er det Sundhed eller Sygdom? Er det kun Lyst til at modsige? Hm! har jeg maaskee troet for meget om hendes Forstand!"

Disse krydsende Tanker var ikke til Esthers Roes; og dog følte han sig forunderlig draget til hende. Han havde troet, at Berøringspunktet var hendes Forstand; Aanden, det ubevidste Geniale, der straalede klart fra den dybe, rene Grund, var det; han saae i hende en dansk Bettina, og i sig en Goethe.

Da han endnu var et Barn, og boede hos sine Forældre høit oppe paa Rundetaarn, sad han der — Lignelsen er tidligere brugt om ham — som Alfen og den lille Marie sad i det mægtige Træ, der ihast voxte fra Frugtkjærnen, de lagde i Jorden. Som Barn var det paa Phantasiens Trylletræ han løftedes, gyngede, og saae vidt ud om sig over hele Kjøbenhavn, og fløi drømmende med Svaleflugt mod den lysende Stjerne, den han dog ikke kunde naae, thi det var meer end hundred Aars Flugt derop! — Nu havde Videnskaben lagt sin stærke Frugtkjærne i Jordbunden, Forstandens Træ voxte og voxte, og høit i dets Top gyngede

han og saae ud over Jorden, ud i Univerfet. Han fornam,
at Tonerne, der røre Menneffets Hjerte, kun ere Lyd=Bølger
i Luften; de rosenrøde, svævende Skyer ere kun vaade Dun-
fter; den ffinnende, uendelige Luft kun en Zittren i Atmo-
fphæren; gjennem Forftandens Glar faae han den hele Her-
lighed være død og ringe. Sienerven pirres ved visse Bryd-
ninger, fom vi kalde Skjønhed, idet de gjøre os vel, ligefom
Smagens Nerve pirres ved visse Fødemidler. „Hjernens
Birken er vort høiefte Selvs begrundende og betingende Bæ-
ren", var ham en Overbeviisning, og han erkjendte, at lige-
fom Lyden fremkommer ved Luftens Ryften og Bevægelfe,
faaledes fremkommer hver Stemning eller Følelfe ved Birk-
fomheden af Hjernen, dette terra incognita; dens Phosphor,
fom Feuerbach havde lært ham, lyfte fom Lygte ved denne
ind i og om fig Skuen, hvor Ungdoms=Overmodet og Selvets
Forfængelighed, der vel „er Grunden til alle Lafter, men
ogfaa til alle Dyder", gav ham en Sandfenydelfe, der liig
al Nydelfe, paa fit Høidepunkt, ikke føler Trang til For-
nyelfe eller for ham Bedvaren, Minuttet er det herffende, man ta-
ber fig deri og forlanger ikke en Evighed! Den og Gud forfvandt
i Beffuelfen af hans Jeg. J de læfte Skrifter havde han
færligt indftreget med Rødt, hvad der var Udtryk af hans
egen Tanke eller optaget fom faadan, og af dette Indftregne
ville vi her færligt vedlægge een Sætning.

„Der Menfch allein ift und fei unfer Gott, unfer Vater,
unfer Richter, unfer Erlöfer, unfere wahre Heimath, unfer
Gefetz und Maaß, das A und O unferes ftaatsbürgerlichen
und fittlichen, unferes öffentlichen und häuslichen Lebens und
Strebens. Kein Heil außer dem Menfchen*)."

***

*) F. Feuerbach.

Han vidste, at Alt det Skabte var saa fornuftigt blevet til, at man maatte kunne forstaae dets Skabelse, mægte at giengive den, — havde man kun Kræfterne dertil; Alchymisten maatte kunne gjøre Guld, Diamanten vilde kunne skabes, vidste man kun at tilveiebringe det Tryk, der giver den sin Tilværelse, ja Mennesket selv, var det tænkeligt, kunde blive til ved Sammensætning af de organiske Kræfter, og Livet indblæses det. Goethe havde vistnok, meente han, havt samme Vished, men da han ikke kunde klare det, leget hermed i Skikkelsen Homunculus i Faust. — Mennesket magtte visselig gjennem Slægters Udvikling og Erfaring kunne „blive som Gud". Saavidt var Niels Bryde.

Verden gik imidlertid sin Gang, „satte sine Krystaller"; Verdenshistorien, denne Drypsteens-Hule af Tilfældigheder, voxte større og større; lystelig var det at see paa, gyngende i Forstandens Træ, værende Guden i Bægeret af Videnskabens Lotosblomst, som han var det.

> „Gik alle Konger frem paa Rad,
> I deres Magt og Vælde,
> De mægted' ei det mindste Blad
> At sætte paa en Nælde"*).

Niels Bryde i al sin Klogskab naaede ikke til Forstaaen af Stoffernes Blanden, selv i det ringe Blad, i den døde Steen — og om han endogsaa naaede dertil, om han havde Marmorblokken chemisk opløst, og igjen faaet den sat sammen, vidste han dog ikke, hvad Aanden udenfor vilde meisle af den.

Oldtids og Nutids Steenblok var og er den samme,

---

*) H. A. Brorson.

men Phidias, Praxiteles, Thorvaldsen — de ere Kræf-
ter udenfor — det samme Marmor lader sig sjælforme i
en Laokoons Gruppe, en mediceisk Venus, en Ganymed.

„Den store Mester hugger ud af Blokken." I Verdens-
historien meisler Aanden. Hammerslagene høntes i vore Dage,
høntes mens Niels Bryde trygt gyngede i Forstandens
Træ, og saae ud over den krystaliserende Verden, den Men-
nesket maatte kunne opfinde, ja Mennesket selv med, vidste
man kun at blande Stofferne,

„auf Mischung kommt es an!"

lader Goethe Wagner sige i Faust, hvor i Phiolen det
klarer sig til en Homunculus.

„Da Tidens Fylde kom," siger Bibelen, „fødtes Chri-
stus!" Naar Tidens Fylde kommer, fødes og skeer, — hvad
vi Mennesker ikke i al vor Kløgt forudtænkte. Vi see
Marmorblokken, men vide ikke hvad der skal hugges af den.

Der løb Hammerslag fra Seinestaden, engang Stedet
for Ludvig den Fjortendes kostbare, tomme, blændende Gi-
randola, Keiser Napoleons Thronsal med Seiers-Trophæerne,
hvor Marseillaisen er Hjerteslagets Rhythme ved Tanken
om Fædrelandet. Borgerkongen Louis Philippe, der var
Modets Mand, uden Frygt for Djævels-Maskine, fri, kjæk,
saalænge det saa maatte være, bøiede pludselig Hovedet,
— den ham tildeelte Rolle var endt, Frankrige forlød
han pludselig med Hustru og Børn, kom som Flygtning til
England.

Et Friheds-Suk, saa dybt, saa vidt, gik med Eet gjen-
nem Landene; Folkemassen vilde gjennem Blod vinde den
gyldne Frihed, den Tidens Børn endnu ikke vare modne for.
Den sort-rød-gyldne Fane vaiede. „At være eller ikke

være!" de Hamlets Ord bleve Folketanken i jordisk Be-
tydning.

Det rene Hjertes Begeistring, Lavhed og Egennytte,
Had og Lidenskab dandsede sin bacchanalske Dødningdands
gjennem Tydsklands Byer, gjennem Ungarns Sletter
og Norditaliens frugtbare Landskaber; der lød et Drøn gjen-
nem Europas Lande, Hammerslag i Marmorblokken; de naaede
til Danmark, de grønne Øer med Nord- og Sønder-Jyl-
lands Lagunen!

Lov og Ret paa sin Side er et herligt „Dannevirke",
og det var Danskens; men Sympathie er som de stærke
Kilder i Jorden, de bryde frem, Vældet taaler ikke Skjel
eller Grændse.

Vidt over Europas Land skyllede Folke-Tankens Strøm-
me, som Bjergfloder svulmede de ødelæggende Sympathier.
Friheds-Drømme, Tingenes Omskiftelse hævede sine Syndflods-
Vande med Friheds-Vimpler, sortrødgyldne Flag.

Et Oprør var brudt ud, en Krig, saa smertefuld!
Broder vilde staae i Række mod Broder, Slægt kjæmpe mod
Slægt!

Der oprullede store Alvors Dage, Prøvelsens Dage,
bittre, tunge for den, som er — ingen Christen!

VI.

Julius Arons.

Ved Eiderens Bred slog Allarmtrommen Friheds-
Sang; i Jylland og paa „de grønne Øer" tændtes

Begeiſtringens Baun; der lyſte over Landet een Tanke, een
Villie: „Alt for vor retfærdige Sag!" Og Bondepigen tog
ſin gyldne Fæſtensring og gav den, ja hun gav taus ſin
Hjertens-Ven med. Rig og Fattig, Bonde og Adelsbaaren
ſtillede ſig frivillig frem i Række. Saamangen fiin, ung
Herre, der havde ſiddet i Theatrets førſte Rang med Glacé-
handſker, ſtod ſnart frivillig ved Skandſegravning. Julius
Arons, der mangen Dag i den ſidſte Tid var livskjed ved
altfor nydende at have overjaget ſit Ungdoms-Liv, blaſeret,
kaldte et Par af Vennerne det, opildnedes igjen, blev ung
igjen i ſin Ungdom; Livet fik nye og gode Intereſſer for
ham, han vilde medgive ſin Deel, nu det gjaldt. Vel maae
vi tilſtaae, at han, ſom ſaa mange af de unge Menneſker,
der øieblikkelig gav ſig hen, ikke betænkte, hvad der udkræ-
vedes, til hvilke Strabadſer, Savn og Prøvelſer de hengave
ſig; kun meget faa Undtagelſer kunde der vedlægges Bihenſigter,
hos de Fleſte var Grund-Accorden dyb og inderlig, Begei-
ſtringen ſand.

Julius og Eſther havde, ſom vi veed, megen Liig-
hed udvortes, man ſaae ſtrax de To vare Søſkende; og
dette Ydre havde ſit indre ſjælelige Foreningspunkt, om
de end i Begavelſe og aandelig Udvikling vare meget for-
ſkjellige. Inderlig holdt de af hinanden, og viſtnok opflam-
mede Eſther hans Begeiſtring og anſporede ham til at
gaae med; ſelv havde hun gjerne gjort det ſamme; velſignet
og lykkelig fandt hun de barmhjertige Søſtres Lod, at kunne
i deres Fædreland følge med, træde ſelv nær Kamppladſen
og yde Gavn og Trøſt. Rebekka og Amalie talte mere
om, hvormange „Fornemme", der gik med, hvor ſmukt Uni-
formen klædte Julius. — Niels Bryde var allerede ud-

nævnt som Underlæge, og det traf sig saaledes, at det netop var ved det samme Regiment, Julius Arons blev anstillet ved.

„Vær min Broder en trofast Ven!" tilhviskede Esther ham i Adskillelsens Time; „jeg veed, at De vil det!" og hun trykkede Niels Bryde i Haanden, saae ham med de sjælfulde Øine ind i hans; der stode Taarer i hendes for Broderen, — maaskee ogsaa for ham, Vennen.

Moderen og Søstrene vare Alle ved Afreisen ude med ved Jernbanen til Roeskilde, ogsaa Faderen, Hr. Arons, om hvem vi have hørt saa lidt, uden at han gav Pengene, da Julius og Hr. Bryde reiste til Dresden og Prag. Han var meest paa sit Contoir og paa Børsen; men i Dag var han med paa Banegaarden, hvor Julius i den røde Trøie tog Plads mellem Kammerater; Faderens Øine vare vaade et Øieblik, — en Omfavnelse og saa maatte han afsted, før Toget gik, han skulde paa Børsen.

Det var festligt, søndagshelligt, Munterhed og Taarer; der var Poesie i Øieblikket. Soldaten i den røde Trøie omfavnede den silkeklædte, fine Frøken. Lommetørklæderne vaiede, Locomotivet brusede afsted, og Soldaten sang Kaalunds Vise: „Opmand dig, Du Danske!" — Saa sandt klang Verset:

> „Vi drives jo ikke af Trods eller Had,
> Vi kjæmpe for Danmark, vor Moder.
> Vort ældgamle Land vil man splitte os ad,
> Og bortrive Broder fra Broder."

Hurraerne rungede, Sangen døvedes ved Raab og Dampsignalets Pibe; afsted gik det, — som Livets Væverspole gaaer.

De stærke Følelser, der vare satte i Bevægelse, det Nye og Udviklingens Uvished gav Øieblikket en Glands, en

Poesie, hvorved den klamme Hverdags-Taage glemtes, Trykket mildnedes.

Turnere i vilde, phantastiske Dragter med Dødninge-hoveder malede paa Brystet, Friskarer og disciplinerede Trop-per stode mod Dansken ved Bau; tappert fægtede de, viste fortvivlet Mod; men de bleve snart forladte af den, der vilde føre dem i Striden. Ingen Overkommando var der, ingen Enighed; de bleve omringede, overvundne, og ottehun-drede Fanger sendtes til Kjøbenhavn.

Hele Hertugdømmet Slesvig laae de Danske aabent; Kongen, som besøgte Als, holdt sit Indtog i Flens-borg, der vaiede med Danebrog. Alt dette tilhører Hi-storien og vor Erindring. Lykken syntes at være for de Danske, de droge mod Byen Slesvig; mangt et Hjerte slog tungt, Broder gik mod Broder. Vildfarelse, Sympa-thier stode mod Ret og Pligt; mangen Dansk fornam, hvad Videnskabens Stormand, den ædle Danske, Hans Chri-stian Ørsted sang:

„Dybt føle vi, Fjenden vor Broder dog er,
Aarhundreder med os forbunden;
Men selv han os tvang til den blodige Færd;
Nu gjælder kun tabt eller vunden."

I den Afdeling af danske Tropper, der først drog ind i Byen Slesvig, vare Vennerne, Julius Arons som Underofficeer og Niels Bryde som Underlæge. Uhyggelig Stilhed hvilede over Byen; det var graae, regnfulde Dage. Faa af Beboerne viste sig paa Gaden. Afsluttet holdt de fleste Familier sig inde; der iagttoges Pligtopfyldelse i hvad der fordredes; men man mødte mørke Ansigter, Ordknaphed, selv hos Tyendet. Niels Bryde var indqvarteret i et

Huus, hvor en ung Frøken Hibernia var den eneste Frem-
trædende, og det med et saa afgjort dansk Had, saa ufor-
sonlig, men kjæk og dertil smuk, at hun i høi Grad tiltalte
Niels Bryde.

„Kjøbenhavn," sagde hun, „er jo skandinavisk! bøier
sig mod Sverrig og Norge, vil være en Deel af en større
Heelhed; det er Sympathie, Nationalitet, Sprogliighed. Men
have vi ikke samme Ret? vi bøie os mod det store Fædreland,
der taler vort Sprog og er Landet, hvorfra vi have vor
Dannelse, vore Sympathier. Nu er det Tiden, da Folkene
sondre sig, og vi slutte os til vore!"

„Men saa maa De drage ud af det danske Slesvig,"
sagde Niels Bryde; „sydfor Byen staaer endnu det næ-
sten tusindaarige Dannevirke, Thyras Vold, allerede
dengang et Værn mod fremmed Overmagt. Det her i gam-
mel Tid rundtom talte danske Sprog blev tilsidst kun Menig-
mands, og vilde han nu være med de Fornemme, maatte
han lære Tydsk; det blev fornemt at tale dette, og der-
ved voxede Antallet paa Tydsktalende. Seire, Fredsslutnin-
ger og Tractater maae dog desuden ogsaa gjælde noget!"

Saaledes talte de hver lige ivrig, lige overbeviist —
som der endnu længe vil tales. Niels Bryde saae ind i
de alvorslysende, smukke Øine; hans Heftighed slog op i
Lune. „Jeg har en Idee," sagde han spøgende: „Dansk-
hedens yderste Høire hos os er gamle Grundtvig, hos
Dem er Tydskhedens yderste Høire gamle Arndt; jeg lyser
slet ikke Brede over ham. De To ere i Modsætning hinan-
den saa liig, Begge ere Digtere, Begge yderlige — jeg vilde,
at Magterne bleve enige om, at de to Kjæmper, Danskhedens
og Tydskhedens, mødtes til en nordisk Holmgang og kjæm-

pede paa Sprogø i store Belt om Sprogene og Rationaliteterne, og eftersom Resultatet da blev, faldt vi Andre hinanden om Halsen, og — saa var det godt!"

„De kan spøge i en Tid, som vor!" udbrød Hibernia og blev blodrød.

„Ja, Gud skee Lov at jeg kan spøge!" sagde han, „og det vil jeg med alle Fjender, som komme i Skjørter!"

Hibernia saae blussende paa ham, sagde ikke et Ord, men der laae Vrede, Alvor og — Hævnlyst i hendes Øine, og dog var hun en ædel, høihjertet tydsk Qvinde, der aandede kun for Landet,

„Hvor Luther fødtes og hvor Goethe sang."

Der var noget i hendes Optræden, i hendes Person, der forunderlig greb og opfyldte Niels Bryde. Hun var ham ikke ligegyldig; Had følte han ikke, Kjærlighed ikke heller, men uforklarlig fornam han sig draget til hende — hans Fjende, hans erklærede Fjende, der havde sagt lydeligt: „jeg hader Dem!" — Mon de oftere skulde mødes?

Fra Gaden lød Sang af danske Soldater, Visen om Thyras Vold:

„Danmark, deiligst Vang og Vænge,
Lukt med Bølgen blaa."

Hibernias Kinder brændte, hendes Øine bleve saa store, saa smukke; hun gjorde et rask Kast med Hovedet og forlod Stuen.

Fjendens Styrke stod alt i Holsteen.

„Paaskeklokken kimed —"

De danske Tropper vare paa Vei til Kirke, da Generalmarschen lød, og en halv Time efter modtog Avantgarden Fjen-

den i Bustorf. Snart var Kampen inde i Byen Sles=
vig selv; fra de sydlige Huse og Haver rasede Ilden. Gav=
lene faldt ind, Flammerne sloge op. Der lød en stadig
Dundren af nære og fjerne Kanoner, Kuglernes Susen og
Piben gjennem Luften, Vognenes Rullen, Trommer og Trom=
peters Lyd.

Da Niels Bryde og hans Compagnie passerede Hu=
set, hvor han havde været indqvarteret, saae han ved det
aabne Vindue Hibernia; et Par Geværpiber sigtede ud
ved Siden af hende; den sort=rød=gyldne Fane strakte hun
ud af Vinduet, og saae' triumpherende paa de Bortdragende.
Der faldt et Skud — Niels Bryde troede at høre et
Skrig, og saae hende segne eller træde tilbage — han var i
Marsch, vidste ikke, og fik ikke at vide, hvad der var skeet.

En Kampens Dag, den første for Niels Bryde, var
rullet op. Som midt i en gigantisk knusende Dødsmaskine
gik han og svede troligt sin Pligt.

I Skovkanten laae et Huus; fra Vinduer og Døre pegede
Dødens sorte Bøssepiber; Skud faldt paa Skud; fra Hegn og
fra Hækker pegede de sorte Dødens Rør. — Der blev slaget
og stødt med Kolben og Bajonetten; den tunge, blanke Sa=
bel kløvede Hjelm og Pandebeen; Liig, Fiende og Ven, laae
som afbidte, henslængte Patroner; her bleve Heste sky ved den
rullende Kamp=Bølge, der sank Kanoner i den dyndbybe
Vei. Niels Bryde gik med Ambulancen frem i Rækkerne,
hentede de Saarede, amputerede, forbandt, — der var ikke
Plads, ikke Tid, — det Hele syntes en vild, forunderlig
Drøm, man kunde ikke give sig hen til at tænke eller grunde;
Dødens mægtige Hjul dreiede, og han kravlede mellem Skov=
lene, som Ormen kravler.

13*

— „Slutter Kreds og staaer fast, alle danske Mænd!
Gud han raaber, naar vi fange Seir igjen."*)

Slesvig By og Gottorp Slot, hele Kamppladsen
var Fiendens. I ni Timer var kjæmpet mod Overmagt. —
Til Natten bivouaqueredes i Idsted Skov og Cathrine-
skoven. De ikke faa Læger, som under Kampen vare paa
Lazarettet i Slesvig, bleve der som Krigsfanger. Niels
Bryde, hvis Virksomhed havde været udenfor Staden, sad
nu med Kammeraterne, noget udmattet vel, men med freidigt
Mod, foran den store blussende Bagtild, der belyste Sko-
vens vaade Træstammer. Rundt om laae krigeriske Grupper;
de mange røde Blus, den særegne storartede Gruppering var
omsluttet af det sorte Mulm, der som en tung Kube laae
om Skoven. Det regnede den hele Nat. Bagage-Vognene
kjørte frem mellem Træerne, og Proviant uddeeltes. Hvad
der i Dagens Løb var seet og skeet, udfoldede sig nu. De
Enkeltes Meddelelser gav Heelhed i det henbruste Dagværk.

Niels Bryde blev imidlertid snart kaldt herfra til
Idsted Kro, hvor Generalen og hans Stab var indqvarteret
og Saarede henbragte; han red afsted i den skyllende Regn.
De Høistcommanderende sadde her i en lav, qvalm Stue, hvor
Tællepraasen brændte paa det skidne Træbord; op til Skjænke-
stuen laae Saarede, som skulde forbindes; en enkelt Smer-
tens Lyd hørtes. Niels Bryde ydede al den Hjelp, han
kunde; udmattet stod han tilsidst, det var over Midnat, han
trængte til Hvile. For at finde en Plads hertil, gik han ind
i den store Skjænkestue; her, som overalt, var opfyldt, Nogle
sov paa Gulvet, Enkelte havde hver faaet en Bænk, ogsaa paa

*) Ploug.

Dragkisten var taget Natleie, der laae eller sad Een i dyb Søvn. Niels Bryde skrævede over de Nærmeste paa Gulvet og søgte at faae det Stykke af Dragkisten, som ikke var besat; han betragtede den Sovende, det var en Ven, et kjendt Ansigt, blegt, lidende, næsten overanstrænget, — det var Julius Arons. Han sov saa fast; vække ham nænte Niels Bryde ikke. Selv var han udmattet; han løftede Vennens Been lidt tilside, fik sig en siddende Plads op i Hjørnet, og efter at have taget en god Slurk af sin Felt-Flaske, sov han ind ved Siden af Julius. Men Søvnen varede ikke længe, allerede Klokken to, det var anden Paaskemorgen, brød Hæren op fra sin Bivouac, og bevægede sig stille mod Flensborg.

Niels sov haardt; en af Kammeraterne rustede i ham; han foer op, og da han erindrede sig Vennen, Julius Arons, var denne ikke at opdage. Han havde maaskee ikke engang lagt Mærke til, at Niels Bryde sov ved hans Side; han var allerede paa Marsch. Regnen skyllede stadigt ned; det var et møisommeligt Tilbagetog, meest over dybe, sandede Heder.

For at dække den bortdragende Armee, idet man vidste, at Turnere vare trængte over Slien, fik et Dragonregiment og et Jægerkorps Ordre at blive ved Oversø. Kanonernes Heste spændtes fra og bleve fodrede, da en Bonde meldte, at Fjenden var i Anmarsch i tre Colonner. En Deel af andet Jægerkorps maatte kaste sig ud i en Mose; meklenborgske Dragoner trængte paa dem, der vare udmattede af den forrige Dags Kamp og den kolde Nat paa den vaade Jord. Dog holdt de Stand her midt i Vand og Ild. Goslar-Jægere sluttede sig til Meklenborgerne, to Timer varede Kampen, Seier var her ikke at vinde, Hjelp af sine egne ikke at haabe, det var her kun at give sig hen for at standse den frembrydende Strøm, mens Hovedstyrken naaede Flensborg. Fra Knold til Knold i Mosen sprang gjennem Røgdampen den danske Jæger, dybt sank Enkelte, for aldrig mere at see Daglyset; alle Patroner, selv de saarede Kammeraters bleve afskudte, og først da vaiede Kapitainens hvide Klæde til Overgivelse. Men Hovedstyrken var dækket, og havde naaet Flensborg; dens Borgere kom dem langveis ude imøde med Forfriskninger, og nu ventede dem Spise og Hvile i det givne Qvarteer. Bryde og Arons mødtes ikke, søgte ei heller hinanden, dertil vare de, ligesom de øvrige Tropper, for gjennemblødte og trætte; hver gav sig hen til Hvile.

Da sprængte ind i Byen Dragoner med Efterretning om Overfaldet ved Oversø, der lød, at Fjenden trængte paa. De Trætte, Overvældede foer op, Forvirringen var stor; Byens Folk, af Frygt for den overmægtige Fjende, skyndte paa at faae dem bort; Tornister og Kapper kastedes ud af Vinduerne, Alarmtrommerne gik. „Skynder Eder! redder Eder!" lød det velmeent og ikke velmeent. Flere Batailloner rykkede i al Orden fort; men store Hobe standsede paa Veien i Mulm, Mørke og Forvirring. Det gik mod Bau. Regnen vedblev at strømme ned, Straaet, der hentedes til Natleie fra Bøndergaardene, var snart gjennemblødt. Hovedstyrken skulde til Sundeved, og nu den tredie regnfulde Nat skulde Tropperne bivouaquere paa Dyppelbjerg; men de vilde herved blive aldeles udygtige til Kamp, om en saadan overrumplede dem, og Bestemmelsen blev derfor, at de paa Baade og Færger sattes Alle over til Als.

Julius Arons var syg, disse Dages og Nætters Anstrængelser havde dette fine, til anderledes Liv vante Legeme

ikke kunnet udholde; han sendtes til Lazarettet paa Augu-
stenborg.

De fjendtlige Skarer trængte frem gjennem hele Her-
tugdømmet Slesvig, og i hver Stad, hvor tydske Sym-
pathier rørte sig, klang Jubel, regnede Blomster og vaiede
de sort-rød-gyldne Flag. Det smalle Als-Sund var Havets
dragne Skille-Sværd mellem de Kjæmpende. Fjenden skred
over Kongeaaen ind i Jylland, hans Ild blussede alt ovre
i Fyen, da Granater kastedes fra Fredericia, og tændte
Stribs Færgegaard; ogsaa fra Snoghøi sattes flere Huse
i Flamme ovre i Middelfart.

Den danske Hovedstyrke blev paa Als. Niels Bryde
var i Sønderborg, og der meldtes ham fra Lazarethet i
Augustenborg, at Julius Arons var meget syg; det
var Typhus og farligt. Seent paa Aftenen fik Niels dette
Budskab, kastede sig strax paa en Hest, og red den Miils
Vei, der er derhen. Da han nærmede sig det store Slot,
skinnede alle dets Vinduer oplyste, som i tidligere Tid, naar
der feiredes en Fest; nu var det Sygesengenes Lys, der hvor
Livslysene slukkedes. — Alt derinde i Værelserne stod endnu
uforandret, som da de danske Tropper rykkede ind; men Slot-
tets rige Sale vare blevne Smertens Bo.

Julius laae stille hen; bleg, mager var han, men
næsten endnu mere end før saae man i hans Træk den store
Liighed med Esther. Niels Bryde sad ved Sengen og
betragtede ham; med Eet slog den Syges Puls stærkere, vildt
aabnede han Øinene, talte om den mørke Skov, det store
Baal, og deilige Qvinder. En Billedhugger vilde ikke kunne
hugge yppigere de nøgne, dandsende Bacchantinder; det var
Tanker som de, der bølge i Goethes italienske Sonetter.

Pludfeligt troede han fig af den dandfende Skare revet med
ind i Baalet, at brænde der, og han vred fig og raabte
høit.   Den kjølende Iis paa Hovedet lod ham atter fynke
hen; han laae en halv Timestid ftille, tungt aandende, da
aabnede han igjen Øinene, hæftede dem paa Niels Bryde,
fom kjendte han ham.

„Jeg er vift meget fyg,“ fagde han; „men jeg døer
ikke! det er faa deiligt at leve!“ og han faae paa Bennen
med et Fortroende, en Tillid, fom hang Livet ved ham.

„Det vil blive bedre,“ fagde Niels Bryde; „det er
jo i dette Øieblik allerede bedre.“

„Bedre!“ gjentog Julius, og laae igjen ftille, men
knugede fin Haand faft om Niels Brydes.   „Troer Du,“
fpurgte den Syge, „at der er et Liv efter Døden?“

De Ord bleve faa alvorsfuldt, forunderligt dybt ud-
talte, at de færligt greb Niels Bryde, der ikke troede paa
et faadant Liv.   Han fvarede ikke; Spørgsmaalet var ham
piinligt; give et Svar imod fin Overbeviisning kunde han
ikke, og her, i dette Øieblik, at fige: „nei, jeg troer det
ikke!“ var ham heller ikke muligt.

„Et Liv efter Døden?“ gjentog Julius med fvag,
fpørgende Stemme.

„Det troer den Chriftne!“ fagde Niels Bryde
uvilkaarlig.

„Ja,“ udbrød den Døende, „det figer Efther!“ og
hans Hoved bøiede fig, Øinene lukkedes for ikke mere
at aabnes.

Der var lydløft i Natten, kun den fagte Stønnen af
de Syge hørtes.   Niels Bryde fprang op, han fad ved
en Dødsfeng. — Bennen var henfovet.

Dybt betaget red han i det kolde Daggry tilbage til
Sønderborg; han tænkte paa Døden, saaledes som han
ikke før havde tænkt paa den, Slutnings-Momentet, „hvor
Maskinen staaer stille, Phosphoret i Hjernen slukkes, Delene
falde fra hinanden —"

„At være eller ikke være!" tænkte han med Ham-
let; men fortsatte ikke: „sove! muligt drømme!" — han
vidste det var forbi, „Stofferne vendte tilbage til deres
Ophav".

Som en Musik, vi have hørt, og som er trængt os
ind i Sjælen, gjennemtonede ham nu Levedagene med Ven-
nen, hvis Liv nu „kun var til i de Efterlevendes Erindring".
De Tanker løftede just ikke Sindet.

„Ikke være!" — det var hans Vished.

VII.

Paa Valpladsen.

I Uger og Dage var forberedt et Angreb i Sunde-
ved og en Landgang ved Helgenæs, ovenfor Aarhuus,
da en Morgen pludselig det danske Flag viste sig at vaie
paa Fæstningen Fredericia. General Wrangel, der netop
i den Tid brandskattede Jylland med fire Millioner, forlod
uventet i stor Hast, efter høieste Ordre, Jylland. Den
glade Efterretning herom naaede snart til Als.

Den otteogtyvende Mai, ved Middagstid, gik de danske

Tropper over Sundeved. Her er det ikke Stedet at give „Danmarks Kamp for Slesvig"; det er Sjælebilledet af den Enkelte, vi følge, og derfor ere vi komne til disse Prøvelsens og Hæderens Dage, derfor ere vi i de Kjæmpendes Række. Niels Bryde var i sin Dont en af de Flinkeste, Kjækkeste og meest Samvittighedsfulde.

Med flyvende Faner og klingende Spil, med Sang og munter Tale, som til en Fest, gik det over Broen; Tropperne længtes efter Kamp. Det var deiligt Solskin, Skovene grønne, Marker og Hegn i Foraars-Friskhed; det nysudsprungne Bøgetræ havde endnu om Bladets Rand sin bløde Frynsekant, ligesom Duun mod de skarpe Vinde. Hver Luftning bar mild Sol=Varme og forfriskende Duft; paa Grøfterne prangede Kodriven, Skovens Primula, med sin styrkende Humleduft, de vilde Krusemynter stode i rig Fylde, hele Foraarets Offerskaal svingedes, og Fuglene sang. Et Storke=Par fløi enige til en Gaard ved Dyppelmølle, hvor Fienden laae slagfærdig, i dækket Stilling. Naturen stod saa søndagsfestlig, forkyndende Foraarsglæde og Levelyst, og hvor mange Øine skulde ikke før Sol gik ned idag lukke sig, hvor mangen blussende Kind blegne og ligge uden Pulsslag!

Snart begyndte Skydningen; fra Dyppelmølle vedligeholdt sig heftig den fiendtlige Ild; de danske Soldater trængte paa med Bajonetterne; hvor blinkede disse i Solen, indtil Røgskyer omhyllede deres Lynblink! Før Fiendens Centrum og høire Fløi blev kastet og trængt tilbage til Nübbel, laae Dræbte og Saarede, Venner og Fiender, som meiede, henkastede Urter. Kugler og Granater faldt; Straatagene sloge op i Luer; her exploderede en Forstillingskasse, Hestene steilede, rev Seletøiet og Skaglerne sønder, hist sprængte

Batterier frem, der kom Jægere i Stormløb; Espingolerne
sendte deres Kugleregn, hvislende, pibende lød den. Ambu-
lancen bevægede sig ikke blot i de bageste Rækker, men frem,
selv i Tirailleurfægtningen, for at optage de Saarede. Niels
Bryde var her den levende, stormbevægede Tanke.

Mørket faldt paa, Kampen endte først Klokken halvti
om Aftenen; Ambulancen vendte tilbage, men ingen Niels
Bryde var med. Hvo tænker i blodig Kamp paa den En-
kelte. Sidst, man saae ham, var netop idet han steg op paa
et Hegn, hvorfra danske Soldater skjøde paa Fjenden.

Nu var det henimod Midnat og maaneklart; danske
Tropper vare stillede til henimod Gravensteen.

Idet Niels Bryde stod op paa Gjerdet, følte han
et Stik i Brystet, som naar en Bræmse stikker; han fornam
et Choc gjennem alle Lemmer, vaklede, faldt og sank ned i
den dybe Grøft, der næsten skjultes af Brombærranker og
frodige Hasselgrene. Det blev sort for hans Øine, Fornem-
melsens Traade med Verden ligesom løste sig. Han var i
Overgang til Ting, vilde han selv have kaldt det; da atter
Det, som i os er høiere, fik Pulsen til at slaae, Øiet igjen til
at aabne sig. Det var tyst rundtom og maaneklart; han syntes
endnu, han fornam den stærke Krudtdamp, hørte Kuglernes
Piben, og ventede, at de Forbijagendes Heste skulde træde paa
ham. Han gjøs ved Tanken, at en feirende Fjende i Raad-
hed vilde jage ham den skarpe Bajonet ind i Legemet, maa-
skee ind i Øinene; han syntes at see den blinke over sig,
den halv Døende, der laae her, ikke mægtig at bevæge sig;
ringere end Dyret, bundet til Stedet som Planten er det,
levende af Luften og den faldende Dug; Dødens Rod bandt
ham til Jorden. Saaret brændte; alle Indtryk udenfra vare

endnu levende, men chaotiſk glede de forbi; dog ovenover
diſſe, over dette Chaos, ſvævede een Tanke, mægtigere end
Indtrykkene, en Rædſel, ſom han aldrig havde kjendt den, Ræd-
ſel for Tilintetgjørelſe. Som den Livsglade ved Randen af et
bundløſt Dyb gyſer og forfærdes, ſaaledes jog nu Skræk
gjennem ham; var det Legemets Svaghed, en Sygelighed,
en Feber, Angeſt for i næſte Nu at være udſlettet, hen-
veiret? Afmægtig, ſom man kan være det i en hæslig Drøm,
laae han her, fældet, betaget; han, ſom havde løftet ſig til
at kunne ſlippe Gud og Udødelighed.

Igaar, netop ved denne Tid, hvor ganſke anderledes var
da Scenen, Stemningen, Tilværelſen. Med Venner og
Kammerater var han da i Sønderborg ſamlet i feſtligt
Lag; det var jo Aftenen før en ny Kampdag. Fædrelandſke
Sange løde, Punſch og Viin blev ſkjænket til velmeente
Skaaler; der var en Aabenhed, en Glæde, Ungdommens
Fortroen paa den rullende Lykkekugle. — „Imorgen er maa-
ſkee for Mange af 'os Livstraaden overſkaaret, det Hele for-
bi!" den Tanke havde han vel et Øieblik, men tog det
lyſtig og let; det faldt ham ikke ind, at han ſelv maaſkee
ſtod nær til at indſkrives paa Dødens ſorte Tavle.

For et Par Modtagelige der oprullede han ſin Viden,
ſin Overbeviisning: „Menneſket ſaavelſom Dyret er Ma-
ſkine, Tænkningen er et Reſultat af Organiſationen, lige-
ſom Tonerne fra Lirekaſſen er det af Valſer og Tappe.
Vi have en Sjæl, ſige vi; men hvad er den andet end kun
Fællesnavnet for de forſkjellige Functioner, der udelukkende
tilhøre Centralnerveſyſtemet, det vi kalde Hjernen? Ligeſom
Lyden fremkommer nu ved Luftens Ryſten og Bevægelſe, ſaa-
ledes fremkommer al Tænkning, hver Stemning eller Følelſe

ved Hjernens Virken; ødelægges Legemet, saa hører Func-
tionen, det vil sige Sjælen, fuldkommen op at være. See,
det er det Hele, hvad vi kalde vor udødelige Deel! Tro
mig., vi ere ikke mere Herrer over os selv og vor Fornuft,
end vi ere Herrer over de materielle Dele, der affondre sig
fra vort Legeme. Vore Stemninger komme, som vort Blod
circulerer, og derfor, jeg tør troe og sige det, have vi hel-
ler ikke mere Tilregnelighed end Dyret, der oplæres; ogsaa
vi tilvænnes at lyde de af os — Menneske med Menneske,
Eenheden af jeg og du, der er Gud — givne Love for det
Rigtige, det Nødvendige for Samfundet; vi underordne os
disse for at opnaae det, vi troe at være endnu bedre!"

Al denne Viden, endnu igaar foredraget og i lang Tid
levende i ham, var hans Tanke-Sum, nu han laae henkastet,
glemt, afmægtig.

„Mennesket er en Natur-Fremtoning, et forsvindende
Product og Moment af Livets Kredsløb"; dette var og
havde længe været ham en Bevidsthed, og i den havde han
følt Lysten til at løfte sig over Mængdens Trang og Støtte,
at der er en Gud, et evigt Liv; begge havde han troet at
kunne undvære. Hvorfra kom nu denne frygtelige Skræk
for Tilintetgjørelse? Var den kun en ond Feberdrøm, et Re-
sultat af Legemets Liden? Rundt om, spredte paa Marken,
laae endnu Døende, trøstet ved Troen, styrket ved Forvis-
ning om Gud og Sjælens Udødelighed. Legemlig følte han
Tørst, Tungen smægtede efter en Draabe Vand; men den
aandelige Tørst var dog endnu mere brændende. En Draabe
fra Troens Brønd vilde have givet meest Vederqvægelse og
Styrke.

Hans Tanke var dybsindig, ikke from, den klyngede sig

i Døden til hans Viden om: „at være eller ikke være!"
den omklamrede ikke Herrens Bøn, men Klogtens Lære-
sætninger. Han gjentog for sig: „Mennesket er et Product af
Forældre og Amme, af Art og Tid, af Luft og Veir, af
Lyd og Lys, af Føde og Klædning!" Men det Høiere i
os, Tanken? „Er en Bevægelse af Stoffet! uden Phos-
phor ingen Tanke! Stoffets Bevægelse ved Electriciteten,
forbundet med Nerverne, bliver Hjerne-Fornemmelse, det vi
kalde Bevidsthed."

. Saaret brændte, tungt laae der som en Vægt paa hans
Hoved, hans hele Tilværelse var en Smerte, hvis Høide-
punkt var — nu ophører Du!

Tæt ved lød en Stønnen, det var en Hest, som aandede
ud. Der var det dog kun Legemet, der leed; Livet, hvis
Høieste er Belværen, havde den kjendt; dens Død var vel
i Smerte, men ikke i Tankens, ikke en indre Angest for Til-
intetgjørelse. Dyret var langt lykkeligere end han, Men-
nesket; Skabningens Herre laae forladt, pidsket, som Orest
af Tankens Furier.

Han tænkte paa Esther, paa Bodil og sin Moder,
og ligesom ved dem paa sin Barnetro og paa Gud — men
det var kun et Øiebliks sval Beaanden. Af Feuerbach
vidste han, at Guds-Ideen er en Skabning af vor Phan-
tasie, og at kunne løfte sig ud over denne, udover alle For-
haabninger og den Forfængeligheds-Drøm om evig „at
være", var og bliver vor høieste Storhed. At kunne staae
alene, uden at hænge ved en Beskytter, det Væsen, der er
en fri, uafhængig Villie udenfor Summen af alt det Skabte,
dette, han med Sundhed i Legem og Sind havde naaet,
skulde han nu i Kraftløshed slippe; Aaringers Tænkning og

vundne Kraft var i dette Øieblik febrile, smertelige Aands-
krampetrækninger! Nei — med Villien selv maatte ogsaa
denne Tilstand kunne beseires, Villien maatte kunne standse
Tankernes Omhvirvlen, han maatte kunne opgive, hvad han
nu trængte til: Venner, Søstre, Forældre! han maatte
kunne være sig selv nok ved Villien, skjøndt han laae hen-
kastet i det store Alt paa den hvirvlende Jordklode, der
flyver saa mange, mange Gange hurtigere end Solen, hur-
tigere end Lyden mægter at bevæge sig.

Han gav sig hen i Intets Dyb, qvælende hver Tanke-
Boble der kom: „forbi! — dette er min Tilværelse, min
Flugt opad! det er Livet! — i den vaade Grøft! —
glemt! — Vand-Boble i Jordbyndet det Hele! — vel! —
udslettet! — glemt! — blive Græs og Straa, Dugdraabe
og Dynd! det er Tilværelsen — i evigt Kredsløb — evigt!
evigt!"

Pludselig rørte sig Noget tæt ved ham, et Hoved mødte
hans, to Øine saae paa ham; det var hans Hund, Hvaps,
der havde søgt og fundet ham. Hen til ham, Mennesket,
der gav slip paa Slægt, Venner, Sjælen, — Gud, kom
Dyret, den Skabning, der stod lavest af hans Kjære, og
bragte ham Trøst.

Hvaps knugede begge Forbenene om hans Hals, som
var det en menneskelig Omarmelse, slikkede hans Ansigt,
udstødte Hyl, jog derpaa om i Kredse, gjentog Omarmel-
sen og sprang igjen, som vilde den trække Veiret og samle
nye Kræfter. — Hunden kom til ham —! var dette kun In-
stinct? var dette kun Hjernens Function, Nervernes og Blo-
dets Bevægelse, der førte til denne Slutning og Handling,

eller var der noget Høiere, og skulde Dyret her, imellem Liv og Tilintetgjørelse forkynde ham det?

Som en Lysstraale gik Glæden gjennem hans Sind; han hævede sig iveiret, saae ind i Hundens store, forstandige Øine, — ved Bevægelsen brødes i Saaret det størknede Blod, og det strømmede der paany.

Niels Bryde sank hen. — men hans sidste Tanke løftede sig op til: „Lykkelig er Den, som i sin Død har Barnets Tro! — jeg har den ikke! — jeg veed! — jeg veed!"

> „Es blies ein Jäger wohl in sein Horn,
> Und Alles was er blies, das war verlorn!" —

Han laae stille, udstrakt; hans Hund sad klynkende ved hans Hoved, og klart skinnede Maanen hen over Valpladsen, det store Blad med Døds-Hieroglypher, der gjemte Nøglen til Spørgsmaalet:

„At være eller ikke være!"

Tredie Deel.

I.

Krigens Tid. Lille Karen.

Paa Præstegaarden paa Heden var Angest og Sorg, som over det hele Land. Fra Krigens Udbrud fløi ved Dag og Nat, paa Stormvinger, de meest skrækkende Rygter gjennem Jylland; man vidste om Slaget ved Slesvig, man vidste, at den danske Hovedstyrke havde trukket sig tilbage til Als, og at Halvøen laae aaben for de fremadtrængende fjendtlige Hære. Rygtet sendte sine Skrækkebilleder: der hørtes at Fæstnings= slaverne fra Rendsborg vare løsladte, trængte op i Jyl= land, skjændte og brændte. Jilbud fulgte Jilbud, Hestene, de rede, vare i Skum, Mundvigerne blødte; nu fortaltes der falskeligt, at flere Byer brændte, nu hed det, at Alle skulde væbne sig, selv Qvinderne; Broerne skulde afbrydes, Fjenden vilde komme. Flygtende sydfra meldte, at de fjendt= lige Tropper trængte frem. En panisk Skræk greb de Fleste, dog den gamle Japetus havde Fortrøstning i Bibelen, hvor Psalmisten synger:

„Herren er den som kommer Krigene til at holde op, indtil Jordens Ende, sønderbryder Buen og afhugger Spydet, brænder Vognene med Ilden." *)

---

*) Psal. 46, 10.

14*

Bodils Tanke var hos Pleiebroderen, Niels Bryde, der længe, længe, ikke havde skrevet. Hun vidste, at han var med i Krigen, men paa hvilket Sted, hvor monne han lide? Vistnok tænkte han paa dem, som snart vilde være i Fjendens Vold. Taarerne kom hende i Øinene, ogsaa Moder græd, og Tyendet græd, men det var Angestens Graad, fremkaldt ved Forestillingen om de Grusomheder, som snart vilde vælte hen over dem. Sagn og gammel Tale levede op om Krigen her i Landet for to hundrede Aar tilbage, da Svensken trængte ind, og vore polske Hjelpetropper, med Kalmukker og Tyrker iblandt, huserede ligesaa slemt, som Fjenden. Kirkestolene brugte de til Brændsel, og Præsterne hængtes ved deres lange Skjæg op i Træerne og prygledes tildøde. Men ogsaa fra Sagnverdenen hentede Bodil Trøst; hun erindrede sig og gjenfortalte Historien om den ængstede lille Kreds, ogsaa i en Præstegaard, hvor man til Natten ventede Fjendens Komme, og fandt Beroligelse i de Sangens Ord:

„Gud kan en Skandse om os slaae!"

Fortrøstningsfulde lagde de sig til Hvile; ingen Lyd naaede til dem; de sov langt op ad Dagen, der ikke syntes at ville komme, og 'dog lyste den udenfor, lyste over en af-brændt By: sammenfygede Sneedynger havde skjult Præste-gaarden for den hærgende Fjende. Gud havde slaaet en Skandse om dem, som Sangens Ord forkyndte, at han kunde det.

General Wrangel paalagte Jyderne en Brandskat af fire Millioner; de kunde ikke udredes; et Under maatte skee, skulde man frelses: Gud maatte „en Skandse om os slaae!"

De stakkels Mennesker tænkte og tænkte — men ringe er Menneskets Forstand mod Guds!

I den sildige Aften kom det fast utrolige Budskab:
Fienden drager sydpaa, de preussiske Tropper ere ved en
uventet Ordre pludseligt kaldte ud af Jylland. Et nyt
Bud bekræftede det. — Hvilken Jubel! — „Gud lever!
Gud vaager!" ja, et Under syntes skeet. Glæden lyste
ud af Øinene paa hver. Pigerne sang og sprang, kun een,
lille Karen, der var saa „eftertænksom", hun den Yngste af
dem Alle, var og blev i sit sorgfulde Sind.

„Du skal ogsaa være glad!" sagde Bodil til hende.
„Fienden er igien ude af Landet; hvad der er sort i een
Time, kan Gud gjøre lyst i den næste!"

„Det er godt at troe det!" sagde hun sørgmodig.

Da greb Bodil hendes Haand, saae hende mildt, deel-
tagende ind i Øinene. „Der er Noget, der knuger dit Sind!
— Har Du en Ven, som er borte?"

„Jeg har ingen!" sagde Karen.

„Maa jeg vide din Sorg?" spurgte Bodil.

„Jeg har ingen," sagde Pigen, „jeg stod kun og
tænkte efter."

Der var ellers lyst i hvert Sind der i Præstegaarden;
men snart skulde igien Bedrøvelsen komme der. Et Brev
var indtruffet til Landsbyen Funder; der boede et Par
gamle Folk, hvis Søn var med i Krigen og ansat ved Am-
bulancen. Musikant-Grethe havde hørt Brevet læst
op, og laant det med over til Præstegaarden; thi deri stod
om Niels Bryde, der ogsaa var i Krigen, og jo var Doc-
tor og en modig Karl. Brevet meldte om den danske Hærs
Indmarsch i Sundeved der havde været et Slag, og i
det var Niels Bryde faldet eller geraadet i Fiendens Hæn-
der. Brevet var skrevet Morgenen efter, og da var det vist

nok at Niels Bryde ikke var vendt med tilbage. Han
havde ligget og forbundet Saarede ude imellem første og
anden Kjæde, Ambulancen havde baaret og slæbt afsted Dø=
ende og Blødende, man kunde ikke have Øie med hinanden i
den Tummel, stod der. Ved dette Budskab blev Bodil i
første Øieblik overvældet, betagen, ret inderlig bedrøvet; dog
den næste Tanke var Haabet, han lever maaskee, men er taget
til Fange! — Hver smuk og kjærlighedsfuld Erindring fra
den Tid, de her vare sammen, lyste frem, og Taarerne strøm=
mede. Lille Karen stod hos hende, og her var Sindet
heller ikke lettere; men hun sagde ikke noget derom.

En saadan Efterretning, som den, Brevet bragte, nu
i denne Trængsels Tid, maatte de Gamle vide, meente Bo=
dil. Ellers undgik hun altid at tale til dem om Niels; thi
saa kom Fader ud af sit rolige Sind og Moder græd. Han
var i deres Tanke; men Haardt mod Haardt: han den Yngre
kunde og burde dog gjøre det første Skridt til at nærme
sig igjen; nu maaskee vilde han aldrig kunne det, han var i
Fangenskab eller død. Hun bragte det sørgelige Budskab;
den gamle Japetus foer øieblikkelig heftig op, det rørte
ved hans Hjertestreng; men snart sad han igjen stille, efter=
tænksom og sagde kun: „Vor Herre være ham naadig!"

Det Uvisse, om han endnu var blandt de Levendes Tal,
eller hvorledes han havde endt, taarnede sig som Flyvesandet,
og knugede altid tungere. Mange Tider var der ikke saa=
ledes i Gaarden talt lydeligt om Præstens Pleiesøn, som der
nu taltes, alt Djærvt og Dygtigt, al Klogt og Klogskab
blev fuldelig fremhævet, og det inde hos de Gamle og ude
hos Folkene; mangt et Øie blev vaadt.

„Er man død, saa har man Ende paa det!" sagde

Karen, og var i den Mening altsaa ligesaa vidt ved sin
„Eftertænksomhed", som Niels Bryde ved al sin „Viden",
da vi forlod ham afmægtig paa Valpladsen. —

Hvad snart erfaredes, ville vi her berette med faa
Ord, det der lysende og virkeligt stod paa Papiret, ligesom
sendt fra Gud.

Vi saae Niels Bryde hiin Aften virksom for de Saa-
rede og Faldne mellem første og anden Kjæde; hiin trak sig
tilbage, netop idet han et Øieblik var traadt op paa Heg-
net, og anden stod i dens Sted. En fjendtlig Kugle traf
ham i Brystet, men tog Vei langs et af Ribbenene, og gik
ud ved Ryggen. Stødet gav ham et vældig Choc, saa at
han styrtede ned i Grøften mellem Brombærrankerne, ind
under de tætte Røddebuskes Grene. Blodtabet bevirkede en
Besvimelse. Det var allerede mørk Aften.

Glemt, som henslængt, laae han her; da var det
at Hvaps, hans troe Hund, hvis Liv han engang reddede,
gjorde Gjengjæld. Ved dens Spring og Hylen blev, i
den tidlige Morgenstund, danske Soldater opmærksomme paa,
at her maatte ligge Nogen, levende eller død; de kom til,
fandt ham, og han bragtes til Lazarettet. Her havde han nu
ligget over en Uge, og gjennem mange Tankesøer løftede sig
som en frisk Blomst, født af Hjertets Trang, men afskaaret og
henkastet igjen ved tilfældige Stemninger, Lysten til engang
at skrive et Par Ord til Søsteren derhjemme i Præstegaar-
den. Over Aar og Dag havde hun ikke faaet Brev fra ham;
nu da han laae paa Sygesengen, var hun og mange gamle
Erindringer dukket op i hans Sjæl; selv i hans Drømme
traadte hun frem, saa mild og hjertefuld. Derfor, saasnart han

første Dag var oppe, skrev han nogle Ord, saamange at hun kunde vide, hvor han var og hvorledes han havde det.

Hvormeget Solskin kan der ikke lægges ind i et lille Papiir! det skulde Bodil fornemme. Sorgens Dag blev lys og rig i det stille, eensomme Hjem paa Heden.

„Brev! Brev!" raabte hun høit. „Det er hans Udskrift!" Hendes Hænder zittrede, idet hun brød Seglet og ihast saae efter Dato og Stedet det var skrevet paa. Augustenborg stod der, og Datoen var kun nogle Dage gammel. Hun læste det ihast, og atter læste hun det om; thi den første Læsning var som en Famlen, en Griben paa det Gjenfundne. „Er det saa! er det virkeligt!" Han levede var udenfor al Fare, kunde maaskee om nogle Uger, stod der, være med igjen.

Det Brev var, som et Duens Olieblad, et Livsens Blad; Præstekonen græd og kyssede Bodil, Fader selv smilede, gjorde et Nik, men sagde ikke noget videre. Niels havde staaet ved Dødens Port, men den var blevet ham tillukket igjen, endnu var hans Tid i denne Verden ikke sluttet.

„Han kan endnu naae sit Barne-Sind, sin Barne-Tro!" var den næsten uvilkaarlige Tanke hos Bodil, der fromt takkede den algode Gud for Glæden paa denne Dag, for hans Miskundhed mod hendes Pleiebroder, for det venlige Sind, denne havde beholdt for hende, at han paa sit Smertens Leie var kommet hende ihu. Hun var saa glad, og Alle maatte være glad med hende. Musikant-Grethe havde grædt og sørget for Niels, hun skulde ogsaa glædes med Bodil.

Lille Karen var just hos Musikant-Grethe, da Bodil kom med Forkyndelsen om Niels, hvem hun selv havde Brevet fra denne Morgen.

„Det var jeg saa vis paa, at han levede!" sagde Gre-
the, „som jeg ogsaa troer, at jeg med disse mine levende
Øine skal see ham herovre hos os igjen, den Hjertens
Mand, som var saa god mod mig gamle Menneske! —
Spillekanten der er mig som et Mindestykke om ham; Gud
veed, hvor den var kommet hen i Verden uden Hr. Niels
Bryde! — Ja, han hedder jo ligesom Skytten i „Lyk-
kens Tumleklode!" gid han ogsaa maatte faae en Konge-
datter eller saadan En med en lille Herregaard!" og om
Niels og Harmonikaen, og Krigens Rygter og Farer talte
hun imellem hinanden.

Og Bodil lovede, at hun ved Leilighed vilde kjøbe og
forære hende en ny Harmonika, da den gamle jo nu havde,
som Grethe selv sagde, „saa godt som tabt Veiret", uagtet
hun lappede og klistrede nok paa den. „Det lover jeg dig
til Minde om denne Glædes Dag!"

Den gamle Kone blev ganske forlegen over al den God-
hed. Det var for kostbar en Gave, sagde hun, og der var
jo dog heller ingen ny „Spillekant", der kunde blive det,
som den gamle. den hun havde levet med i saa mange
Aar. „Ja til Gilder og Dands kan den jo nu ikke lyde
høit nok; det er ligesom den var hæs, den hvisker, men
jeg, som kjender den, kan godt forstaae det!"

Hun vilde kysse Bodil paa Haanden; ogsaa lille Ka-
ren saae saa mildt dertil, men Smiil var der dog ikke.

„Hvor det er deiligt at være let og glad i sit Sind!"
udbrød Bodil, og hun talte paa Hjemveien til Karen
om Guds Naade mod os arme Mennesker. Da brast Pigen
i Graad, greb Bodils Arm og sukkede høit:

„Guds Naade! Guds Naade!" gjentog hun; „jeg er

tidt saa elendig, som et Menneske kan være!" og med For-
troendets hele Væld aabnede hun sit Hjerte for Bodil. „Jeg
har en Synd paa mit Hjerte," sagde hun; „jeg har lidt
Mere, end Politi og Straf kan tilsige, og dog synes jeg
imellem, at jeg dog ikke ret har Skyld, men at der er skeet,
hvad jeg aldrig kunde tænke, og at Gud maa unde mig
Raade, den I før sagde!" Og saa fortalte hun: „jeg var kun
et Barn, ikke andet, Barnets, som de kalde det, var jeg
ovre hos Byfogedens, der da vare unge Folk. Fra Kjø-
benhavn havde de mange Fremmede i Besøg; der var en
ung En, han tegnede af og gjorde Skilderier. Alle Gjem-
mer lod han staae aabne; Uhr og Guldring lod han ligge
paa Bordet, mens han løb om. Han kunde klippe saa kun-
stigt med Saxen Billeder, som selv Byfogedens unge Kone
vilde have; der laae saadan mange paa hans Bord, og da
en Dag Døren stod paa vid Gab, saae jeg det og gik der-
indenfor, alene for at see paa det Udklippede og Aftegnede.
Der laae saa mange Sager, og der laae en yndelig Finger-
ring! Jeg kunde ikke lade være, jeg maatte prøve den,
men den var for stor, undtagen for min Tommelfinger, der
sad den fast. Saa kom han i det samme, og jeg løb og
sagde den Løgn: Deres Klipninger var blæst ned af Bordet!
Han saae paa mig med saadanne underlige søde Øine, det
var ligesom han vilde forlokke mig; jeg gjør ham maaskee
Uret deri, men jeg løb — og Ringen sad endnu paa min
Tommelfinger. Nede hørte jeg, at Penge var blevet
borte der i Huset, de talte om Tyv og Tyvs Gjerning;
jeg forfærdedes, jeg som gik med fremmed Gods! Jeg ventede
i Angest til det Minut kom, at han var nede igien; jeg
troede, at han traabte ind i Stuen tæt ved, og jeg løb saa
for at lægge Ringen. Dog han var ikke nede endnu, han

kom lige foran mig øverst paa Trappen. Men midtveis der
var et lille Kammer, hvor den stakkels Lappeskrædder, der
var i Arbeide hos os, havde Natteqvarteer; Døren stod
paaklem, og jeg sprang derind. Plads var her ikke større
end til Sengen og hans Klædningskiste. Jeg var saa for-
skrækket for Kjøbenhavneren og for min egen Samvittighed,
skjøndt jeg aldrig havde sat den Ring paa Fingren for at
beholde den. Der laae slængt et Par Sokker paa Gul-
vet; jeg maatte jo have noget for derinde, jeg veed ikke, jeg
tog dem op, stak Haanden heelt ind i den ene, vendte og
trængede den, og Kjøbenhavneren talte til mig saa fiint ga-
lant. Jeg rystede over min hele Krop, og jeg kunde see, at
han loe. Saa kom Fruen i det samme, hun spurgte, hvad
jeg vilde der; jeg sagde, jeg lagde i Orden, og løb ned
til den Lille; men i alt dette her var Ringen gledet mig
ud af Haanden i Skrædderens Strømpe. Jeg sad nede i
Stuen med Barnet, og i samme Time gjordes Eftersøgelser
om Pengene. De vare og bleve borte; men i Skrædderens
Strømpe — han havde nok selv, strax efter at jeg var der,
været og lagt tilrette, og puttet Strømperne i sit Skrиn —
fandtes Ringen, Skrædderen blev anseet for Tyv, blev
tiltalt — og jeg, jeg Syndefulde, jeg leed af Forfærdelse der-
over, og turde ikke sige, hvordan det Hele var tilgaaet. Jeg
var et Barn, et syndigt, ulykkeligt Barn! — Den stakkels
Skrædder gik fra sin Samling derover, kom paa Daarean-
stalten, og jeg — jeg har aldrig før nu, jeg reed ikke
hvor det just nu kommer, turdet udsige min Synd og
Elendighed!"

Saaledes, men for seent, var Gaaden løst; Vanvidets
Sphinx, der knugede den stakkels Lappeskrædder, kunde nu
ikke hæves ved Ordets Løsning.

„Jeg tør ikke være din Dommer!" sagde Bodil;
„men Gud er naadig, han lægger vor oprigtige Anger og
Fortrydelse med i Vægtskaalen!" og hun taug.   Den op-
blussende Glæde, hun nylig ved Brevet fra Pleiebroderen
havde været gjennemtrængt af, var ligesom henveiret ved lille
Karens Sorg og Bekjendelse.   De rette Trøstens Ord, de
hun skulde og maatte sige, vidste hun ikke. De vare blevne
staaende paa Veien, lille Karen satte sig ned, overvældet af
sin Sorg.

„Gid mit Hoved laae paa Blokken!" hulkede hun, „saa
havde jeg bødet for min Synd! — O· Dommens Dag er
ikke ved alle Tings Ende; nei! den er for mig alle Dage og
alle Nætter, naar min Synd rører sig i min Tanke!"

Bodil greb hendes Haand og sagde Psalmens Ord:
„Han gjør ikke med os efter vore Synder og ei betaler os
efter vore Misgjerninger; thi saa høi Himlen er over Jor-
den, er hans Miskundhed over dem, som frygte ham! " *)

Stille og eensomt var det paa Heden; men ikke stille
og eensomt i Hjerterne der.

Og Brevduen fløi fra Præstegaarden paa Heden til
Augustenborg Slot, ogsaa en Kampplads, Kamp mellem
Liv og Død; dog Niels Bryde gik ud herfra karsk og
glad, og snart var det første Aars Felttog endt, Vaaben-
stilstand erklæret, de danske Tropper bragte i Vinterqvarteer,
meest i Jylland. Dog derop kom ikke Niels Bryde, som
Bodil havde haabet; maaskee dog, at han i den glade
Juletid vilde være her, og da blev visselig nok hver Uvillig-
hedsrynke glattet. Men heller ikke det skete, han maatte blive

*) Psalm. 103, 10. 11.

paa Als. Brevets hvide Due fløi anden Gang, mens Sneen fygede, de hvide Bier sværmede, som man sagde, og Pige og Dreng sad og strikkede uldne Strømper; de Klogtigste læste op af gamle Aviser om Krigen og sang: „den tappre Landsoldat", „Gutter ombord!" og „Paaskeklok= ken kimed". Der laae et heelt Folks Tanke heri, et heelt Lands tunge, lange Aar. Og lille Karen sad med mil= dere Sorg, med Veemods=Smiil og lyttede til. Sindet var lettet ved Skriftemaalets Bekjendelse; „vor Fader" i Præste= gaarden, ja Byfogeden selv kjendte hendes Gjerning og Tanke, strænge Retfærds=Ord vare sagte, men ogsaa Trøstens og Raadens. Musikant=Grethe sad med en ny Harmonika, den Bodil havde faaet til hende ved Kjøbmanden i Aar= huus, som det var lovet, og Grethe vidste efter hver Vises Melodie, som den blev sungen, at opfange Tonen. Først gik det kun langsomt, hun maatte probere hjemme mangen= gang; men tilsidst saa lærte dog Instrumentet „at snakke redt", det vil sige, synge tydeligt, og saa klang Melodierne i Præstegaarden.

— „Ja var der ingen Fare, saa blev jeg her hos dig!" Naar var Faren forbi! Hvad vilde det nye Aar rulle op?

1849, den tredie April, ophørte Vaabenstilstanden. Angestens Rygter kom med Vaarens Fugle, med Vindens Flugt — —

> „Lærken kommer flyvende søndenfra,
> Den fører saa underlig en Tale, — —
>
> Viben kommer med pjudskede Fjer
> Og med sin sørgende Mage, — —
>
> Storken kommer saa fort han kan,
> Hans Been ere blodige røde:

Kunde jeg tale om, hvad jeg har hørt,
I sabte her ikke saa bøde.
Op fra Gryben, Du Bondemand,
Fjender sætte alt Fod paa din Strand.
Eia, Eia, saa raaber den, Storken. *)

Som i vor Ungdoms-Tid, da endnu ikke den electromagne-
tiske Traad kjendtes, og kun det vexlende sorte Bræt var
Telegraphens snelle, stumme Sprog, saaledes her, hver Efter-
retning kom fra kulsort Grund.

I Eckernførde harpuneredes, som en fangen Hval
mellem Sandrevlerne, det danske Linieskib; Hvitfeldts
Bei til Himlen gik da mangen dansk Matros. Paa Dyp-
pelbjerg stod en Kamp, og snart tændtes det aabne Kol-
ding i Brand; under Regn af Kugler og Kartesker laae
Saarede og Lemlæstede rundt om. Rygtet og Bekræftelsen
herom naaede strækkende hen over Heden, der før var een-
som, men nu ikke mere. De stille Dage der vare farne hen;
der var en Uro, en travl Angest over Alle; Bud kom paa
Bud; der meldtes, at Rigsarmeen trængte ind i Jylland
og General Rye gjorde Tilbagetog.

I Byer og paa Gaarde, ogsaa her ved Skov- og Hede-
strækningen tænkte Enhver paa at skaffe bort eller skjule det
Bedste, de havde. I Præstegaarden samledes Sølvtøiet, selv
det bekjendte Hovedvandsæg lagdes hen; og udenfor Haven,
ved den rynkede Piil, blev dertil af Bodil og liden Karen
gravet et stort Hul. I Silkeborg Skov viste sig allerede
fiendtlige Tropper. Forbi Præstegaarden kom Flygtninge,

*) Denne ægte bigteriske Sang er, som vi erfare, af Henriette
Nielsen, Forfatterinden til Bandevillen „Slægtningene“, og
den ypperlige Fortælling fra Krigen „Dorthe“.

som meldte derom; de red affted med Dyner og Kobberked-
ler foran sig paa Hesten, mere vesterpaa.

Allerede vare Bayrerne paa Silkeborg. Von der
Tann sad ved Frokostbordet i Fabrikherre Drewsens nye
Gaard nede ved Langsøen, og heelt op til Aarhuus var Fjen-
den trængt. Ved Nørresnede, Byen ved Kong Snios
og hans Dronnings Kjæmpegrave, havde Danske over-
rumplet Churhesserne. Man vidste om Alt og mere end
Alt; det var, som om Luften bar Efterretningerne, som om
Fuglene meldte derom, som klang det i de faldende Regn-
draaber. Krigens Rædsler laae i Tid og Tanke; Jorden
selv syntes at ryste, man hørte gjennem den Kanonerne
runge; Jorden meldte om Kamp, Luften meldte derom. In-
gen Breve kom mere derude fra; hvor var Niels, hvor-
ledes gik det de Danske?

Gud han raader for Lykken!"

Niels Bryde var i selve Jylland, i det beleirede
Fredericia; de vidste det ikke i Præstegaarden, de hørte
ikke derom. Tanke og Tale var altid om Krigen; selv fra
Prædikestolen lød om den i Bøn og Fortrøstning. Det var
Dage, paa hvilke Hjertet inderligt trængte til sin Gud, hvor
kun i Troen var Haab og Frelse.

Udenfor, i den store Natur, gik Alt sin vante, glade
Gang; den stærke Gyvel stod i Blomster og omsurredes af
den travle Bi; Smaafiskene stode i Stimer i Aaløbet, og
Vildanden tænkte hverken paa Jæger eller Skud. Kun gjen-
nem Menneskets Sind og Tanke gik de tunge Prøvelsens
Dage; men ogsaa de havde deres Velsignelse, sagde den
gamle Præst og talte om, hvorledes Holger Danske var
vaagnet i det hele Folk, hvorledes alle de smaa, snever-

hjertige Traade vare bristede, og kun een Tanke, Sammen-
hold i Kjærlighed til Fædrelandet, løftede dem Alle. Smaa-
ligheden faldt bort, store og skjønne Handlinger lyste, og
for Menneskets Forstand prædikede Tidens Kamp og Rørelse,
at kun Gud alene raader.

Bodil tænkte saa inderligt, saa kjærligt paa Broderen,
hvor han saa maatte være; en Troens Skole vilde disse
Aaringer og Dage blive ham. Paa Valpladsen og i Laza-
rethet, hvor i Bevidsthed en Sjæl drog bort, fornam han i
Alvorets største Stund Forvisningen om et evigt Liv i Chri-
stus. Ungdommens lette Sind og Leg med det Hellige vilde
fordunste; Broderen vilde gjennem disse tunge Dage komme
til Erkjendelse, Gud vilde lade sin Naade lyse over ham.

Fredericia havde udholdt en lang Beleiring, enkelte
Huse og hele Gader vare der afbrændte, Mennesker lemlæstede
og døde; nu rungede gjennem Landet om det vundne Slag:

„Seirens Engel fløi over Ø
Med Høisang om Danskens Mod;
Han sang om herlig Stordaad:
Men hans Vinger drøppede af Blod." *)

Til Præstegaarden kom Brev fra Niels Bryde; ikke
til Bodil, men til „vor Fader", og hun var saa inderlig
glad derved; det var et Tilnærmelses-Skridt, det første. I
faa Ord var meldt den dyrkjøbte herlige Seir; men General
Rye var faldet; tappre Mænd havde med Liv og Blod
bragt Danmark nyt Fodfæste paa dets retfærdige Grund,
styrket dets Mod og Sammenhold.

Snart lød ogsaa til Præstegaarden om Freds=Under-
handlinger; da vilde maaskee Niels Bryde komme her, om

*) B. S. Ingemann.

kun nogle Dage. Der løb om Baabenstilstanden, — han
kom ikke; og ved Binterqvarteret laae han i Fyen. Bi
følge ham ikke derhen, vi følge ham ikke selv i det tredie
oprullende Krigsaar, vi blive paa Heden hos Bodil og
med hende fornemme om Svenskernes Komme, et Bærn i det
Slesvigske mod Fiendens Fremtrængen; vi fornemme deres
Bortmarsch, og høre om de danske Troppers Bivouacliv søn-
der for Flensborg. Hr. Skjødt fra Silkeborg bragte
Bud derom; han havde, som saamangen Dansk, besøgt Sol-
daterne, talt med Niels Bryde og spiist med ham i den
lystelige Sommerleir, som han kaldte det. En heel By med
Gader, benævnede efter de kjøbenhavnske, var reist af Jord-
hytter, der stode smykkede med grønne Grene; Danebrogs-
Faner vaiede, det var deilig. Sommertid, lyse Nætter, og
Sang af veløvede Stemmer lød i Leiren. Krigen saae der
heel lystelig ud, sagde Hr. Skjødt, og hans Fortælling lyste
ind i de Gamles Sind og i Bodils Tanke. Et Sommer-
billed kom der, som hun ikke havde det før om Krigen; hun
saae den danske Soldat svinge den friske Bøgegreen, „Bir-
nams Skov" skride fremad, hun følte hvad snart Skjal-
den sang:

„Fra Als til Dannevirke,
Fra Sli til Ægers Dør,
Skal Danmarks Løver springe
Paa Gylbengrund som før;
Hos Angler og hos Friser,
I gjenfødt Bennelag,
Skal synges Kjæmpeviser
Om Seirens Julidag."*)

*) Grundtvig.
„At være eller ikke være."   15

Idstedslaget var vundet, Frederiksstad, som flammende Baal, belyste Danskens Seier; Kirkeklokkernes Ringen var Fredens Klang; det rungede over Landet:

„Sit Løfte har han holdt, den tappre Landsoldat!
Hurra! —"

Han alene var Folkets, Øieblikkets jublende Tanke; Æreporte reistes, den engang ringe ansete Soldat var saa stor, — han vidste det ikke selv.

Efter tre livsprøvede Aar vendte igjen Niels Bryde tilbage til Kjøbenhavn. Tre righoldige Aar havde gjennemrystet, løftet og udviklet ham; en Aandens Skole havde de været ham, og ført ham — hvor vidt?

Vi ville følge ham, som Bodils Tanke fulgte ham i de tre lange, tunge Aar, i hvilke Gyvelen og Lyngen blomstrede frisk og smuk, alle Skovens Fugle sang fornøiede, men kun Mennesket gik betynget, overvældet, og dog, liig Antæus, ved hvert Slag til Jorden, reiste sig med fornyet, forøget Kraft — i Gud.

I Landsbykirken holdt Præsten Takkebøn for Seiren og Freden; i sit lille Kammer takkede Bodil endnu engang vor Herre, ham, den personlige Gud, der var hende nær og havde Øine for hende og Øren for hendes Bøn. Hun bad for Hver, der stod bedrøvet for sine tabte Kjære, hun bad for Hver, der vaandede sig paa Smertens Leie, hun tænkte paa Guds uendelige Naade og Fredens Velsignelse, hun tænkte paa Niels Bryde, hvordan det nu ret saae ud inde i ham; nu var vistnok Ungdoms-Overmodet, den drillende Spøg, den altfor strænge Forstandighed luttret, hævet! Hendes Længsel efter ham var stor; hun græd i sin Glæde, hun smilede i sin Sorg, — og vi ville med hendes Tanker søge ham i Kjøbenhavn, i et nyt Livs-Afsnit.

II.

Soldatens Hjemkomst. Tro og Viden.

Aldrig var vist Soldaten blevet hjerteligere modtaget, bedre indqvarteret og betænkt, end i disse Indtogsdage i Kjøbenhavn. Han beskjæftigede Alles Tanker; der var igjen Helte i Hverdagslivet. Det var ikke Tilfældets Modetone, ikke Eftersnakken og tillavet Henrykkelse, de Strømninger, Kjøbenhavnerne ved andre Leiligheder havde ladet sig bortrive af; det var her sand, naturlig, sund Begeistring. Dansken havde hævdet sit Navn, sin Betydning for Verdens Øine; man levede deri, hver glemte i Øieblikket sit eget lille Jeg.

De fleste Huusværter foranstaltede ihast et Gilde for deres Indqvartering, Huusmoder og Døttre kom ind i Kredsen, og mangt et Sted blev der strax et muntert Bal improviseret. Der gik en frisk, en herlig Luftning gjennem Hverdagslivets skoledunstende Stuer.

„Der gik en Jubel Landet rundt,
Og alle Hjerter brændte —"*)

Niels Bryde var af Familien Arons indbudt at tage Qvarteer hos dem indtil videre. De to smaae Værelser, Julius engang havde beboet, og hvor endnu hans Meubler og Bøger stode, Kobberstik og Malerier hang, Alt i den Orden, som da han for tre Aar siden drog bort, blive nu indrømmede Vennen, og Modtagelsen var som en kjær Slægtnings; Fader og Bedstefader gav ham Kys og Omfavnelse, de to

*) H. P. Holst.

ældste Døttre græd og loe, Rebekka især udtalte sig. Ama-
lia derimod havde en Brudgom at præsentere, en svensk
Officeer; Esthers Øine straalede af Glæde, og dog laae
der i Trækkene om Munden en Smerte, et Udtryk, som Niels
Bryde forstod saa godt; Moderen sagde det i de Ord: „vor
Julius maatte blive derovre!"

„Han er ogsaa med!" udbrød da Esther livlig, „han
er med i vor Glæde, med i Hjemkomstens deilige Fest!" —
Hvor var hun blevet smuk, just aandig smuk, og dertil saa
skjønt legemlig udviklet; mangt et udødeligt Digt af Per-
siens og Arabiens Sangere have ikke havt en Skjønheds-
Gjenstand som hende. —

Ogsaa Hr. Svane traadte op, og det med straalende
Ansigt og straalende Humeur, uagtet, og det skjulte han slet
ikke, de sidste Aaringer havde plukket af hans Hoved alle de
spredte sorte Haar, og en stor Deel med af de graae.

„Man bliver gammel," sagde han, „man maa gaae med
Mavebælte. Men det gaaer da Jorden ogsaa med; den har sin
varme Golfstrøm fra Mexico op til os i Norden; hvad var
vi uden det Bælte? Mit hjælper mig imidlertid ikke hver
Dag!" Det var i hans Mellem-Etage Uroligheden sad, sagde
han; snart var det der, som havde han indvendig Fyrvær-
keri, Lynstraaler i Omegnen af Maven, eller Mellemgulvet
blev lagt om, eller i det mindste skuret eller vasket. „Tidt
troer jeg," sagde han, „at jeg har Underlivs-Convolvoli,
for ikke at sige Tarmslyngninger; men idag har jeg bo-
net Gulv, og Humeuret dandser i alle Etager! Velkommen,
min Ven!"

Madam Jensen lod sig ogsaa see, aflagde Visit, og det
var Venskab, ellers var hun sandelig ikke gaaet op til et

eenligt Mandfolk; men hun havde hørt, at Doctor Bryde
var kommet, og han havde nu været i hendes Tanke al
denne trange Tid. Hun var ogsaa i Humeur, og gik tidt paa
Comedie, sagde hun, men ikke „i det Kongelige“, nei i
Casino. „De gjør det meget net, men de ere jo ikke saa
fornemme der, De som agere, som paa det Store, og saa har
de ikke saa mange Etager!“

Af Madam Jensen hørte han ogsaa om Mo'er Børre,
hende i Rundetaarn, som han havde talt om og kjendt som
Barn; hun levede saamænd endnu, og havde nylig havt det
Held, at Doctoren, hvem hun havde forskrevet sit Skelet til,
var død, Enken havde ingen Brug for det, saa at Mo'er
Børre igjen var løs og ledig, og da hun var saa gammel,
havde hun beholdt aarlig sine to Rigsdaler; og hermed slippe
vi Mo'er Børre.

Kammerherren og hans Frue mødte Hr. Bryde
paa Volden. Kammerherren udtalte sin Frygt for, at det
Skandinaviske skulde nu faae for stor Indflydelse, og Fruen
var vred paa Krigsministeren, fordi Hunde ikke maatte gaae
paa Volden; Zemire turde ikke være med. Hun anede da
ikke, hvad der op i vore Dage forestod den: paa sin gamle
Alder at gaae med Mundkurv, der rigtignok blev givet den
af Gummi-Elastikum, for ikke at genere; den kunde altsaa
ligesaa godt have gaaet kun med en Kridtstreg om Snuden.

„Deiligt Beir!“ sagde Fruen, — „à la Benedig! — smukt
arrangeret i Ridehuset! — yndig Pige, lille Arons! —
Isde! — godt klædt! — Formue! — Silence! — der
kleine Schalk Amor! — à revoir!“

Det var Ord-Bygen paa Volden.

I Niels Brydes første Samtale, ene med Esther, talte

hun om fin Broder, fpurgte om hvert lille Træk, hver Enkelthed,
der i Brevet var antydet. Strax havde det bedrøvet hende,
fagde hun, at han ſkulde døe Straadød, udaande i en Ty-
phus, iſtedetfor at falde paa Kamppladfen; men ſnart var
det blevet hende klart, at ogſaa de, ſom ved Strapaze, Nat-
teleie paa den kolde, vaade Jord rammedes af Sot og Syge,
at ogſaa diſſe faldt i deres Birken, gave deres Liv hen
for Fædrelandet. Niels Bryde maatte fortælle om den
ſidſte Time, Dødsnatten paa Auguſtenborg, og han gjen-
tog Broderens Ord, og i Bekjendelfen fornam Eſther, hvor
bitterligt det havde været ham; Videnſkabens Sol, ſyntes
hun, havde gjort ham blind for Den, der var Solens Op-
hav, han havde ikke kunnet udtale Forvisning om Udødelighed.

„De troer ikke paa et Liv efter dette?" ſagde hun og
ſaae paa ham med ſit bedrøvede Barne-Smiil, og idet hun
ſaae, i dette korte Moment gik en Sum af Tanker, hele
tre Aars Sjæleblink i Sorg og Smerte, gjennem hans For-
nemmelſe.

Ligeſom der ſelv hos de laveſt ſtaaende Folkefærd, hos
Urſkovens Vilde, er om end nok ſaa uklar, dog en Guds-
Idee, ſaaledes er der hos den ſtærkeſte Materialiſt en Be-
grændsning, et Yderſte, hvor Tanken vakler og fornemmer
Puſtet af Guds Aande. I Rummet er Grundſtofferne det
Givne, i vor Sjæl er den religiøfe Tro det Givne. Viden-
ſkaben havde i klare Tanke-Timer mathematiſk viiſt ham, at
der i Alt lever og rører ſig en Kraft, der gjør, at Ufor-
anderligheden, Urſtofferne, der ikke døe, blive foranderlige i
evig Afvexling, og denne Kraft, hvorved det Livløfe føder Bevæ-
gelſe, Leven og Tænken, det Aandløfe føder Aand, denne Kraft,
dette Overſandfelige, vidſte han nu kun eet Navn for —

det var Gud. Denne Overbeviisning, dette mægtige Støtte-
punkt var han naaet til, ogsaa gjennem Viden; men Udøde-
lighed for os Mennesker, Udødelighed i Bevidsthed og Væren
— den sines kun gjennem Troens Glar, og det havde
han bortkastet.

Lykkeligere er det at troe, end at vide; thi Troen har
Alt, og vor Viden er saa ringe. Den Tanketraad fra hiin
Nat paa Valpladsen var ikke heelt henveiret, den flagrede,
om end lidt løs; dog Bodil vilde her sige, Guds kjærlige
Haand kan i et Nu binde den fast, og give den Styrke som
et Ankertoug. — „At være eller ikke være!" dette store, Evig-
heden omfattende Spørgsmaal, kom og svandt som Lynblink,
der forsvindende gjøre Alt endnu mørkere rundt om.

Hvor tidt havde han ikke ved et Dødsleie spurgt sig
selv: hvad er det, der i Glands-Bevægelsen i den Døendes
Øine frembringer Virkning paa mine Seenerver, som igjen
faaer Hjertets Følelse-Nerver hos mig til at zittre, og jeg
deri har Forvisningen: „hans Død er salig, denne Glands-
Bevægelse forkynder hans Vished om et evigt Liv!" Med For-
standens Sonde havde han prøvet disse Fornemmelser, der
første Gang lydeligst rørte sig hos ham, da paa Valpladsen
hans Hund lagde sit Hoved til hans Ansigt, og saae paa
ham med saa trofast, tænksom Blik, som havde ogsaa den en
Sjæl! — Udødelighed, hvilken Storheds-Tanke! hvorfra
kommer Trangen efter den hos os Mennesker? Hver Drift,
hver Trang i Skabningen bliver jo tilfredsstillet! Udøde-
lighed — er denne kun en Phantasie, der aldrig vil blive Kjends-
gjerning?

Denne Tankesum, disse Sjæleblink, som vi her bruge
mange Ord til at betegne, lyste i det Moment, Esther med hele

Inderlighedens Smerte udtalte: „De troer ikke paa et Liv efter dette!"

„Overbeviis mig om det, Esther!" sagde han, „overbeviis mig, om De kan!"

Hun betragtede ham alvorligt.

„Paa den Bei, De skal overbevises," sagde hun, „er jeg en Fremmed!" og hun taug, sagde længe ikke et Ord, pludselig faldt hendes Øine hen i Vinduet, der stod i en Urtepotte et vissent Rosentræ, hvert Blad var faldet af, hver Stilk stod tør og uden Livskraft, Roden selv var tør og hensmuldret. „Seer De det Træ?" sagde hun, „det er gaaet ud, det er Benævnelsen; er der ikke en heel Lærdom i de Ord, anvendte paa Træet og det hensovede Menneske? Den, hvis Religion kun bygger i Videnskaben, maa erkjende denne Betydning, Den, som bygger i Bibelens Forkyndelse, erkjender det ligesaa fuldeligt. Det er gaaet ud! siger den Lærde, Bestanddelene ere gaaede hver til sit Udspring, Brint, Ilt, og alt hvad de mange Elementer hedde, der udgjøre Tingene, ere vendte tilbage, de ere gaaede ud af denne Skabnings Kredsløb, ud i det store Verdensalt, for at virke evig og altid, dog ikke i samme, men i forskjellige Aabenbarelser og bevidstløst. Hos Dyret er der allerede noget Mere, noget Høiere, end i Plantens Sammensætning og Kræfter, og hos Mennesket, vi fornemme det jo Alle, er der noget endnu langt Høiere; der er Samvittighed, Retfærdighed, kort alle de Aandens Evner, som vi maae laane Navn fra, for i deres høieste Udvikling at menneskeliggjøre os Gud. Vore jordiske Dele gaae ud i det store Kredsløb, ogsaa Aanden, det langt Høiere naaer til sit Ophav! Her mødes Videnskab og Bibel, Aanden gaaer til Gud, til sin Opstandelse, et evigt Liv!"

„Og har Erindring og Bevidsthed?" spurgte Niels Bryde. „Gaaer Hjernens Phosphor op i Gasarter, hvad er da vor Udødelighed? Ingen!"

„Bibelen giver os Tilsagn derom!" sagde Esther.

„Ikke det gamle Testament," sagde Niels Bryde; „Jobs Historie er en Tornebusk, der rusker Uldtotten af Troens Faar. Job siger: „„Mine Dage ere lettere hen-fløine end en Væverskytte, og de ere forgangne, at der nu er intet Haab. — En Sky forgaaer og farer bort, ligesaa den, der farer ned til Graven, skal ikke komme op igjen."" *)

„Det gamle Testament," sagde Esther, „er en Sam-ling af Folkets Bøger, det nye Testament, veed De som Chri-sten, er en Aabenbarelse af Gud, og den lover det evige Liv. Men Bibelen troer De nok ikke meget paa. I den meest aandelige Sag, skulde man dog meest holde sig til det meest Betydende, det aandelige Indlæg! — Her er en anden Bog," vedblev hun med et eget Smiil, bladede i Bogen, og mellem flere der indstregne Steder udpegede et. „Her staaer, hvad jeg tænker, men som jeg ikke saa kort og klart selv kan ud-tale Dem." Det var Goethes Faust, den Digtning, som altid særlig havde interesseret hende, fordi hun i Faust en-gang fandt Liighed med Niels Bryde; det var anden Deel, hun viste ham.

Han læste:

„Daran erkenn' ich den gelehrten Herrn!
Was ihr nicht tastet, steht euch meilenfern;
Was ihr nicht faßt, das fehlt euch ganz und gar;
Was ihr nicht rechnet, glaubt ihr sey nicht wahr;
Was ihr nicht wägt, hat für euch kein Gewicht;
Was ihr nicht münzt, das, meint ihr, gelte nicht."

„De ogsaa," vedblev han, „stiller Troen og Videnskaben over mod hinanden, sondrer dem, som Ordspillet vil: Troen i Oratoriet og Videnskaben i Laboratoriet!"

Nei," svarede Esther, „jeg erkjender, at Sandheden ikke kan stride mod Sandheden; men jeg troer mere paa Guds Viden end paa Menneskenes. De stride, de bevise, de forvirre og gjøre Fortræd hos de Fattige i Aanden. Jeg kunde sige med Bibelens Ord: „„bedre at en Møllesteen hang om deres Hals, end at de forargede Een af disse Smaa!"""

„De mener her særlig Materialisterne," sagde Niels Bryde; „De betragter disse som Ugudelige, som halv onde Magter. Opgiv et Øieblik at tillægge dem slette Motiver, træd over i deres Rækker, i deres Forstaaen. Det er den gudnedlagde Trang i os, til at vide, kjende og begribe sig og Verden, der fører Manden ind i Videnskaben; han sondrer, klarer og giver Verden det Fundne og Bundne. Kan han fornægte sin Overbeviisning? Da Galilæi maatte afsværge sin Paastand, at Jorden bevægede sig, troer De, at han derfor da selv forandrede sin Mening. Det gaaer Menneskeheden, som det enkelte Menneske; alt som den skrider frem, bortkaster den fine falske Begreber: Trolddom bliver til Naturkræfter, det Overnaturlige bliver naturligt, thi vi komme til at forstaae det. Videnskaben rykker Overtroens Ukrud bort af Troens Ager, og griber endogsaa Haanden stundom feil, det er da ikke med Villie til at synde; den største Materialist, naar det bliver ham klart, at hans Viden er Vildfarelse, vil vende om — og Gud, som De opfatter ham, vil, efter Parablen om den forlorne Søn, gjøre en Høitidsfest, ikke materiel, men sjælelig i Sjælens Verden. — Materialismen er ingen

Gift=Frugt, ingen Sygdom i vor Tid; det er et Forstan=
dens Træ, Gud lod voxe frem alt i de ældste Tider. Alle=
gorien lader der være lysteligt at see til i Paradisets
Have; Historiens Bøger, Philosophernes Skrifter ere som
dets Blade, gjennem hvilke vi fornemme Aandens Susen. J vor
Tid optager hele Slægter i sig, hvad før kun den Enkelte
gjemte eller gjennemkjæmpede. De strengt Orthodoxe ville
ikke vide noget herom; de følge ikke deres Mesters Lære:
„dømmer ikke, saa skulle J og ikke dømmes, fordømmer ikke,
saa skulle J ikke fordømmes!" Det er for dem, som om
al Sandhed rummedes ene i Troen, men denne fra Gud skulde
vi ikke turde prøve og overtænke!"

„Ikke al Tro anseer jeg for Sandhed," sagde Esther;
„da blev hver Deel i de forskjelligste Religioner Sandhed.
Der er Vildfarelser i det at troe, som i det at vide!"

„Ja vel!" udbrød Niels Bryde; „Astrologien maatte
fordunste, fordi den ikke havde Sandhedens Kjerne!"

„Ikke heller, i det mindste hos mig," vedblev Esther,
„er der Frygt for at tænke over Troen; skulde det ikke til=
lades Menneskene, i de vigtigste Anliggender for dem, at
turde tænke og prøve? Det kan ikke være Guds Villie; han
aabenbarer, og vi erkjende! Men ligesom nu det menneskelige
Syn har sin Grændse, saaledes kunne vi med Aandens Øine
ogsaa kun naae et vist Maal; ved dette tør vi ikke slippe,
men bør give os hen, i det store Underværk troe paa
Undere, som vi troe . paa Kloder i Melkeveien, og paa
endnu fjernere Verdener, som aldrig ved jordiske Midler blive
at see! Men," afbrød hun sig selv, „jeg er kommet ind paa
et Gebeet, hvor jeg maa synes kun at ville eftersnakke og
være et lærd Fruentimmer; det er jeg ikke, og det vil jeg

af Alt nødigst være, uagtet det er Veien, i det mindste den eneste, jeg veed, hvor man maa søge Dem de helbredende Urter, som kan aabne Deres Øine for det evige Liv!" —

"Just der har jeg selv søgt, men jeg fandt ikke Urterne kraftige nok," sagde han; "hos Dem er det derfor jeg vilde belæres, om jeg kunde det! I Forsvaret for hvad De anseer for det Sande, er saa megen Inderlighed, at denne maa udøve en Magt. Jeg forstaaer og opfatter Dem bedre, end De mig, jeg er forvisset derom; men hvorledes skulde De kunne det anderledes? De sidste Aaringer har klaret Meget for mig, bragt mig til ogsaa bedre at kjende mig selv. I Ungdoms-Aarene gjør man saa mangt et Kraft-Experiment, prøver hvad Legemet kan udholde, Svømmeren forsøger hvorlænge han kan holde sig under Vandet, den Stærke prøver hvor tung en Vægt han kan hæve, eller mod hvilken mægtig Modstander han kan staae sig i Brydning; tidt knækkes derved en Arm eller et Been. Ogsaa med Aanden gjør man i den Alder Kraft-Experimenter, og jeg tilstaaer, at jeg i ungdommeligt Overmod har søgt at løfte mig saa høit, at jeg troede at kunne undvære Guds Tilværelse, ikke behøvede Udødelighed, ja jeg ansaae det som en Storheds-Opgave for Mennesket, at bringe det dertil. Men paa det Høidepunkt holder Ingen sig, det er en Over-Kraftanstrengelse; Vi Alle føle en Afhængighed af mere end Tilfældigheder, en Nødvendighed til at antage, hvad Forstanden ikke mægter at benægte; i al vor Viden bliver en uendelig Famlen, en Falden ud af, og man har kun Støttepunktet Gud, Regnestykket gaaer ikke op uden ham. — Jeg troer paa ham, vi troe Alle — men hvorledes? Selv de meest Troende, selv de

Bisefte, hvorledes er deres Tro paa Gud? Goethe har saa sandt, saa menneskeligt udtalt denne Sandhed i Faust, hvor Gretchen spørger: „Glaubst Du an Gott?" Bogen, der laae paa Bordet, tog Niels Bryde uden at aabne den, thi Ordene vare levende i hans Tanke.

> „Wer darf sagen,
> Ich glaub' an Gott!"

og paa Gretchens Udbrud: „So glaubst Du nicht!" fortsætter Faust:

> „Wer darf ihn nennen?
> Und wer bekennen:
> Ich glaub' ihn?
> Wer empfinden
> Und sich unterwinden
> Zu sagen: ich glaub' ihn nicht?
> Der Allumfasser,
> Der Allerhalter,
> Faßt und erhält er nicht
> Dich, mich, sich selbst?"

„Som Gretchen og Faust forskjellige opfatte Gud, gjør vi det maaskee ogsaa, men vi mødes dog vistnok mere i Op= fattelsen, end Digteren her i Digtets første Afdeling har kun= net lade de to mødes. Troen paa Gud er svævende, vi have ikke ret Udtryk for det Unævnelige, det Ufattelige; men Visheden er sand, urokkelig! Gud er til, men Eet endnu for= uden „Gud" er der, vi ikke kunne undvære, det er Udødelighed med Bevidsthed og Erindring. Det er en Trang, det er et Haab — men som Kjendsgjerning kan det ikke bevises!"

„Jo sikkert!" udbrød Esther. „I Guds Kjærlighed, i Guds Retfærdighed ligger det aabenlyst; see vi det ikke der, hvad hjalp det „„selv om de Døde stode op og vidnede"" ? Lige ud til vore Fingerspidser er Guds Forsorg for os lagt,

Alt betænkt i Kjærlighed saa viseligt. Alt, hvad skabt er, modtager jo, hvad det trænger til, Alt erholder, hvad dets Drift og Længsel tørster efter; skulde da Mennesket, det meest Fuldendte, ikke faae stillet sin Sjæle=Tørst: Udødelighed! Guds Kjærlighed forsikkrer os det, Guds Retfærdighed betinger det. Vi Alle, i hvor snever vor Levekreds i Verden er, fornemmer Disharmonierne, see den ulige Fordeling af Velværen, af det Godes Løn i denne Verden. Hvor underlig stilles Menneskene, hvormeget er her ikke som spildt, som kun en Leeg! De har fortalt mig om Musikant=Grethe paa Heden, de bortkastede Evner der; De har fortalt mig om den stakkels „Lappeskrædder", der som et Legetøi for Tilfældigheder piintes og kastedes hen, hvor det at høre op er en Velsignelse! Menneskehedens Udskud, en bydende Caligula, Dumhed, Grusomhed, dyriske Laster, som Historien viser os dem hos mange Magthavere, Bydere over Millioner Ædlere og Bedre, staae som Udkaarne, beskyttede af den Gud, vi alle erkjende som god, viis og fuld af Omsorg — det var han da ikke, for os, for Verden, og dette er utænkeligt! Regnestykke her gaaer kun op ved det Tal: et evigt Liv. Dette er derved for mig saa mathematisk vist, som to og to er fire!"

„Jeg maa indrømme Dem, at De beviser klart," sagde Niels Bryde, „jeg har Bevidsthed ved Deres Ord, eller ved den Musik, Overbeviisningen hos Dem opløfter mig med; dog Troen faaer jeg ikke! — min Tanke har den ikke!"

„Nei!" afbrød Esther, „Troen tænker man sig ikke til — den gives! Og i det nye Testament er den givet! der strømmer Livets Kilde! Jeg tør ikke nævne mig Christen, jeg har ei faaet den Christnes Daab, og uden den er jeg endnu

Isdepigen, dog — gid det Liv, den Naade, Gud har ladet
lyse over mig, ogsaa trænge gjennem Dem! og det vil skee!"
Hun tog hans Haand, saae ham med Inderlighed ind i Øi=
nene; der var en Beemod, en Glæde deri, og mens hun
talte, belyste Aandens Pindse=Flamme de milde Barnetræk.

***

III.

Mere om Esther og en gammel Bekjendt. Selvprøvelse.

I mange Familier var Niels Bryde meget vel seet,
„men det kan man ogsaa blive mæt af!" sagde Hr. Svane.
„I nogle Huse gaaer jo Alt op i Børnene, der alle ere lyse-
Hoveder med Uheld ved Examen; andre Steder har kun Huus-
holdningsbogen Tanken, man er som til Uleilighed, indtil Reg-
nestykket er gjort. Niels tager Behageligheden og Brøvlet
eet Sted, det er mere reelt."

Arons Huus var ganske blevet ham et Hjem, Alle her
holdt af ham, selv Rebekka, det gode Hoved, der var lidt
sei i sine Meninger, og altid mod ham holdt med Hr. Bruß
og med Maleren, Geniet fra Hr. Meibums Soirée! —
Hr. Bruß var blevet meer og meer ravrustende nordisk, prædikede
Edda=Christendom og lyste den evige Død over hver, der ikke
havde hans Tro. Maleren kom altid i Ekstase over et Par
af hans Medkunstneres Betydning — Niels Bryde fandt
disse grumme kjedelige, det sagde han en Dag, og fik til
Svar: „Al Kunst er kjedelig, dog det forstod man ikke, naar
man som Niels Bryde manglede Jomfruen!" det vil sige
Umiddelbarheden.

Slige Smaarivninger fandt jævnlig Sted der i Huset med Rebekka, Hr. Bruß og Geniet. I Meget udenfor det Religiøse udtalte ogsaa Esther en bestemt Mening, der tidt var afvigende fra Niels Brydes; men det blev ham dog et Savn, om han ikke daglig hørte hende saaledes.

Kierkegaards Skrifter, dette Humorets og Forstandens-Drypsteens Væld, hvis Tendens, efter Hr. Svanes Opfattelse, er at danne orthodoxe, gothiske Kirkebuer, ham, mangen Dannequinde, med Sypige-Aand, siger at forstaae, og hæfter sig en kierkegaardsk Sløife paa Skulderen, for at hun kan komme i Liberie og vise sit Herskab — Altsammen Hr. Svanes Ord — kunde Esther ikke slutte sig til; hun beundrede den Begavede, men blev træt af at krable over Sprogets Brolægning til Tankens Tempel; Veien var hende saa lang, og det Grønne, hun fandt, var ikke friskt fremskudt.

Esther forstod sig ikke paa Musik, sagde Søstrene, der hver Aften var paa italiensk Opera, kun yndede den, og havde en Lok af Rossis Haar; og dog indrømmede hun, at denne Musik just laae for Stemmen, at Norma græd i Melodie, hvor hun tilstod for Faderen sin Synd. Rosinis Tonevæld, sagde hun, var som Champagne; men hun trængte til en ganske anden Drik, den evige Natur-Kilde, der sprudler fra Gluck, Bethoven og Mozart, hun holdt af Hartmanns og Gades Musik, den naaede hendes Hjerte, og alligevel sagde Søstrene, at hun slet ikke forstod sig paa Musik.

Esther kom paa Udstillingen, men hun var ikke enig med de Andre, og da vi her ikke ere det med hende, skal hendes Udtalelse ikke høres. Høiest elskede hun Billedhuggerkunsten, der som Danebrog faldt fra Himlen ned til os ved Thorvaldsen.

Hun høiligen beundrede Oehlenschläger, forstod og udtalte hans Betydning for Norden, og ved ham igjen nordisk Literaturs i Tiden for Jordens andre Lande; men hun saae ogsaa Mangler, hvor just ofte hendes Omgivelse tabte sig i Henrykkelse. Hun fandt hans nordiske Qvinder for bløde, Thora, Signe, Valborg, de blev ømme, rørende, astral-klare christelige Qvinder, de rørte os i deres qvindelige ideale Aabenbarelse; men saaledes meente hun de ikke kunde have været i Virkeligheden. Historien og Kjæmpeviserne viste os dem anderledes, og derfor maatte Fremstillerinden kunstnerisk vide at accentuere efter det historiske, sande Forbillede. Eleonore Ulfeld i Dramaet „Dina" kaldte hun særligt forfeilet. Hun forstod ved et Mønster for Qvinder, som Eleo-nore Ulfeld nævnes i Historien og Skolebøgerne, ikke at være blød, yndelig, rørende. Det var Eleonore ikke, sagde hun; det var ved sin Kjærlighed og Troskab til sin Gemal i Li-vets Kamp og Prøvelser, at hun blev dette Mønster. Hun havde en Villie, Ord, der udtrykkede denne, menneskelige Li-denskaber, Characteer; Esther forlangte i Digtningen og Fremstillingen den historiske Eleonore Ulfeld.

At udtale sligt og stærkt, som hun gjorde det, vilde være at bryde med det hele Kjøbenhavn, „Nordens Athen". Klogt var det, at Esther kun sagde det til Niels Bryde; men just denne Menings Udtalelse, det, at hun i sin Dom aldeles ikke fulgte Strømmen, og dog i sin Paastand mod ham ikke havde Rebekkas Seihed, drog ham meer og meer til hende, hun blev ham af Verden en Deel, han ikke kunde undvære, og han kom derfor daglig i Familien.

En Dag, just i det han traadte ind, læste Esther

i Kerners: „Die Seherin von Prevorst"; han kaldte Bogen en hysterisk, overspændt, usund Mundfuld, og med en Grimasse rev han den fra hende.

„Har De læst den?" spurgte Esther, „vist ikke anderledes end flere Kritikere læse Bøger, som de forud have en Slags Mening om; de blade, „orientere sig". Jeg er ikke opfyldt af denne Bog, men sat i Stemning ved den. De troer ikke paa det Overnaturlige, troer ikke ret paa det Høieste i os. De vil gjennem Sandserne have fat paa det Sjælelige; men det kan man ikke efter vanlig Griben. Dog det, at vi have i os en Sjæl, en usynlig Aand, maa De erkjende, thi den er deres Jeg, deres egentlige Dem selv. Men har De aldrig fornummet, at denne Sjæl ligesom har Føletraade, der i Momenter kunne hæve sig ud over vor sædvanlige Sandseverden. Vi forudføle undertiden, hvad ikke al vor Klogt kan udfinde. Mon ikke Bønnen, naar denne kommer ret fra et bevæget Bryst, er en saadan Kraft? Der var en Tid, Videnskaben ikke vidste om Kometernes Baner, deres Løb kaldtes Tilfældigheder, thi det kom ikke ind under de af Videnskaben kjendte Love for det store Verdens-Alt; siden har man lært, at de have deres egne ligesaa viseligt bestemte Baner. Mon ikke Aandeverdenen, ligesom Kometerne, kunne have sit Naturlige, Forklarlige, kun at man ikke er kommet saa vidt, at man forstaaer det? I det store Mirakel, som det Hele er, skulde jeg ikke der troe paa en Aandens høiere Verden med dens særegne Love og Baner, ganske udenfor de reent materielle? Hvorledes skal jeg udtrykke det? Naar i den store Himmel-Mekanik Kometerne skjære Maanens, Jordens og Stjernernes Vandrevei, skulde der da ikke, for hvad vi kalde det Overnaturlige, være Baner, der skjære det Al-

mindelige? Vi krybe som Ormen om paa en mægtig Byg=
ning, og lad os tænke, at Ormen seer for sig hver Steen,
den kryber over, ja veed om dens chemiske Dele og Sam=
mensætning, den mægter dog ikke at see paa eengang en heel
Fløi, end sige den hele Bygning; og gaaer det ikke os lige=
saa? Tvivl ikke i Underværkernes Tilværelse paa Underværker!"

„Men hvor bliver da Grændsen for Aandeverdenen. Vi
komme da heelt ind i Spøgeriet og Dobbeltgængeriet, hvor
det gaaer saa vidt, at Gangklæderne spøge med, idet Synet
altid viser sig i Vedkommendes velbekjendte Klædningsstykke!"

„Der ere flere Ting i Himmelen og paa Jorden, end
Eders Philosopher drømme!" siger Shakespeare i sin
Hamlet, og det er anvendelige Ord: Videnskaben veed saa
Lidet, og hvor den slipper, begynder Troen!"

„Eller Overtroen!" sagde Niels Bryde, „og den er
det man skal rydde ud af Troens Ager!"

„Men er De i den Retning Botaniker nok til at
skjelne Urterne fra hinanden? Jeg troede efter en tidligere
Samtale med Dem, at vi vare komne hinanden nærmere; men
De er jo endnu langt fra Udødeligheds=Troen!"

„Nu vel!" sagde Niels Bryde spøgende, „jeg giver
Dem det Løfte, Esther, at døer jeg før Dem, og der er en
Aandens Vedvaren og Indtræden i Legemsverdenen, jeg skal
da aabenbare mig! bliv ikke Bange, jeg skal komme for
Dem som — en Klang, en Tone, ikke vise mig i den sæd=
vanlige Spøgelse=Burnus!"

„Men om jeg nu ikke har de aandelige Organer, der
høre til at fornemme denne Aabenbarelse!" sagde Esther
i Alvor. „De har nu ikke engang Tanke=Organet for Sligt,
og jeg troer derfor, at Deres Bane efter Døden bevæger

sig i en ganske anden Retning end gjennem denne Jords
Virkeligheder. — En Klang, en Tone!" gientog hun alvors-
fuld, „ja, saaledes vilde jeg ogsaa helst aabenbare mig her
for mine Kjære!"

Der var dog noget Sygeligt hos Esther, sandt Niels
Bryde; i enkelte Anskuelser kom dette frem, men i Tale
om Kunst, Poesie og alt det Skjønne var Sandhed og Sund-
hed, thi her var han i Flugt med hende.

De saae, som sagt, hinanden næsten daglig, paa et Par
Uger nær i den kommende Sommertid, da Niels Bryde
i Besøg var borte fra Kjøbenhavn; men netop da foregik
i Arons Huus en stor Begivenhed for Familien, og særlig
for Esther.

Den unge Grev Spuhl — han erindres maaskee fra
det, at han med Niels Bryde, i Rusaarene, gik ned af
Rundetaarn, hvilket i og for sig ikke var saa meget mær-
keligt — havde oftere indbudt ham til sig i Fyen; Greven
var under Krigen med som Herregaards-Skytte, havde faaet
et let Saar, og var bleven pleiet og forbundet af Vennen.

Besøget i Fyen hører imidlertid ikke ind under de
store Linier i Niels Brydes Livs-Historie, uden for saavidt der
ved Opholdet i Odense berørtes en Streng, som havde
Smerte-Klang; Niels fik her igien at see en Personlighed,
vi ikke ganske tør glemme, den stakkels Lappeskrædder.
Endnu levede og leed han; her i Odense Daare-Anstalt,
havde han sin Forsørgelse, som det hed. Hvilken Tilværelse,
hellere aldrig født! hans Liv var som en Bod for, hvad han
aldrig forbrød. Niels Bryde aflagde ham et Besøg,
fulgt af Hospitalslægen, saae den Syge og hørte om ham.

I „Grønnegaarden", hvor de Fjollede, de stille Vanvittige, uskadelige for Samfundet, opholdt sig, gik ogsaa han, naar ikke Nervetraadene bævede i altfor vilde Svingninger, thi da sad han sammenrullet som Pindsvinet; Lovens store Ren= selsesmaskine gik jo, som Skypumpe, sagde han, hen over Onde og Gode — den havde ingen Tanke, kun Love. Den spinkle, skyggeagtige Skikkelse var om mulig endnu tyndere end før, al Livlighed borte, Hovedet sænket ned mod Bry= stet; siddende paa Bænken op til Træet saae han ud, som var det kun et Par Klædningsstykker, der vare henslængte, og Støvlerne stode foran.

„Jeg smelter bort," sagde han selv; „men jeg er ogsaa den rene Snee, og naar jeg er smeltet, skal Alle see, at der ingen Ring findes. Jeg har den ikke! jeg tog den ikke! — Nu snurrer det rundt! det blæser indeni min Hjerne! — Herre, min Jesus, Du er min Skat! jeg er Peer Guld= gravers Sønnesøn, jeg slipper ikke Skatten; men nu ligger Flyvesandet paa mit Hoved! — begraves! begraves! aldrig findes! jeg har dog ikke Ringen!"

Det var hans Vanvids Perpendikelslag i Ord. Niels Bryde talte til ham, nævnede Japetus Mollerup, Mu= sikant=Grethe og Silkeborg; den Syge saae paa ham, men forstod ham ikke. En Forbryders Fængselsstraf er ikke saa tung, som de Sjæleqvaler, den stakkels uskyldige Mand gien= tagende leed, fordi — ja, Niels Bryde havde jo engang tidligere givet Forklaringen, at det laae i hans Nerver, hans Blodløb, i hele hans Maskines Sammensætning. — Nu var dette Sagte ham ikke fyldestgiørende! Besøget her blev et mørkt, blivende Billed i Erindringen om disse ellers uden= for solhyse Dage.

Ved sin Ankomst til Kjøbenhavn hørte han, at

Esther, netop Dagen forud, var gaaet over til Christen=
dommen, det havde været hende en Sjæle=Trang, at mod=
tage Daab, uden denne ansaae hun sig ikke for at være en
Christen, og det var hende Livet her og hist. Det gjorde
et dybt Indtryk paa ham til Selvprøvelse.

Han erkjendte den faste Overbeviisning hos hende om
Lærens Guddommelighed, ikke blot i dens Følger, men at
Gud og Christus var personlig Een og den Samme; han for=
stod tilfulde den salige Fortrøstning, der laae i saaledes at
give sig hen i Troen, den hun jo med sin sunde Forstand
havde prøvet, og som altsaa var hende en Overbeviisning. Han
tænkte herover alvorligere og dybere end nogensinde før; Li=
vets Opgave var ham at ville det Sande og Gode.
Hans Begreb om Tro fordrede, at denne støttede sig ganske
paa Kjendsgjerninger; men Begrebet Tro, i aandigere Be=
tydning, som Esther tog det, førte til ogsaa at kunne give
sig hen, uden at det klares for os. Tro blev ham saaledes,
ligesom Evighed og Uendelighed, et oversandseligt Begreb,
det han ikke erkjendte for muligt, uagtet han dog vidste,
at i Talstørrelserne det Samme gjør sig gjeldende, saa at
en erkjendt Videnskab, Mathematiken bygger herpaa sin hele Til=
værelse.

Der var en Fortid, i hvilken, det havde han jo tilstaaet for
Esther, han med Ungdoms=Overmodet søgte at løfte sig
ud over det, at behøve „Gud og Udødelighed"; men
han havde maattet slippe sig selv, føle og erkjende Gud og
Trangen til et evigt Liv. Christi Personlighed kom mindre i
hans Tanke=Overveielse, dog udtalte han den Overbeviisning,
at i vor Tid holder man sig for meget til Personen, og
for lidt til Læren, dette Væld af Gud.

Naar han saaledes dukkede ned i sin Fortids Tankehav, og der reflecterede efter sin nu tilegnede Anskuelse, maatte han tilvisse indrømme, at i Meget mødes forunderligt Bibelen og Videnskaben. Han erindrede sig de forskjellige Stadier, hvorpaa hans Tro og Viden om Gud havde været, først Forkastelse — derpaa Indrømmelse.

Ingen kan bevise at Gud er til, men heller Ingen at han ikke er det. Tilværelsens Love kræver og beviser os G u d; han er, og var blevet N i e l s B r y d e, en Kjendsgjerning. Verden blev skabt ved at Stofferne, Urmaterien, den ingen Chemiker kan forklare eller udgrunde, blandedes; men dertil hørte en Bevægelses-Kraft, ellers var kun et Chaos. En Luftning kun hørte dertil — „Guds Aande svævede over Chaos"; i de B i b e l e n s Ord ligger det Eneste, Materialisten mangler. Med Ordet G u d løser Bibelen den store Gaade; ved saamangt et Sted i denne Bog, saa fromt, eenfoldigt udtalt, ligger aabenbaret, hvad Viismanden først kommer til gjennem anstrængende Studium.

I de vand- og kildeløse Egne voxer Vandmelonen frem til Vederqvægelse, som var den ved en Forsynligheds-Tanke just plantet der hen; hvo er han, der plantede den; hvo er han, der tænkte paa den ufødte Myres Føde, og lod Bladlusen derfor blive den frugtbareste Slægt og i Vinterens Kulde lægge Æg, men under Sommerens Varme føde levende Unger. En saadan Forudtanke for det ringe Dyrs Tilværelse, forsikkrer, at den ikke kan være mindre for den Første her af Skabningen, Mennesket; hvad Naturens Lære tilsiger, udtaler Skriftens Ord: „Seer til Himlens Fugle; de saae ikke, og høste ikke, og samle ikke i Lader, og eders himmelske Fader føder dem: ere I ikke meget mere end de?"*)

---

*) Math. 6, 26.

Gjennem Bibelen selv var Esther kommet til Bevidst-
hed om at Christus og Gud er Eet. — Selv erkjendte Niels
Bryde, at Braminernes Viisdoms-Lære, Philosophernes
Tænkningers Resultater, Digternes meest gribende Inspiratio-
ner frembød tilsammen intet mere Helligt, Velsignende og Trø-
stende end Christendommen, og denne var dertil kort og klar,
forstaaelig for Alle; var denne Erkjendelse Hovedsagen, hvad
behøvedes Tro paa Christi Person. — „Just den maa
til!" havde Esther sagt.

Der gik en religiøs Tanke-Døning gjennem hans Sjæl;
Esther var den stille, klare Fuldmaane, hvis stærke Straa-
ler bevirkede disse Strømninger. Han var nu mere inde paa
Theologiens Vei, end da han der „læste til Kjole og Brød",
Bibelen, han havde læst saa tidt i som Barn, og senere efter-
slaaet Skriftsteder i, var Kilden, han maatte søge til, det stod
Ordet levende og ikke billedligt, havde hun sagt.

Han læste i Matthæus:*)

„Og den Ypperstepræst svarede og sagde til ham:
jeg besværger dig ved den levende Gud, at Du siger os,
om Du er den Christus, den Guds Søn."

„Jesus sagde til ham: Du haver sagt det; dog det
siger jeg Eder, nu herefter skal I see Menneskenes Søn
sidde hos Kraftens høire Haand, og komme i Himlens Skyer."

Han svarer altsaa ikke: jeg er det, men: Du haver
sagt det, og lægger Aabenbarelsen af sin Guddommelighed i
de følgende Ord, hvor han laaner Udtryk fra Daniel:**)

„Jeg saae i Syner om Natten, og see, der kom En

---

*) 26, 63. 64.   **) 7, 13.

i Himmelens Skyer, som Menneskenes Søn, og kom ind til den Gamle af Dage, og de førte ham frem for ham."

Herfra Udtrykket: „Menneskenes Søn," „Himlens Skyer"; en af Propheternes kjendte Ord.

I Matthæi Evangelium,*) hvor Frelseren spørger: „Hvem sige I mig at være?" svarer Simon Peder: „Du er den levende Guds Søn!" og Svaret derpaa — „Salig er Simon Jonas Søn, thi Kjød og Blod haver ikke aabenbart dig det, men min Fader, som er i Himlen!"

Han som lærte os Alle at bede: „Vor Fader Du som er i Himlen", han den Reneste og Bedste, skulde han ikke særligt kunne sige „min Fader i Himlen"? — I Tider og hos Folkeslægter, hvor Underværket er Bekræftigelse, maa et ydre Tilsagn til; men skulde ikke den aandsudviklede Deel af Menneskene have naaet det Punkt, at den alene behøvede at holde sig til Læren selv, og lade denne vidne, at den er for alle Folk, hellig og stor i sin Reenhed, som Christus gav den? Men Lærens Klædemon, hvor har ikke rundt om Mennesker besmilet, krøllet, rimpet og strakt det, efter Tid og Forhold! Atter overveiede han, atter kom i Tanke:

Hos Apostelen Johannes**) staaer: „I Begyndelsen var Ordet," — „og Ordet var Gud," — „og Ordet blev Kjød og boede iblandt os!" — Her var Mysteriet udtalt, som hos Esther var levende Tro.

Der var Kamp og Strid i hans Sjæl, det vundne Land hed Gud, det forhaabede: Udødelighed. Men om dette havde han ikke Troen; skulde han virkelig engang kunne vinde denne, ja, da vilde ogsaa hvert Mysterie løses; nu

---

*) 16, 15—17.　　**) 1, 1. 1, 14.

stod han saavidt klarlig erkjendende, at Christendommen var det
største af Lysblink over Jorden, en af de mægtigste Støtter for
den Alraadendes Omhu for os.   Han bøiede sig for Gud=
Mennesket, og erkjendte saaledes i ham, sagde han, Muligheden at
træde i hans Fodspor. — Var Udødeligheden først en Vished for
Niels Bryde, som den at der er en Gud, da var et Lys givet
ham, saa stærkt, at han ved hver Tanke=Forstening her vilde gjen=
nemstraales. Da vilde Ordet — der var Gud og Kjød — komme
til ham; da blev ham Troe, „Frelse", som den „christelige
Dogmatik" lærer: „Ingen Naturmagt, ingen Tidens og Rum=
mets Skranke kan hindre Christus i at finde Vei til Sjæ=
lene, da hans Rige ogsaa er kommet og vedbliver at komme
i de Dødes Rige, har Forskjellen mellem Levende og Døde,
mellem tidligfødte og sildigfødte Slægter, mellem Uvidenhe=
dens Tider og Kundskabens Tider kun forsvindende Betyd=
ning; al Fatalisme er herved ophævet for de menneskelige
Individer, idet de selv vælge eller forskyde Frelsen!"*)

Paany læstes Meget af hvad der fra materialistisk Stand=
punkt var skrevet af Feuerbach, Zeller, Vogt og andre
betydende Mænd, og om det nu ikke blev fundet for let, det
var dog ikke overbevisende. Kun et Trin opad endnu, troede
han at behøve, det, at være forvisset om Udødelighed.
„Med denne og Kjendsgjerningen, der er en Gud, naaer jeg
vel det Øvrige!" sagde han. Esther vilde ikke have indrøm=
met det, Bodil bedet at det maatte blive saa, Hr. Bruß havde
sagt „fordømt! evigt fordømt!" men han var jo kun et stak=
kels Menneske — begavet — og begravet i Hovmod!

---

*) Martensen.

IV.

Hr. Svane.

„Her læses nok igjen til theologisk Examen!" sagde
Hr. Svane en Dag da han besøgte sin Gudsøn, og saae
opslaaet paa Bordet Bibelen, Martensens „Dogmatik"
og et Exemplar af „Augustinus".

„De vil ogsaa finde her „Alcoranen" og „Zenda-
vesta,"" sagde han, og pegede derhen, hvor der laae Skrif-
ter af Vogt, Zeller, Schleiden, Liebig og flere hin-
anden forskjellige.

„Hvad kommer der ud af al Materialisme?" sagde han,
„den er det dog Du sidder i! maaskee engang et godt Lyst-
spil: Fatum bliver til Stoffernes Blanding, man maa handle
efter disses Sammensætning, man er Maskiner og bliver Maski-
ner. Kjæltringen, Røveren, Morderen, ere alle høist respec-
table, thi de kunne ikke være anderledes end de ere efter
Stoffernes Blanding, og dog sætter man dem i Fængsel, ta-
ger Tilværelsen fra dem! Men Dommerne kunne da hel-
ler ikke gjøre ved det, ogsaa de ere sammensatte af Stoffer,
som byde at dømme de Lovstridige, lade dem hænge og hals-
hugge, Dommerne ere ogsaa uskyldige. Det er det Tragiske
i Stofferne, og det giver Stof til et Lystspil, Extremerne be-
røre hinanden."

„Jeg er langt ud over det Standpunkt, De endnu troer
mig paa!" sagde Niels Bryde; „men Deres Opfattelse af
Fatum i Stoffernes Blanding, vilde jeg virkelig ønske, De
bragte frem i et Lystspil. Skriv det! vor Tidsalder smægter efter
en Nutidsdigtning, et Narcis-Billed af sig selv, som kan op-

hænges i Evighedens Billedgallerie og kaldes det nittende Aarhundred!"

„Jeg er bange, at jeg ikke har Stofferne dertil i mig!" sagde Hr. Svane. „Ideerne har jeg maaskee nok, men min Aand besidder endnu ikke den Erkjendelse, som Materien; jeg er ogsaa bange for at komme for tidlig, Publicum maa være med, eller i det mindste Bladredacteurerne, de store Omnibus-førere!"

„Hvorfor nedskriver De ikke hvad De siger, hvad De tænker?" spurgte Niels.

„Ja, der gaaer det mig, som Jeppe, jeg kan ikke „for tre Aarsagers Skyld"; men det er ikke som hos ham „Mangel paa Courage", Frygt for „Mester Erich" eller „et eiegodt Gemyt", nei, først er der altfor Meget at tage fat paa, dernæst kan jeg ikke holde paa det Tænkte og Sagte, til jeg faaer det ud af Pennen, og endelig saa vil jeg saa gjerne leve i Fred og Ro. Var jeg virkelig et Genie, og kom til at vise det, saa at Umiddelbarheden i sin første Glæde strøede Palmer for mig, saa maatte jeg være forbe-redt paa, at den imorgen vilde raabe „korsfæst!"

„Hr. Svane, De taler næsten som om De var en ano-nym Forfatter, der var blevet skammeligt behandlet! De skulde dog ikke have skrevet Comedien „Trolddom"? Den var dygtig, mærkværdig, saa aandsbetydende, at man burde glemme nogle dramatiske Ubehjelpeligheder; men Kjøbenhavn, det store Publikum ikke blot peeb den ud, man besputtede den, haanede og huiede. Og dog blev den spillet af de første Ta-lenter, spillet med Kjærlighed; der var intet genialt Talent, som gav sin Rolle i kaad Ildesind, spillende ud over Lamperne: det er Brøvl det Hele, lad os være enige derom!"

„Jeg skriver ikke for Theatret før i den anden Verden,
hvor Publicum bliver examineret, før det faaer Lov at komme
ind; Controleuren maa i det mindste være Professor i Æsthetik!"

„Man maa ikke grave sit Pund ned, selv Bibelen præ-
diker det i Parabelen. — Dum Kritik fordunster, og spyt-
ter den endogsaa paa En, ja det er altid ubehageligt, men
ogsaa det fordunster; det er som andet Søle, rør det ikke
medens det er vaadt, lad det staae Døgnet over, saa gaaer
det hen i Støv og Aske!"

„Det er meget rigtigt; men naar nu jeg i Døgnet pi-
nes og plages, ærgrer mig en Gulsot til! Nei, jeg er nu
lykkeligviis sammensat af et saadant Stof, at jeg kan være
lykkelig i Kunsten, uden at „agere med"; maatte jeg blot
have Lov til at være lykkelig i den, som den er mig kjær
og hellig, men jeg maa ikke for de Andre. Alle dømme de om
Kunsten, og Mængden siger, at deri har man lige Ret, det er
en Smags-Sag; jeg siger det er en Tanke-Sag. De tale
om Kunst, som om Vind og Veir, og i Vind og Veir og hellig Een-
foldighed. Jeg har ogsaa Lov at have en Mening, siger Spekhøke-
ren og hans Kone, den aandelige Spekhøker, og er han saa en
respectabel Embedsmand, agtet, som Brændehuggeren ogsaa
kan være det i sin Dont, saa maa man have Agtelse for den
agtbare Mands Dom. Publicum, ja det er en Mand af
stor Anseelse, han kan have Ordner og Kammerherrenøgle,
det vil sige Ære for og bag, det er en mægtig Herre, som
man bøier sig for, skjøndt han tidt er et reent — om For-
ladelse, jeg sagde ikke, hvad jeg meente! Publicum, denne
Hr. Massen, som uden Examination faaer Lov til at komme
i Theatret, og der sædvanlig prostituerer sig; han leer galt,
klapper galt, og fordærver Talentet. Tidt klinger ogsaa for

mine Øren fra Orcheſtrets Strænge: Publikum! dum, dum, dum! Der ſkulde bare lægges Text under!"

„Men ſaaledes er viſtnok Publicum i alle Lande og til alle Tider!" ſagde Niels Bryde. „Publikum er ſom en Flod, der ſkifter Farve efter hvad der afſpeiler ſig i den og efter hvad den ſelv fører med; den ruller og ruller; det er aldrig ſamme Vand, og dog den ſamme Flod. Tidt ſlaaer den mod den ſtærke Klippe, og viſer der Dynd, men Dyndet er Flodens og ikke Klippens.

„Med Tiden," ſagde Hr. Svane, „naar man kun kan holde ud ſaa længe, da kommer Alt til Klarhed, det Dygtige til ſin Ret, det Onde til ſin! Jeg troer med Goethe:

„Alle Schuld rächt ſich auf Erden!"

ellers havde jeg ladet være at ſkrive min eneſte Bog, give min Jury-Kjendelſe om „her hjemme i vor Tid!""

„Eneſte Bog!" udbrød Niels Bryde, „har De endelig ſkrevet en?"

„Jeg har ſkrevet to," ſagde Hr. Svane, „Dommedag i det Store og Dommedag i det Smaa; ja det hedder Bøgerne ikke, de ere heller ikke færdige, og jeg oplever heller ikke at de blive det. Men den af dem, ſom egentlig hører til vor Samtale her, er Optegnelſer, jeg har gjort om min Tids Perſonligheder og Begivenheder her hjemme, dem man nu ſeer gjennem Partiernes eller Forholdenes Briller; jeg giver det ſkrevne Blad taget lige fra Munden, Sandheden uden Glacéhandſker eller ond Villie; jeg troer og haaber, Vorherre ſelv vil ſkrive paa, det er meget ærligt og rigtigt, hvad Hr. Svane fortæller. Manuſkriptet kan nu ligge hen et halvhundred Aar efter min Død, og ſaa — ja Godtfolk, I vide ikke, hvo af Eder der ſtaaer i „Hr. Svanes Bog"

og hvad jeg klarer! Jeg har Smaa og Store klædte
af, saa at de kunne gaae og lægge sig — dersom de have
en god Samvittighed!" tilføiede han med et godmodigt Smiil.

„Det er altsaa „Dommedag i det Store"; men
nu i det Smaa, hvor er der Scenen?

„I Theatret! og der kan Dommedag behøves — ogsaa
for Publicum, det jeg nylig, uden Komplimenter, udtalte mig
om. Ved Leilighed skal Du faae en Bid deraf!"

„Tak naar jeg faaer det!" sagde Niels Bryde; „men
baade Deres „lille og store Dommedag" gaaer nok jeg
og Verden glip af. De skulde læse og lægge paa Hjertet Parabelen
om de betroede Penge! — De er i Sandhed en Digternatur!"

„Som længer end i ni Aar kan holde i Skuffe," sagde
Hr. Svane og pegede paa sin Pande; „falde Strimler ud,
saa komme de i Fjerdingen! Jeg vil ikke være Poet, selv om jeg
kunde faae Guld og grønne Skove derfor; det vil sige taale-
ligt Udkomme mens jeg levede og Berømmelse naar jeg
døde. — En sand Digter maa vistnok Livet være en For-
nemmelse, som det er for den stakkels Aal, man har trukket
Skindet af, og derpaa ladet igjen slippe ud i Mølleaaen,
hvor den jo i sin Seihed kan leve, og høre de andre Skæl-
fiske sige: „nei, hvor han er empfindlich! kan han nu ikke taale
det!" — Misundelse og Medlidenhed ere de to Poler i vor
Characteer; vi taale ikke, Nogen løfter sig over Almindelig-
hedens Strøm. Gjør han det, saa ned med ham! Kommer
han for dybt i Sølen, ja saa blive Hjerterne bevægede, saa
løfte vi ham igjen! — Forstanden, det vil sige efter hvers
Maalestok, er vor Dalai Lama; vi fordøie ærbødigst Alt,
hvad vi troe ere Dele af denne. Vi kunne more os over
en Comedie, lee fra først til sidst, men falder Tæppet, blive

vi med Eet critiſke, og finder det uværdigt, at man har leet,
og ſaa piber man. Kan da Nogen have Lyſt til at kaſte
ſig i denne Strøm. Bliver man Poet, ſaa miſter man ſit Aale-
ſkind! Lever jeg nu dertil i en lille Gade, hvor der kun er
aandelig Fortogsret for enkelte Udvalgte, ſaa er lykkeligſt
et dolce farniente, eller at gaae over i den dømmende Magt,
viſe ſin Forſtandighed ved at maale og vrage. Der er aldrig
en Dom ſaa urigtig, ſættes den kun lidt i Couleur, den
faaer ſit Compagnie!"

„De kom her i et ypperligt Humeur," ſagde Niels
Bryde; „tal Dem nu ikke ud af det og lige „i den ſorte
Gryde"! jeg ſynes allerede at den ſkygger Dem om Øien-
brynene. De er et af de Menneſker, hvis indre Maſkineri
i aandelig Henſeende jeg havde Lyſt at kjende; disſe Ner-
veſvingninger i Dur og Mol, ſatte i Bevægelſe udenfra ved
Strømningerne der!"

„Men om det laae i Strengen ſelv!" ſagde Hr. Svane,
med Eet ganſke ſjunket hen i den Stemning, der blev be-
frygtet; „det ligger mere i Ravet ſelv end i Gnidningen,
at Phænomenet viſer ſig, det ligger i det ſympathetiſke Blæk,
og ikke i Varmen, at det engang Skrevne og Forſvundne
igjen kommer frem; ethvert Menneſke, ſelv den meeſt med-
delelige Natur, har et Lønkammer, derinde er Sangbunden, hvor
Strengene ſidde faſt, og derfra kommer dens Mol og Dur!
Jeg har ogſaa mit Lønkammer — og der ſtaae mange
Indſkrifter, dem jeg kun læſer ved det ilde Humeurs Lygte!"

„Og disſe Indſkrifter," ſagde Niels Bryde, „de lyde,
ſom for Exempel?"

„Tro paa Ingen, ikke engang dig ſelv! — Har En
gjort dig Uret, vogt dig for ham, han vil for ſin egen Sam-
vittigheds Skyld opſøge en virkelig Feil hos dig, og ved at

blotte den, søge sin Undskyldning! — Tilfældet raader oftere end Forstanden. — Qvinder og Baand skal Du ikke kjøbe ved Lys; Du kan da ikke stole paa at have seet Farven! Dette Sidste er nu halvt et Ordsprog, og af den Slags kan man lave sig mange; især naar man er gaaet ud af sit gode Aaleskind, og svømmer gjennem Strømmen."

Birkelig havde Hr. Svane talt sig ind i sit slette Lune, sit tunge Sind. Han trykte sin unge Vens Haand, gik hjem, laasede sin Dør, kastede sig paa Sophaen, og meer og meer vibrerede Molstrengen fra Hjertets Lønkammer.

Ved Eventyrdigtningen ere to Begreber af den danske Folketroe særlig blevne personificerede bragte paa Scenen: Søvnen med sine Drømme i Skikkelse af Ole Luksie, og Erindringen med sin Styrke som Hyldemoer, Dryaden i Havens gamle Hyld; men Illusionerne have ogsaa deres Personification, som Digteren vil kunne vise os i Folketroen, og det er Lygtemanden. Medens Ole Luksie flyede den stakkels Hr. Svane, og Hyldemoer bredte sit hyldeblomstrede Skjørt over ham, var Hovedfiguren dog Lygtemanden, Illusionernes Herre, Dæmonen med de glimrende Laternamagica-Billeder. Han havde elverskudt ham; han, der lokker os ud i Mosen, den røde Mand med Lygten paa Hovedet, han, der som Flammen er bøielig, altødelæggende, havde lokket den stakkels Hr. Svane fra Embedsveien ud paa Opfindelsernes Vei, han havde ved sin Belysning forvandlet til Skjønheds-Ideal Zemires Beskytterinde, hvis Tunge var Espeløv, hvis Aandrighed var Pjat. Hr. Svane havde troet paa Menneskene i Glands af Lygtemanden, og sat sin Formue til, ja hans Genie, Kraft, Dygtighed og Styrke havde ved den faaet en heel feil Belysning; den kastede ham saa hen i Jroniens Lænestol, satte sig der som Mare, paa hans Bryst, knugede, saa han vaandede sig i den bittreste Sjæle-Smerte indenfor lukte Døre. — Sin Stemning da udtalte han ganske billedlig.

„De høie Guder samlede en Mængde Svibler, trykkede Bezeistrings-Kys paa hver, og den fik da en Kraft til at blomstre i Skjønhed; men saa sov de høie Guder paa det, og næste Morgen tog de kun et Par Svibler, stak dem ned hist og her, og de voxte til deres og Verdens Glæde, de andre bleve kastede hen, laae og skjøde vilde Skud uden Blomst, sygnede, opløstes, spildt var det Hele!"

Han blev dertil aldeles Fatalist, og det var rigtigst, beviste han, ikke fra Mahomeds Lære, men selv fra chri-stelige Skribenter; „nogle Mennesker ere forud bestemte til Lykke, andre til at døie Fortred!" Han gjorde til sine Ord, hvad vi vide Calvin skriver: „Jeg siger med Augustinus, at der er af Herren skabt Mennesker, hvilke han foreskriver som en afgjort Sag, at de skulle gaae i Fordærvelse, og at det saaledes er skeet, fordi han saaledes vil det!" Hr. Svane fandt, vore Veie vare afmaalte, Alt forud bestemt, Bibelen sagde det: „Alle vore Hovedhaar ere talte!" „Ikke en Spurv falder til Jorden uden vor himmelske Faders Villie." Mahomeds Bekjendere havde i deres aabenbarede Troe den Sandheds-Straale: „vor Skjæbne er forudsat", og med den Tro kastede Hr. Svane sig henover Sengen — til Sjæl og Legem igjen kom i Ligevægt. Da kunde igjen en klar blinkende Stjerne, en Solstraale, Udsigten fra Vinduet over Havet i et Nu gjøre en heel Forvandling, da stod det gode Humeurs Regnbue farvesprængt, lysteligt paa Melan-koliens sorte Sky. Idee fulgte paa Idee, som Trækfuglenes

Flok; det sang, det klang, og Hr. Svane loe igjen af sig selv og hele Verden.

Niels Bryde havde i sin tidligere, reent materialistiske Betagelse reduceret disse Stemninger til en lille Klump Fedt eller en ringe Størkning af Blod et Sted i Hjernen; den hele kunstige Menneske-Maskine er afhængigt af saa Lidt. — Det er os imidlertid glædeligt at melde, at før Aarets Ende bevirkede en ydre Omstændighed, at det gode Humeur, vi ville haabe for altid, blev det regjerende, og da vi nu engang ere ved Hr. Svane, ville vi høre om hans Lykke, før vi slippe ham.

V.

Hvorledes det gik Hr. Svane, Madam Jensen og Hr. Meibum.

Hr. Svanes Lykke var, at han vandt i Lotteriet; vel ikke det store Lod, men hvad man ogsaa kan være glad ved, netop hvad han behøvede, for, som man kalder det, at have til den gamle Mand; han vandt de 25000 Rdlr. Vi erindre hans Spas i Avisen angaaende „Genie og blind Allarm"; man kaldte den en god Idee, og en saadan har altid sin Rod i det Reelle. Historien om de to Brødre, hvoraf den ene var almindelig, og ham gik det godt, den anden et Genie, og ham gik det galt, saa at han tilsidst i sin Sygdom maatte faae Pengehjelp af Broderen, og fik

netop hvad en Lotterieseddel koster, tog den, og vandt den
høieste Gevinst — alt dette kunde have fundet Sted mellem Hr.
S v a n e og hans Broder „G e n e r a l e n". Det var ikke skeet,
men det kunde være skeet; derfra var Ideen, den kom efter nogen
Vaklen til Udførelse, og i to Aar havde han kun Illusionen,
den skjønne Phantasie-Comedie, hvori vore Forhaabninger
parres; Lotterieseddelen var Billet til Forestillingen, der endte,
som Comedie skal ende, med uventede Penge. De 25000 Rdlr.
bleve vundne, og de give i Renter tusind Daler; de tilfaldt,
som der var skrevet i Spøg, et miskjendt Genie. Saaledes
gaaer det til i Virkeligheden, og saa vil man kunne forstaae
det blivende gode Humeur.

Den Første der maatte vide om hans Lykke, var Gud-
sønnen, Niels Bryde, der netop i samme Øieblik stod for
Madam Jensen som Vennen i Nøden; hun var hos ham
i en Livs-Sag, den hun var geraadet i ved Tjenestepigen A n e
S o p h i e, der var blevet gift, ikke „med Drengen i Stuen",
men med en anden En, som heller ikke duede, og derfor var
hun gaaet fra ham og havde faaet „siin Condition". Hun var jo
ung endnu, men var blevet Mormon, og dertil vilde hun
ogsaa have Madam J e n s e n; denne fandt, at der var noget
meget Lovende ved den nye Tro: Verden, sagde man, skulde
forgaae inden ti Aar, de Eneste, der da beholdt Livet, vare Mor-
monerne, og saa fik de det Hele; nu var der saa Mange,
som gik til Amerika, hvor den Tro havde sin Kongestad, og
derovre voxte baade Kaffe og Sukker; alt Arbeide der gjorde
de sorte Mennesker, man havde derhos fælles Formue, og der
var de rigeste Familier i den Tro.   Det var meget indby-
dende, og Madam J e n s e n var lige ved at gaae med A n e
S o p h i e, men saa havde Urtekræmmeren sagt hende, at der var

ikke et Ord sandt, men derimod var der meget Ækelt: Mændene
havde et Par Koner, og Biskoppen havde halvtreds. Det var
høist umoralsk, sandt Madam Jensen, og Urtekræmmeren
havde viist hende det paa Tryk; men Ane Sophie havde
sagt, at man saae jo at det ikke kunde være forargeligt, for
Loven turde ikke gjøre dem noget, og de havde den rigtige
Bibel, der var trykt mange tusind Aar før vores. — Nu
skulde Hr. Bryde oplyse hende — for, som hun sagde, nu
var hun selv reent vims i Hovedet. Niels Bryde holdt
med Urtekræmmeren, og gjorde hans Ord indlysende; Hr.
Svane tog samme Parti, fortalte om sin Lykke i Lotteriet,
og raadede Madam Jensen, heller end at søge sin i Mor-
monlandet, at gaae hans Vei op til Lottocontoiret. Det
gjorde det Indtryk paa hende, at hun tog en Seddel, og
Ane Sophie tog Part i den; de vandt ikke, men de
reiste ikke heller, for de kunde jo ikke tage bort før de vidste
om Tallene kom ud.

Niels Bryde troede om hele Hr. Svanes Berettelse,
hvad de 25000 Rdlr. angik, at den ene og alene var „et godt
Humeurs" Opfindelse; men Pengene bleve udbetalte, og „Ryg-
tet gik saa vide", og lokkede trængende Gratulanter. Mellem
disse optraadte een skriftlig, en Ungdoms-Ven, der „ikke
havde vundet i Lotteriet"; han forlangte ingen Penge, men
kun et Besøg ude paa Almindelig Hospital, dersom ikke
Lykken havde gjort den engang godmodige Hr. Svane over-
modig. Brevet var fra Hr. Meibum, ham, der engang gav
stor Piquenik, men som det nu var gaaet tilbage for, hvilket
i de sidste Aaringer var synligt i den luslidte Kjole, der skin-
nede blank, de skjeve, smudsede Støvler og den bulede Hat.
Senest, det var for to Aar siden, standsede han Hr. Svane

og laante to Mark; „jeg er ingen Dranker," sagde han,
„jeg er derimod fattig, det kan man ikke gjøre ved. Jeg har
fattige Klæder med Pletter; for at faae disse af, tog jeg
Brændeviin, udvortes tog jeg det, alene for Pletterne, og
de gik, men Brændeviinslugten blev, og det er den, som i
dette Øieblik vistnok lyver mig paa. Havde jeg drukket Viin,
saa at jeg var fuld, da havde jeg ikke lugtet af Brændeviin!"

Ham var det Hr. Svane skulde besøge paa Almin-
delig Hospital; „ja der vil jeg ikke byde dig til high life!"
sagde han til Niels Bryde, og gik derud til den store
skimletudseende Menneske-Ark.

Det var just i deres Spisetid derude. Lemmerne kom
med Mad i Skaaler og Krukker; sygelige, ynkelige Skikkelser
skrede forbi. Han syntes at gjenkjende Enkelte, han før havde
seet pyntelige, kjækt optrædende; alle viste Livets luslidte
Side. Han kom over en Gang, hvor man havde hen-
stillet Enhvers medbragte overflødige Meubler; her var saa
opfyldt med dem, som i en Flyttedags-Omnibus. Herfra
traadte han ind i Salen. Seng stod ved Seng, og hver Besidder
af den havde der et lille Skab, som tjente til Spisekammer, Kjæl-
der og Garderobe; ogsaa en Stol fandtes. Salen var
alene for Mandfolk. Een af dem sad og lappede fine Klæder,
en Anden læste, en Tredie smurte Smørrebrød. Hr. Meibum
stod og tænkte eller saadant noget; hans ene Øie var blaat,
ophovnet, han havde været svindel og stødt sig mod Mad-
skabet. Paa dette var en Opdækning af sidtede Manuskripter,
et Bundt Comediebøger, Grisesylte, samt Blæk i et Snapseglas.

„Lykkens Yndling!" udbrød Hr. Meibum. „Femog-
tyvetusind Rigsdalers Besidder hædrer mig med Besøg!" Det
blev raabt saa høit, saa stoltelig, at alle Hoveder i Salen

vendte sig mod Hr. Svane, Bogen sank i Skjødet, Lappen
blev ikke syet fast, Smørrebrødet kun halv smurt; det var
som om Plutus, Rigdommens Gud fra Aristophanes'
Comedie, var steget af paa Almindelig Hospital.

„Hertil har jeg bragt det!" sagde Hr. Meibum bit-
tert smilende; „„das ist das Loos des Schönen hier auf Er-
den," men nu ere vi jo i sidste Act. Comoens havde det
ikke saa godt, han fik ikke et saadant Besøg, som jeg har
i Dag!"

Hr Svane følte sig trykket ved Omgivelsen, ved Tan-
ken: „om min Fremtid var blevet som dennes? hvorfor
gaaer det mig bedre, jeg som ikke har udrettet mere, end
han?" Der kom prøvende Alvors-Tanker, og under Rul-
lingen af disse var han i en Stemning, i hvilken han ikke lige-
frem kunde byde Hr. Meibum Penge; dem skulde han dog
have, og derfor slog han an med: „Verden er Comedie!
havde nu jeg faaet Deres Rolle og De min, jeg sad her, og
havde skrevet Dem til, De var ogsaa kommet her, og
vilde have undt mig nogen Fornøielse, jeg havde taget
mod det. De kunde vist have Lyst til at gaae i Theatret,
eller anskaffe dem Eet eller Andet, en lille Behagelighed; og jeg
vilde ikke have følt mig saaret ved at modtage — af en
Ven!" Ved disse Ord trykkede han Hr. Meibum nogle
Species i Haanden; denne brød strax Delicatessen ved at
sige: „Jeg er kommet saa dybt, at De kan byde mig, hvad
De vil!"

Samtalen gik slet; Hr. Meibum squadronerede, og
endte med, han vilde overlade ham sine dramatiske Manu-
skripter, dem en rig Mand lettere end han vilde kunne faae
frem under sit Navn. Hr. Svane indlod sig ikke derpaa, og

da han gik, rungede det gjennem Salen: „Levvel min gamle, hædrede Ven! gratulerer til de femogtvetusind Rigsdaler!"

Dette Besøg var mere end nogen Prædiken for Hr. Svane. Han følte sit Livs Lykke, den Naade, der var vederfaret ham; Lotteriesedbel og Hr. Meibums Brev vare Mindelsens Blade mod det slette Humeur. Og hermed kunne vi slippe Hr. Svane, der blev paa sit Qvistkammer, men fik sig Gulvtæppe, dobbelte Vinduer, hyggeligt og luunt om Vinteren; i Sommertiden havde han Havet foran, hvor hele Verden kom til ham.

Men vi maae igjen komme til Niels Bryde!

VI.

Cholera.

Nye tunge Dage skulde igjen oprulle for Danmark, langt tungere end Krigen bragte dem, ogsaa for Niels Bryde smerteligere, og dog — Lysets, Livets, Vækkelsens Dage. Krigsaarene havde vel trykket Dansken tungt, men de gave en moralsk Kraft, de vakte Sammenholdets Aand, og selv i „det Skjønne" vandt vi uforgjængelige Minder. Enkelte Sange fra denne Tid ville leve saalænge dansk Poesie kjendes; i Leret formedes, og blev givet os af Bissens Haand den med Seirens Løv jublende Landsoldat; fra Lærredet talte til vort danske Sind og rørte os Sonnes dybtfølte Batailleftykker, fra Lærredet traadte i Liv Eli-

sabeth Jerichaus Danmark: den danske Bondepige i
Brynie med sit gule Haar løst over Ryggen, kun sammen-
holdt om Panden ved den gyldne Oldtids-Ring, som Plo-
ven pløiede op fra Guldhornenes Grund; med vaiende Dane-
brog og draget Sværd skrider hun kraftig, sund og kjæk
gjennem den bølgende danske Kornager; et genialt Billed,
en af Funkerne i Kunstens Rige fra Danmarks tunge,
blodige Aar, der løftede sig i Skjønheds Erindring.

Men uden Skjønheds Blomst kom en ny Prøvelse over
det danske Land: Aandedrættet blev tungt, Jordbunden vir-
kede som Skibets Svingning i Hav-Dønning. Som i Ægyp-
ten paa een Nat Døden gik til alle de Førstefødtes Dør og
krævede sine Offere, saa kom hos os, fra Huus til Huus,
Angesten, Døden — i hæslig Skikkelse, som Slambruddet
kommer i den grønne Eng, — Indiens Sot, født af Flodens
Gift-Dunster, ledet gjennem Luften eller rislende gjennem
Jordskorpen, man veed det ikke — voldelig rev den sit Of-
fer, hele Skarer med, Huus ved Huus uddøde. Choleraen
var i Kjøbenhavn.

Dag for Dag svulmede Døds-Summen, i Dynger stille-
des Kisterne, Gravene kunde ikke hurtigt nok aabnes. Hu-
struen drog paa Meubel-Vogn Mands og Barns Kiste hen
til Afleverings-Stedet. Venner og Slægt flyede hinanden.
Kun to Embeds-Klasser mødtes ærligt, trofast, Lægen og
Præsten, Videnskaben og Troen; her var deres Forenings-
punkt. I denne Angestens slappende, nedtrykkende Tid lyste
her Udholdenhed, Anstrengelse og Menneskelighed; vi forstode:
vor Viden er kun ringe, Troen har Styrke.

Enhver, der kunde det, forlod Byen; Forretningerne
her gik vel deres vante Gang, men der laae et Tryk, et sløvt

Tungsind over det Hele. Slægtninger, Venner, eller i det mindste Bekjendte nævnedes hver Dag mellem de Døde; Niels Bryde var i overanstrenget Virksomhed; han, der ellers altid var pyntelig, saaes nu i gammel Frakke, skjødesløst klædt. Nat og Dag kaldtes han til Sygesengen. Om denne og Døden dreiede sig al Tale.

Familien Arons boede langt ude paa Strandveien, kun Hr. Arons selv tog ind til Byen til sit Contoir to Gange om Ugen, og der var Angest naar han kjørte ind, Glæde naar han kom tilbage.

„Noget smukt har dog ogsaa disse Prøvelsens Dage," sagde han: „Folk rykke hverandre nærmere; Mennesker, man før ikke kjendte nok til at hilse, taler man nu til paa Gaden, siger hinanden et Par Ord om hvad der tynger Sindet, og hvad der maaskee kan lette det. Et Par derinde møder man jevnlig, de ere blevne, og det gjør godt paa den Ringere, der veed, at de saa let kunne tage fra Byen ud paa Landet, men de ville blive og dele Prøvelsen med den ringere Mand. Jeg tager eengang endnu saa dybt som før Hatten af for de To, det er Arveprindsen og hans Gemalinde. Det lille Træk skal jeg ikke glemme dem! Det har ogsaa bevæget mig, hvad jeg har hørt, og som er vist, om en ung kjøbenhavnsk Pige, hvis Fader, medens han levede, hørte til den høiere Embeds-Klasse; hun gik forleden Aften, tilskyndet af sit Hjertelag, ud til Hospitalet, ringede paa, og uden at nævne hvem hun var, tilbød sig at vaage og pleie de Cholera-Syge. Hun rystede, da hun trak i Klokkestrengen. Hun kom ind, tilbød sin Tjeneste uden at nævne sit Navn eller sin Stand; man antog hende ikke. Saa gik hun til Almindelig Hospital, og da man der just trængte til en Sygevogterske, kom hun strax i Tjeneste — og var og er der en Velsignelse, sige de. Paa Filtsaaler gaaer hun der, stille, umærkelig, som en kjærlig Aand, vaager, hjelper, er en nordisk „Barmhjertig Søster". Var jeg Digter, jeg besang hende, og havde jeg Ordener at give, hun fik een! Den unge Pige er en Søster til Clara Raphael!"

„De to høre til Aandens og Hjertets Adel," udbrød Esther; „jeg føler ret hvor jeg elsker den stille, skjult virkende Søster, men ogsaa den anden, rigt begavede, skatter jeg." —

En Middag førte Grossereren Niels Bryde med sig; Familien derude havde ikke seet ham i al den lange Cholera-Tid. Han var den Dag overanstrenget, halv syg, og Hr. Arons havde saagodtsom tvunget ham til at kjøre ud med sig, og blive et Par Timers Tid; det var dog altid en Forandring af Luft og Omgivelse. De kjørte, Samtalen vilde ikke ret i Gang, det var som fra et Sørgeflors Hylster de saae den aabne Strand og Kornmarkerne, selv Solstraalerne syntes at trykke.

Først derude i den hyggelige Stue blev det anderledes og bedre, de venlige Mennesker gjennemildnede ham, og fik Sindet friskt. Esther var den Dag i al sin Aands- og Legems-Skjønhed, indtagende og fortryllende.

Hr. Arons gav Dagens Bulletin, og derpaa betingede han, at her nu iaften ikke mere maatte tales om eller tænkes paa Sygdom eller Dødsfald, Hr. Bryde skulde trække Aande.

„Vi ville som i Boccaccios Dekamarone," sagde

Esther, „føle os langt fra det syge Florents, og kun leve for at tale om det Skjønne!"

„Men jeg har desværre," sagde Niels Bryde, „ikke en Boccaccios Genie til at forvandle gammelt Guldstøv af glemte Forfattere til gedigne Guldstatuer for alle Tider; det er næsten for mig, som om Kunsten og det Skjønne var slettet ud af Verden og min Tanke. Jeg har kun fra Virkeligheden den Billed=Ramme, Boccaccio satte om sin Dekamerone, og som jeg heller vil beskue hos ham og Tucydides, Manzoni og Bulwer."

„Og den ville vi flyve ud over, uagtet denne Prøvelsens Tid bringer ogsaa sine Blomster, ligesom Krigens tunge Dage bragte dem."

„Nei, nei!" udbrød Niels Bryde, „denne har ingen Blomster. Det er Nedtrykkelsens Slam, den fule, klamme Lindorm, der har lagt sig i vor Urtegaard!"

„Den vækker maaskee Alvors=Tanker i mangt et Bryst, hvor disse ellers aldrig vaktes. Man fornemmer Trang til at være beredt naar Timen kommer; før gik man altfor tryg, nu mindes man, at om et Par Timer maaskee har alt dette Ende, som saa Mange ellers klamre sig til, og denne Mindelse er et Gode. Der er en Velsignelse i denne Vækkelse. Jeg troer, at i disse Dage have Mange vor Herre mere i Tanker, end de havde i hele Aaringer, og det er en Vækkelse, en Livets Naade. Vi maae engang imellem have et aandeligt Ryk, ellers tabte Forstandigheden sig i den store materielle Herlighed. De veed, jeg seer det Materielle paa min Maade. Jeg er glad deri, som ved at see Murers og Tømrers Virksomhed paa

det svævende Stillads, jeg veed der kommer en herlig Byg-
ning ud deraf!"

Niels Bryde smilede, det var, som om han vilde
gjøre en benegtende Indvending, men betænkte sig og sagde:
„vi ville ikke kjæmpe for materielle Kræfters Magt, ikke
heller for Videnskaben — vi veed saa lidt!"

„Sandelig," udbrød Esther, „jeg skatter Videnskaben
og de materielle Bevægelser ganske anderledes end De troer!"
og hun saae paa ham med et Smiil, saa klogt, saa indta-
gende, det ligesom belyste hendes Træk.

Det levende Ord i Samtale har en Kraft, en Elasti-
citet, en saa forunderlig sammensmeltende Blødhed, at man
i faa Minutter kommer til og fra de meest forskjellige Gjen-
stande, og Omsvinget, Overgangen er neppe mærkelig; her
havde Esther allerede strax sat i Traade om Tidens Stor-
hed og Betydning, i Opdagelser, i Trængen ind i Natur og
Videnskab, samt dennes Frugtbargjøren for Menneskeheden.
Samtalen blev saa livlig, Ingen tænkte her mere paa Cho-
lera, paa Døds-Klokkens Ringen over den beængstede Stad,
og de spredte Døds-Daser rundt om den.

„Det er mig tidt ganske forunderligt at tænke paa,"
sagde Esther, „at i min korte Levetid, eller dog nær op
til den, er en saa betydningsfuld Række af Opdagelser gjort:
Dampskibe, Jernbaner, electromagnetiske Traade, Daguerreo-
typen, — det Ene griber saa forunderligt ind i det Andet.
Nu er Afstanden forsvunden, Byerne rykke hinanden nær,
ligesom Menneskene!"

„Og Dyrene med!" sagde Niels Bryde, og fortalte
hvorledes man havde forsøgt at transportere fra Berlin til

Paris levende Fiske-Arter, som ikke fandtes i de franske Floder; ved Jernbanefartens Hurtighed var det lykkedes, kun Strandkarperne havde følt sig noget ilde, de vare blevne „vognsyge", ligesom vi Andre blive søsyge, men forresten havde de ikke lidt derved."

„Det er Omskiftelsernes Tid," sagde Esther, „Menneskene have faaet Magt over Stofferne. Ørkenen Sahara vil man snart forvandle til et Hav; en Ingenieur, læste jeg, har foreslaaet, at lade Middelhavet, der ligger høiere, strømme ind over den udstrakte Sandørken, og da vil snart Dampskibene flyve hen over Sandbunden, der skjuler Kamelernes og Karavanernes Been."

„Det vil skee," sagde Niels Bryde, „eller man vil ved Boring tvingt sprudlende Kilder frem gjennem Sandlaget; Oase ved Oase vil da voxe om disse, brede sig mere og mere, til Ørkenen bliver en blomstrende Slette."

„Paa Dampens Jernbaand flyver man Verden rundt, og de, som ikke flyve med, ville i Solbilleder paa Papiret, som Photographen giver os, komme priisbilligt i Besiddelse af Monumenter og Bygninger. De Lærde faae det let med at læse og studere Oldtids Indskrifter i Indiens fjerneste Egne; det nøiagtige Afbillede tages paa Papiret, og flyver i et Brev til den Lærdes stille Stue hjemme, og med Loupen trænger han ind i hver Snirkel. — Hvilken Oplysnings Glands fra Gud straaler ikke særligt ind i vor Tid! Ingen Æolsharpe har saa opløftende en Klang for mig, som jeg fornemmer Opløftelsen ved at see den Nutids-Harpe, hvis Strenges Antal nu voxer fra By til By: Electromagnetismens lydsnelle Budstikke; mit Hjerte staaer stærkere derved, at huske, fra en Dansk udgik først Tanken til den."

„Jeg veed fra Ørsted selv," sagde Niels Bryde, „i en lille Kreds, hvor jeg var sammen med ham, fortalte han os, hvor glad og opfyldt han strax var ved sin Opdagelse, og det traf sig saa, at han samme Dag var til Middag hos den danske Statsminister Schimmelmann, hvis Huus nævnes som dengang Dannelsens Glandspunkt i Kjøbenhavn, Brødrene Stolberg og Klopstock kom der i tidligere Tid, og senere Baggesen, Oehlenschläger og naturligviis al den øvrige Adels- og Embedsstand. Ørsted omtalte sin Opdagelse, og man hørte, som paa alt andet Almindeligt, der blev sagt, ja en overlegen „Storhed" klappede Ørsted paa Skulderen og sagde: det kan jo være morsomt nok; men Nytten deraf? hvad er den? — Nytten kan jeg endnu ikke klart sige, svarede Ørsted alvorligt, men jeg er forvisset om den! — Han oplevede den, og vi med ham; fra Europas yderste Grændsepunkter flyver Tanken som Lyden og besvares igjen. Naar engang i Amerika fra Nord til Syd er spændt en mægtig Traad, og Orkanen, som bruger Dage og Nætter paa sin Hurtigheds Vei, for at naae disse Grændsepunkter, flyver frem, da vil i Dage og Nætter forud Telegraphen have meldt dens Komme, og den kloge Kjøbmand og Skibsfører vil vide at sikkre sine Fartøier til Stormen er forbi. Der er da Nytten haandgribelig, og saa vidt jeg veed, har man allerede draget denne Nytte deraf."

„Og hvorvidt kan det ikke føres! og i hvilke Retninger skrider ikke Udviklingen frem!"

„Jeg tvivler ikke paa," sagde Niels Bryde i en spøgende Tone, „om nogle Aar kan Genialiteten have bragt det

saavidt, at de store Virtuoser personligt ikke komme til os;
en Lißt, en Thalberg, en Dreyschock benytte de elec-
tromagnetiske Traade, der staae i Forbindelse med Pianoet
— saa gaaer man i Theatret her i Kjøbenhavn, sidder
her, og Lißt sidder i Weimar, Thalberg i Paris,
Dreyschock i Prag og spiller tohænvig, fire- eller sexhæn-
dig, og vi høre Concerten. Bifaldet maa naturligviis tele-
grapheres dem, og ligesaa, dersom der ønskes noget Dacapo."
Niels Bryde loe, morede sig over sin Idee, og saaledes,
mellem Spøg og Alvor, oplivedes han meer og meer; men
heller aldrig havde han fundet Esther saa livsfrisk, saa ind-
tagende, som denne Aften. Han syntes, at hun i sin Tale
mødte ham inderligere, føieligere, mere sammensmeltende end
før; den samme Interesse, det samme Fremblik fyldte dem
begge. Det Ualmindelige, om vi hos hende tør kalde det
Genialiteten, kom frem i en ikke exalteret, men varm, næsten
begeistret Udtalelse.

"Lykkelig den," sagde hun, "som seer sig om i Ver-
dens Lande, seer og hører der Tidens Repræsentanter, Ti-
dens Bærere, de som løfte Tidsalderen et Trin høiere! Vel-
signet at have seet sin Tids Store, seet mellem os Hverdags-
Mennesker de Udkaarne! Jeg er glad ved at jeg Ansigt til
Ansigt har seet Thorvaldsen, Ørsted, Oehlenschläger;
derfor takker jeg min Gud! Lykkelig, lykkelig," gientog hun
med et mere og mere tankefuldt, alvorsfuldt Udtryk, "de som
Gud forundte at see i hiin Tidens Fylde ham selv, som fød-
tes i Bethlehem, og døde for de ufødte Slægter! saligt at
have seet ham Ansigt til Ansigt!" Og Esthers Øine
lyste med en Skjønheds-Glands — Billedet af hende i dette
Nu var for alle Tider brændt ind i Vennens Sjæl —

Vennen sige vi — fra denne Time var han en Anden, For-
vandling var skeet.

Det sjælelige Skjønheds-Udtryk i Formerne var det som
vakte en Sympathie, den han endnu ikke kjendte, ikke havde
reflecteret over; hendes Ord klang som Musik, hendes Tale
fik en Betydning, langt anderledes end før, den frisk be-
aandede Kjærlighed og Beundring for Videnskaben, som
Esther udtalte, bragte en Samklang i Forstandens Tone-
bund, saa at her var en Sammensmeltning. Livlig og levende
udtalte nu Niels Bryde Videnskabens uendelige Betyd-
ning for hele den nyere Digtning, udtalte sin Glæde over,
hvor sundt og klart Ørsted havde viist dette, og hvor forunder-
ligt, at selv tænkende, betydende Mænd ikke syntes at kunne
forstaae, at Digteren skal staae i Høidepunktet af sin Tids-
alders Udvikling, bortkaste det Forældede til Poesiens gamle
Rustkammer, og benytte Videnskabens Aander til at opføre
sit Aladdins Slot.

„Jeg er forvisset om," sagde Esther, „at i vor Tid
under Susen af Maskinernes dreiende Hjul, Dampens Bru-
sen og den hele Tumlen, en ny Digtningens Heros vil træde
op, og just ved Videnskabens Aand. Men Videnskaben giver
den ikke Livet. Noureddin med al sin Viden mægtede ikke
at stige ned i Hulen og hæve Skatten. Liden David er
stærkere end Kjæmpen Goliath. Det er det Uskyldige, der
naaer Maalet: Himmeriges Rige hører Børnene til, Barne-
sindet naaer det; og dog vilde det være fortabt, har det ikke,
som Aladdin, Noureddins Ring, det vil sige, Videnska-
bens Kraft og Styrke. Jeg finder, at Eventyr-Digtningen
er Poesiens meest vidt udstrakte Rige, det naaer fra
Oldtids blodrygende Grave til den fromme barnlige Legendes

„At være eller ikke være."   18

Billedbog, optager i sig Folke=Digtningen og Kunst=Digt=
ningen, det er mig Repræsentanten for al Poesie, og den,
som mægter det, maa heri kunne lægge ind det Tragiske,
det Komiske, det Naive, Ironien og Humoret, og har her
baade den lyriske Streng, det Barnligtfortællende og Na=
turbeskriverens Sprog til sin Tjeneste, og ere vi enige heri,
viser da ikke just denne Poesiens Repræsentant, Eventyrdigt=
ningen, en saadan Aladdins=Natur? I Folke=Eventyret
er det altid Klods=Hans eller, som Nordmanden kalder
ham, Askeladen, der tilsidst dog bliver den Seirende; han
rider op af Glasbjerget og vinder Prindsessen. Saaledes
kommer ogsaa Poesiens Uskyld, overseet og haanet af de an=
dre Brødre, dog længst frem, hæver sig op til Poesien,
den kongelige Datter, og vinder hende og det halve Rige."

„Det Umiddelbare, Guds Aabenbarelse i os er Poe=
siens Sjæl og Styrke, men Lemmerne, Stofferne, ja de
fremspringe ved Noureddins Ring, ved Kløgtens og Vi=
denskabens Magt, de ville alle Aarhundreder vexle, som Klæ=
dernes Snit, medens Poesien, Sjælen, har Udødelighed."

„Udødelighed!" gientog Esther, og greb uvilkaarlig
hans Haand, holdende den fast, idet hun saae ham ind i
Øinene, som havde han ved de udtalte Ord svunget sig over
et Svælg til hende, til Troen paa Udødelighed; eller tænkte
hun maaskee ikke dybere derover?

Det var blevet sildigt, Niels Bryde maatte forlade
de kjære Venners Kreds, Vognen holdt udenfor, ventende paa
ham. Milde Øine lyste til Farvel, Lysene blinkede; hvor var
Esther deilig, hvor melodisk klang hendes Levvel! Niels
Bryde glemte sig i hende; Kjærlighed, hvor er din Magt
dog stor! Luften var saa let, saa forfriskende. Der var

en Stilhed, en Ro rundt om ham, men i hans Indre lyste
luttrende en Flamme. Det var ham klart, at han elskede
Esther; hun var hans første, hans eneste Kjærlighed, med
hende vilde han kunne henleve lykkeligt hele sit Liv paa den
eensomme Hede, just der, fri for al den tomme Sqvalder,
al den Naragtighed, der tidt ærgrede. Han glemte ganske sit
eget Jeg i Tanken om hende, Selvets Egoisme forsvandt;
den Magt har Kjærlighed. Elskede hun ham igjen? det var
et Spørgsmaal, han snart gjorde sig selv; han maatte have
Vished herom, hun maatte kjende hans Følelse.

Med Tanken fuld af Kjærlighed, Fremtid og Freidighed
rullede han ind i den tause, dødsbespændte Stad, hvor Døden
gik fra Huus til Huus og kaldte bort Forældre, Børn,
Slægt og Tyende.

VII.

Udødelighed.

Strax ved sin Ankomst til Byen blev Niels Bryde
kaldet til Syge, og i den tidlige Morgenstund vækkedes han
for at besøge Døende i et lille, fattigt Huus i Adelgade. Der
var saa ureent, saa forstyrret og uhyggeligt; slidte, forfaldne
Trapper førte op til et Qvistkammer, hvor mellem grædende
Børn laae to Døende. Det var en dødsindviet Stue, med
al den Jammer, Armoden har.

18*

„Moer døer! og ogsaa Morfader døer!" hulkede og
skreg de Smaae.

Niels Bryde kjendte Manden, uagtet han kun een-
gang havde seet ham før, men det var hjemme hos sig. Den
Tanke, han der udtalte, beskjæftigede ham uhyggeligt endnu
i Dødens Stund, hans „Trædemaskine", den der ikke var
kommet istand, ikke vilde komme, det var hans Livs sidste
tomme Tanke — og Datteren, nær Døden som han, tæn-
kende paa sine Børn, der ikke havde Fader meer, og snart
heller ingen Moder. Det var bitterligt tungt, sindsnedtryk-
kende; men i hans eget Hjerte lyste Livs-Lykke. Selv her og
overalt, hvor han kom, var med i hans Tanke, ja næsten syn-
lig for hans Øine, Sjælebilledet af Esther, saa frisk, saa blom-
strende, Sundhedens, Livets Repræsentant. Alt, hvad han
saae og fornam, var ham som en uhyggelig Drøm, af hvil-
ken han snart maatte vaagne til Livet; Fremtiden lyste for
ham saa rig og klar; det kom ham ikke i Tanke, hvor nær
han selv traadte Døden, „hvor let og snart" han selv kunde
kaldes. Naar man er ret ung, er det os, som om vi aldrig
her skulde døe, eller at Døden laae saa langt hen i Tiden,
at den endnu ikke kunde berøre vore Tanke-Nerver; vi have
endnu her paa Jorden en lang Levetid for os, saa rig, saa
daadfuld; og saaledes var det ogsaa for Niels Bryde.

Hele Formiddagen gik i travl Virksomhed; han følte sig
tilsidst legemlig betagen, saa at han paa Sophaen søgte en
Times Hvile.

Man vækkede ham, der var Bud fra Grosserer Arons,
Esther var syg, Huuslægen fra Kjøbenhavn var hentet, det
var meget slemt, Alle derude vare i Angest. Hun havde spurgt

efter Niels Bryde; Vogn efter ham holdt i Grossererens
Gaard.

Niels Bryde fornam en Skræk, han ikke før kjendte;
Esther syg, hun, som igaar straalede i Sundheds Glands
og Fylde! Han skyndte sig at komme afsted, Kudsken jog paa
Hestene, bedrøvede Ansigter modtoge ham.

„Hun døer!" sagde Moderen, „hele hendes Ansigt er
forandret!"

„Derfor er det endnu ikke at befrygte!" sagde Niels
Bryde, og følte sit Hjerte banke stærkere.

Han traadte ind i det venlige, billedsmykkede Sove-
værelse. Esther laae med tillukkede Øine, bleg, med slap-
pede Træk. Døds-Beaandelsen, som den her viser sig ved
at i faa Timer det hele Ansigt forandres, som var Døden
alt forlængst indtraadt, laae her beskuelig; det igaar leende,
fyldige, aandsfulde Ansigt viste sig nu skarpt tegnet, Smilet
om Munden var en død Fold, og under de tillukkede, for-
hen saa aandsfulde, Øine var en sortblaa Stribe. Hun
saae omkring sig, hun vidste, Niels Bryde var der; som
gjennem en Taage saae hun ham. Han fornam hendes Aande-
drag, det var iiskoldt, som Luften fra en dyb, kold Brønd i
Sommertiden.

„Tak, fordi De kom!" sagde hun; det klang huult,
langt borte. „Siig mig det kun, det er forbi snart! — Vi-
denskaben siger, at det er — —"

„Døden!" sagde stille, uvilkaarligt Niels Bryde, over-
vældet og betaget af det Uventede. Alt dreiede sig rundt
for ham.

„Og Troen siger," hviskede hun, „det er Livet!" —
Hun betonede det sidste Ord saa stærkt, knugede saa fast sin

Haand om hans. Det var ikke Øieblikket til at tale, ikke
et Ord blev sagt. Hendes Øine ligesom sank dybere, og
som naar den hede Luft gaaer over et Sneebilled, og det
taber sin afprægede Form, saaledes gik Tilintetgjørelsen hen
over dette Legemets og Sjælens Skjønheds-Billed; hendes
Haand blev som Marmoret, og holdt dog fast. „Det er
Livet!" de tre Ord var Broen mellem „at være eller
ikke være" her mellem sine Kjære.

„Hun er død!" jamrede Moderen.

„Død!" gjentoge de rundt om, men ikke Niels Bryde,
han havde ikke denne Tanke, ikke dette Ord. Esther, Sum-
men af hans gladeste Tanker, hun den lyse, klare, levende
Sjæl, borte, udslettet! slukt, som Ilden! der var kun Aske
tilbage! Aske, der ikke kan tændes mere! det kom ikke i
hans Tænkning, ikke i hans Overveielse; en Viden hos ham
var det, hun er ikke død, udslettet af den levende Tankebe-
vægelse og Bevidsthed.

De gjentoge rundt om: „død! død!" Han reiste sig,
taus, svimlende; det var, som om Blodet vilde sprænge hans
Hjerte, men der kom ikke Taarer i hans Øine, han havde
heller ingen Ord. Udenfor Huset drog han Veiret i store
Drag; et Qvarteer efter stod han igjen ved hendes Seng,
han betragtede den Døde, det var ham ikke Esther, han
saae; forandret, fremmed laae der et dødt, henlagt Legeme,
det han ikke elskede, ikke begræd — hun var borte fra ham.

Det er ved vore nærmeste Kjæres Bortgang i Døden,
Guds Stemme lydeligst taler til os om et evigt Liv og
Gjensynet hist. Det fornam han. „Døe, sove, muligt
drømme" — saaledes skjød Tanken fremad, udover — „ikke
at være".

„Hun sover sødt!" sagde Faderen, der ellers stod stum og stille, som Niels Bryde stod der.

„Sover!" gientog denne lydløst, og fortsatte i Tanken: „den Døde sover ikke! — det nye Testament selv kalder ikke de Døde de Sovende, men de Hensovede. Hvor er nu denne sprudlende Livlighed, dette Tankevæld, denne Reenhed og Stræben efter Forstaaen af Sandhed, hvor og hvorledes?" Det var Tankens Spørgen, men Forstanden havde intet Svar. „Hvad have de Viseste i alle Tider udfundet om Til- standen efter Døden? kun Phantasier, Gisninger, en af Mennesker opdigtet Mellemtilstand. Pindar i sin anden olympiske Seiers-Hymne anviser de Gode Ophold i et Skygge- rige, før de komme til de Saliges Øer; i Platons „Phæ- don" tales om Befrielsen fra de underjordiske Steder, og at komme til renere Vaaninger over Jorden. Hvad lære vi heraf? kun det, at Hedningen selv har fornummet Trang og Stræben efter at betegne dette for os Ubestemmelige. Den Døde sover!" gientog han, „det synger endnu vor Tids Digtere! Hvor usandt! Nei, selv Støvet, der hviler i Graven, sover ikke, det gaaer over i Tingenes Kredsløb, og Sjælen — den rettroende Christen, som de kalde ham, siger: den er gaaet over i Himlens stille Salighed — Nei! dertil er den ikke hos Nogen udviklet nok; den svæver frem mod en større Fuldkommenhed, eller er slukket! — „ikke være" — Nei, nei, det er en Umuelighed for den Gud, der er Retfærdighed og Kjærlighed!" — Hans Tanke svulmede til at sprænges!

Ha! — hvad var det for en Lyd, der hørtes! Der gik en Klang, en Tone, gjennem Stuen, høiere og høiere svulmende og atter forsvindende. Hvad var det!

„Kun en Streng, der sprang paa Klaveret!" sagde den ældste Søster.

„Hvilken Streng?"

„E-Strengen!" sagde hun, idet hun bøiede sig over Instrumentet.

„E! — Esther!" udbrød han pludselig, og det gjennemfoer ham, hvad han engang havde sagt i Spøg til hende: døer jeg først, og der er en Aandens Vedvaren, jeg skal da aabenbare mig, som en Klang, en Tone; Esther havde gjentaget disse Ord — og nu — han, som stod høit over Troen selv, han, hos hvem Forstandens Prøve var det eneste Visse, han blev i dette Nu Overtroens Barn. Det er Psychologisk med mange Mennesker, og er blevet gjennemført i det gamle Folke-Eventyr om Manden, der ikke kunde lade sig forskrække; hverken Kjæmper, Trolde eller Spøgelser satte ham i Angest, og pludselig, idet han en klar Morgenstund i det Frie vaagner op ved at en Flok skrigende Krager, der baskende med Vingerne flyve i Veiret, indjages han den Skræk, han altid forgjæves havde søgt. Det Naturlige, Ligefremme, men Uventede mægter at slaae med Rædsel. —

Ikke længer end Strengen vibrerede var denne Aandetroens Tanke hos ham, den svandt bort med Klangen; men selv hos ham havde det da viist sig, at „vi have i os uendelige Føletraade for Aandeverdenens ubegribelige Baner".

Hans Jordlivs høieste Lykke var ham igaar Esthers Besiddelse; hans evige Lykke, den nødvendige Betingelse for den Overgangs-Udvikling, der maatte skee i hans Indre, fandtes maaskee alene for ham i Esthers tidlige Død. Dog den Forstands-Slutning løftede han sig ikke endnu til, han var overrasket af Ulykken.

Smerten i dette Hjem, Familiens Sorg er det ikke her vi ville udmale, vi vende os ene og alene mod ham, hvem den Dødes Bortgang her var et Skridt til Livet.

Virksomhed er det bedste Middel for os til at bekjæmpe vor Sorg, men just den næsten overvældende Virksomhed, som Tid og Nødvendighed rev ham ind i, under disse Kjø- benhavns tunge Prøvelsens Dage, førte i hver Stund Erin- dringen frem om Esthers Død; ved hvert Sorgens Ud- brud i et nyt Dødshjem fornyedes Mindet om hiin smerte- ligste Time. Bægeret blev for fuldt, det maatte strømme over!

Mellem kjære Fraværende kan der føres et Aandens Samliv, med de Forudgangne kunne vi ligesom leve endnu her et forædlende Liv; hans første, eneste Kjærlighed var til Esther, den løftede sig reen, uden menneskelig Svaghed; hun selv var endnu hos ham, med ham, og det inderligere end før, hun var den bedste Deel af hans Jordliv. — For hende havde Udødelighed været en Vished og Tro; mon ikke hendes Bortgang herfra var et Pant paa dens Sandhed? hun var jo hos ham endnu sjæleligt.

Hos Trækfuglen ligger en Drift, et Instinkt kalde vi det, der fører den gjennem det store Lufthav til Stedet, hvorhen den vil naae; den samme Kraft bærer og fører den nøiagtig tilbage til det samme Land, samme Sted og lille Punkt, hvorhen Længselens os uforklarlige Magt drev den; det er en Kjendsgjerning, vi see den gjennem alle Tider. Menneskets Sjæl har en endnu mægtigere Trang, en Drift, en Længsel mod Udødelighedens Hjem; han følte For- visning herom, og atter Tvivl — den brændende, meest nedtrykkende Tvivl, og disse Øieblikke vare ham en Qval,

den største et Menneske kan lide — da bedre aldrig at
være født!

I Esthers Stue hang flere gode Kobberstik, man
tilbød Niels Bryde et til Erindring om hende, han bad
om heller at maatte erholde Goethes „Faust", den Bog,
hun havde læst og indstreget i. En heel deilig Fortid min-
dede den ham om, det var som om Ordene her endnu havde
Klangen fra hendes Læber. I Bogen laae, opdagede han,
en Afskrift med hendes egen Haand af det religiøse gamle
Digt „O Ewigkeit, du Donnerwort";*) særligt havde
hun understreget deri Verset:

> „O Ewigkeit, du machst mir bang,
> O ewig, ewig ist zu lang!"

Vistnok i sin Bibel=Troes Aand havde Esther opfattet
og nedskrevet denne fromme Digtning, dette Angestens Suk,
det Niels Bryde ikke før havde læst. Han følte sig gre-
bet ved den rystende Skildring af Synderen, der bliver paa
det samme Punkt; hvad maa ikke han lide ved: et evigt
Liv! Ikke at nævne er Vand, Ild og Sværd, de kunne ikke
være evige; men Tiden, som Ingen kan tælle, begynder altid
forfra — evig, o hvor langt!

.Den høieste Storhed, Mennesket kan tænke sig, det
„evigt at være", bliver den frygteligste Straf, dersom vi
ikke mægte at løfte os ved Fornuften i Fornuften, der er
det Sande, ved Fornuften i Villien, der er det Gode,
og ved Fornuften i Phantasien, der er det Skjønne. Hvilken
Kalden til Selvprøvelse, til Stræben op mod Gud!

---

*) „Schrecken der Ewigkeit" af Johannes Rist, der levede
under Reformationstiden.

Det var ved Goethes „Faust", at Esther første
Gang havde ligesom draget Niels Bryde ind i sin Aan-
dens Kreds; i samme Bog laae, som henlagt til ham, den
gamle Psalmesang om „Stræk for Evigheden", den klang
til ham med Esthers Røst fra den store Evighed. Jord-
livet er som de betroede Penge; det Lidet, som blev os givet
her, maa bruges saa vel, at vi kunne blive værdige til at
sættes over det Større. Jordlivet er ikke en Deel, vi i
vor Sorg og Smerte tør kaste bort; vi skulle holde ud,
holde ved, virke og øve, før vi kaldes videre ud i det
Uendelige, for ikke der fortvivlet at maatte udbryde:

> „Ewig, ewig, ist zu lang!"

Det var, som fornam han Esther om sig, som om
hans Tanker vare hendes Tale; Samlivet mellem dem fore-
kom ham saa levende, saa indvirkende som nogensinde her; han
følte Trang til at smelte sammen med hendes Troes-Fore-
stillinger, men han kunde det ikke heelt.

„Jeg troer paa Himlens Herlighed, den vi Alle, for-
skjelligt seende, maae erkjende; jeg troer paa Helved — et
skrækkeligere end hvor Ilden aldrig slukkes, Ormen ikke døer!
hvad er vel Legemets Qval imod Sjælens Fortvivlelse over for-
sætlig Synd! Jeg troer paa Guds Kjærlighed; „hvo som bliver
i Kjærlighed, bliver i Gud!" sagde Christus — han, hvem
de korsfæstede, han, der i Korsfæstelsens Qval bad for sine
Fjender. Hvo af os mægter at naae ham heri! ja, til ham
siger mit Hjerte: Du Udtryk af den levende Gud, jeg seer
ham personlig i Dig! — Hvo, som søger, skal finde!"

Atter stred og sled det i hans Sjæl. Forvisningens
Tro om Gud var hos ham, Tanken, Erkjendelsen om Udøde-

lighed og om Christus var der ogsaa, men ikke som.hos Esther; „Troen gives, den tænker man sig ikke til!"

Krigens tunge Aar havde været stille Vækkelsens Dage, Jordbunden laae under den lunende Snee, og samlede Kræfter. Esthers Bortgang var Vaarens Sol, der brød til Vækkelse og Liv. „Esther!" sukkede han. Med hende var den bedste Deel af denne Verden gaaet bort fra ham; forud var hun gaaet, hun, som i Aandens Skuen var ham her længst forud. Og dog mangen Stund syntes hun ham endnu nær, som hans egen Sjæl var det, og han længtes efter Gjensynet, hans Kjærlighed voxte, om muligt, endnu høiere end før. Hvert Aandens, Troens Ord, hun havde udtalt, hendes klare Overbeviisning om Gud, Christus og Udødelighed, gjenklang i hans Sjæl med en Magt, en Længsel, en Inderlighed! Gud var ham en Kjendsgjerning, Udødeligheden maatte ogsaa være det, og da vilde alle Mysterier klares, lyse ind i hans Sjæl! — Under denne hans uendelige Smerte og Længsel kom Barnesindet, Hænderne knugede sig om hinanden, og Bønnen var paa hans Læber: „Gud, min Gud, giv mig Tro!"

Der var den dybt knugede, prøvede Sjæls Inderlighed i Bønnen, Taarer strømmede over hans Kinder — det blev lyst i hans Hjerte.

Ulykkelig den, som ikke kjender til, at Gud kan stige ned i vort Bryst! Her føltes Naaden, Kjærligheden! „Troen tænker man sig ikke til, den gives!"

Udødeligheds-Tanken var blevet Tro!

VIII.

Det sidste Møde med Tatersken.

Vi ere igjen paa Heden i Hjemmet ved Silkeborg
Sommeren 1856; det var de gamle Præstefolks Diamant-
Bryllup. Tredsindstyve Aar havde Gud forundt de To at
leve med hinanden: „Hvem Herren elsker, giver han Aar et
leve i“, siger Psalmisten, og her var Aar i Kjærlighed. Tre
Aar var det efter Esthers Død; tolv Aar siden Niels
Bryde sidst var her. En ligesaa lang Tid var hengaaet
siden en anden her kjendt Skikkelse havde viist sig i Eg-
nen, Tatersken med sit Idiotbarn; dette var nu i en
Alder af to og tyve Aar. I de sidste Aaringer humpede
det om paa Haandbrædter, men oftest dog, især paa lange
Marscher, bar Moderen det paa sin Ryg. I Slud og Storm,
alle Aaringer, havde denne Qvinde slæbt afsted med sit Barn,
og ved dets Smiil følt sig glad, ved det taalt Haan og
døiet Ondt.

Hun kom inde fra Skoven, hvor hun forgjæves denne
Gang havde søgt det gamle Træ. Af Egnens Folk skulde
hun høre, hvorledes det var faldet Green for Green; længe
stod det dog endnu saa mægtigt, men Forstvæsenet havde
ikke kunnet lide „det grimme Træ“, og derfor blev det
et Nummer paa en Skov-Auction. Bønderne elskede dog
saa høit deres „Ma-Krokone“, at de tilbøde at be-
tale Brændets Værdi, naar hun blot maatte blive staaende;
men først for Auctions-Hammeren og derpaa for Øxen faldt
det gamle Træ, der for den omvandrende Qvinde havde
været et Fødestavns-Tegn, en gammel Ven, hun kunde

længes efter; forsvundet var det, som Alakos Billed. Ta-
tersken kom derfra ud paa Sandsletten mod Langsøen,
og foran sig her, som skudt frem ved en Trolddom, laae nu
en heel Kjøbstad: Silkeborg.

En Vrimmel af Hunde gjøede hende imøde, fra Døre
og Vinduer saae nysgjerrige Ansigter paa hende, Arbeids-
folk, Piger og Børn kom frem fra Portene. Enkelte fulgte
i nogen Afstand, og dog var dem Synet af „Ratmands-
folk", „Kjeltringer" ikke saa overraskende, som det var hende
at see her den hele Forvandling. Det Uventede skræmmede
hende; hun var styret herom for at sættes over Søen og
snarest naae Præstegaarden ved Hvindingedals Banker; der
turde hun vente Hjelp og Pleie for sit syge Barn, hun
tænkte paa Bodil, haabede og troede at finde hende end-
nu der.

Hun skyndte sig gjennem Byen, forbi den store, travle
Fabrikbygning og det indbydende Vaaningshuus; en stor,
ny Bro var lagt over Langsøen, hun behøvede ikke at
raabe paa Færgen. Huset derovre ved de gule Sandstræn-
ter stod endnu, men hvidtet, gjort pyntelig ved en lille
Have, hvor de høie Stokroser stode i Blomster. Mellem dem
og Veien groede en stor Ellebusk; her satte hun sig med sit
lidende, elendige Barn. Der lød fra Skoven, hiin Side
Sø og By, Lyden af et Posthorn; en Reisende kom
fra Horsens over Silkeborg til Præstegaarden ved
Hvindingedals Banker; det var Niels Bryde. Hun hørte
de fornøielige Toner, medens hendes Hjerte var i Sorg og
Elendighed.

„Mit Barn døer!" hulkede hun og saae med en Mo-
ders Ømhed og Angest paa den sørgelige Elendighed, det

syge Idiotbarn; dets Hoved og Overkrop var mandsvoxen, et tyndt, sort Skjæg krusede sig om det hæslige, gule Ansigt, de halvaabne Øine saae glasagtige ud. — Hun sad paa Hug foran det, Taarerne løb hende ned over Kinderne. Den tunge Byrde, hun gjennem Aaringer havde baaret, vilde Gud nu borttage fra hende; men denne Byrde var hende en Deel af Livet, som Lufttrykket er os det, disse mange Centners Vægt, vi altid bære uden at tænke over hvor tungt; det er et Tryk, der hører til vor Tilværelse paa denne Jord, og saaledes var hende dette Barn nu blevet i henved en Menneskealder.

Ellebusken skjulte hende for Niels Bryde, som kjørte forbi; han saae ikke dette Minde fra sin Barndomstid, Moderkjærligheden som Karyatide. Langsomt gik det op ad Banken, han saae ud over den hele Egn.

Her var som før, de samme store Skov-Bølger, Skoven, som løftedes af de bakkede Høider; Himmelbjerg med sin brune Lyngtop overragede Skovene, de dybe, blanke Søer blinkede frem, som han havde seet det i sin Ungdomstid. Men det Hele var nu en Ramme om en ny Stad, ret som et Fata morgana paa Sand-Plainen; i Række skinnede der de røde Tage, de hvide Mure; han saae den vidtudstrakte Fabrikbygning og Herskabs-Vaaning med dens frodig blomstrende Have, hvor Roser af alle Arter myldrede frem, og de grønne Græs-Plainer, „Bowling-greens", som Fløiels-Tæpper, skjulte Sandgrunden.

Paa Søen bevægede sig en sort Røgsøile, det var et lille Dampskib, der med vaiende Danebrogs-Flag kom oppe fra Randers og trak ad Gudenaa herned paa Pramme Jernrør til den nye Byes Gasbelysning; Dampens Magt brød Vei her midt ind i den stille Eensomhed, de materielle Kræfter øvede deres Magt i denne før glemte Egn. I tolv Aar Alt forandret her rundtom, og — hvormeget var ikke ogsaa forandret inden i ham, som gjensaae disse Steder! hvad havde ikke Livet udpræget, udviklet og opløftet hos ham!

— Der lød et gjennemtrængende Skrig, en Jamren — Niels Bryde lyttede,. Kudsken holdt stille; henne fra Ellebusken klagede det lydeligt. Niels Bryde steg af Vognen og gik derhen.

Gammel og rynket sad der under Sandskrænten i det gule Sand Tatersken med sit syge Barn. „Han døer! døer!" jamrede hun paany og saae med sine Fugleøine saa skarpt og dog gjennem Taarer. Dødskampen hos Barnet ligesom greb med usynlige Traade ogsaa hende.

Niels Bryde gik til Færgehuset for at faae Hjelp; i Døren kom ham den nye Huusmoder imøde, en anden end før, og dog en kjendt Skikkelse: det var lille Karen, som nu boede her, gift med de Gamles Søn. De unge Folk havde faaet det lille Huus, Jollen paa Søen og dertil en lille Fortjeneste ved at modtage Bropenge. Gamle Moder havde ikke saa villigt, som lille Karen, ladet Tatersken med det syge Barn komme ind i Stuen. Lidt Eddike og Vand fik han i en Kop og badede dermed den Døendes Tindinger, en vaad Klud blev kjølende lagt paa Isfen; det syntes at dæmpe Krampetrækningerne, dem Moderen heelt fornam gjennem sig. Guulbleg, som et Rav, stod hun, hendes Øine bevægede sig rundt om, som ventede hun, at fra hver Krog, fra Gardinet eller Skabet derhenne, kunde Døden selv pludselig træde frem og tage hendes Barn; hun speidede uroligt,

som maatte og vilde en Fjende bryde ind og hun kjæmpe
mod ham. Hendes Øine fæstede sig paa hver Plet, hvert
enkelt Stykke i Stuen, og dog saae hun kun sit Barn,
tænkte kun paa det; et Øieblik bange for at græde, bange
selv for at aande, som kunde dette Pust udblæse den svage Livs-
flamme, og i næste Øieblik atter udstødende Jammerens Suk.
Dog her var hun endelig ved Maalet, det hun søgte, og det hvorved
hun gjennem Aaringer havde seet Haab, Sundhed og lyse Dage
for sit Barn og sig. Kun to Skridt fra hende, paa Drag-
kisten, laae imellem Kopperne den mørke, søgte Steen, hvori
var indgravet Alakos Billed, den Taterskens Moder havde
tabt i Dybdal og, som vi vide, liden Karen havde fun-
det og nu i mange Aar gjemt.

Taterkonens Blik gled hen over den, hun saae den
ikke, og dog var det i hendes Tanke saa levende, saa over-
beviist, „havde jeg den, kunde jeg lægge den ved mit Barns
Hjerte, det vilde da ikke denne Gang døe, jeg skulde endnu
en Tid beholde det!“ Men hun saae den ikke, anede ikke
den var her; og hendes Barn holdt op at aande, et
huult, langt Suk var den sidste Afskeds-Tone; det laae
stille, som det sov en rolig, mild Søvn.

„Han er død!“ sagde Niels Bryde; Tatersken syn-
tes ikke at forstaae ham. Han gjentog: „død!“ og pegede
ned mod Jorden; hun kastede sig da med et Skrig over
Liget, omklamrede det. Her var ikke Øieblikket til at tale
trøstende, hun hørte det ikke, den heftige Natur maatte have sit
vilde Udbrud; derpaa blev hun stille. Niels Bryde vilde
løfte hende op, hun stirrede paa ham og igjen paa sit Barn,
Læberne bevægede sig — „hvad? hvor?“

„At være eller ikke være.“   19

„Død!" sagde han og pegede nedad, for at gjøre hende det ret tydeligt; „død! Jord! — i Jorden!"

De Ord naaede hendes Øre, hendes Hjerte, det lyste derinde, det talte der. Hun kunde ikke i Ord udsige det saa, men klart var hende, at ligesom den syge Rosenknop aldrig udfolder sig til en frisk, blomstrende Rose, saaledes vilde vel heller aldrig her hendes Barn være blevet Yngling og Mand; men alle Spirer dertil laae dog i det, og nu skulde det kun være „Jord, i Jorden!" Nei! hun huskede i denne Stund, hvorledes en- gang hendes Moder havde taget et Maiskorn ud af en Mumies knyttede Haand, hvor det havde ligget i fire tusinde Aar; det tryk- kede hun ned i den nærende Jord, hvor Solen kom og skin- nede varmt, det skjød da Spire, satte Blad og Stilk, bar hundredfold. „Kan Kornet, der har ligget knuget i Dødens Haand, trives og bære Frugter efter Aartusinder, skulde da mit Barn, en Menneskesjæl, fordi den i Aaringer knugedes af Sygdommens Skal, ikke, naar den kommer i den rette Jordbund, i Livets rette Sol, igjen skyde op og voxe? — Tilvisse! deilig skal han blive! slank og springende, med lysende Øine og røde Læber, hos Alako!"

Hun reiste sig, støttede Albuen paa den høie Dragkiste, og hendes Blik løftede sig seende op og rundt om — da sittrede hendes. Læber, Øinene bleve større — hun greb, som en Falk, hen om den sorte Steen med Alakos Billed, tog den, stirrede, trykkede den mod sin Mund. „Alako!" skreg hun høit; „mit Barn døer ikke! døer ikke! — evigt være!" — og hun sank sammen ved Sindets altfor stærke Bevægelse.

IX.

Den nye Aladdin.

I Præstegaarden ventede de Niels Bryde, hans
Komme var denne Gang en i deres Livshistorie mærkelig
Dag, og anden Dagen efter — opgik for dem den herligste:
deres Diamantbryllup. Men nu havde Niels al deres Tanke,
Hver efter sin Natur glædede sig, og Alle lige inderligt.
Tolv Aar gjør, oppe i de Gamles Alder, meget ældre, Mange
blive da mere pirrelige, de Fleste dog langt mildere, og det
vare de To blevne.

Bodil løb ved hver vognlignende Lyd udenfor Gaar-
den — endelig kom han.

Der var Taarer, der var Glæde! — Hvor forandrede
vare de Alle i de ydre Træk, det saaes strax i første Møde,
men Minutter efter, da lyste frem igjen alle de kjendte Træk,
Øinene vare de samme, Smilet det samme, Stemmens Klang
den samme, den indre, evige Ungdom lyste og løb gjennem
den ældede ydre Form. Blik her vare Tanker, og Tankerne
behøvede ikke mange Ord.

Som naar man efter en anstrengende, travl Arbeids-
dag har sovet en styrkende Søvn uden Drømme, og vaagner
op, saaledes følte Niels Bryde sig her i Barndoms-Hjemmet.

Musikant-Grethe med sin Harmonika havde naaet
herover, saa gammel hun var, og spillede Velkomst. De kjendte
gamle Toner, de kjendte venlige Ansigter, den hele Barn-
doms-Egn rundt om, Alt var som før. Der taltes til langt

19*

ud paa Aftenen; der var ingen Strid, de mødtes i Kjær-
lighed, i Overbærelse!

Festdagens Morgen, den femte August, kom; det var en
herlig Livets Dag. Fra den nye opvoxende By hiin Side
Langsøen mødte Musik; der klang Valdhorn og Psalme-
sang i den tidlige Morgenstund. Med lysende Øine kyssede
de to Gamle hinanden, deres Sjæle vare saa unge, som da
de mødtes i Ungdoms Aar.

Bodil, Niels og de gamle, troe Venner rundtomfra
modtoge dem i den pyntede Storstue; der var Blomster, saa
mange og saa smukke, fra Haverne ovre i Silkeborg, Foræ-
ringer, syede Sager af forskjelligste Slags, og det fuldtop.
Udenfor holdt Vognen til Kirke, hvorhen de Alle droge.
Klokkerne ringede, Solen skinnede varmt, som i deres Kjær-
ligheds unge Dage, og udenfor Kirken stod Menigheden,
Mænd, Qvinder og Børn; de blottede deres Hoveder, og
trængte sig glade om Festens Par. Det gamle, lille Orgel
klang i en Høitids-Psalme.

Paa dette Sted, ved disse Toner, havde Niels Bryde
ikke været med et saadant Sind, som i denne Time, siden
han sidste Gang, før Studenteraaret, blød og Barn endnu,
var her. Der er en egen Magt i Hjemmets Helligdom, i
kjendte, gamle Melodier, de løfte og bære os bort fra det
Hverdagslige.

Menighedens Sang, og Børnestemmerne i den, klang som i
hiin tidligere Tid, da hans egen Stemmes Alt-Toner lød
med; der kom ham i en Tanke-Sum alle de mellemliggende
Aar indtil Esthers Død — Esther, hans Brud for Gud!
Med den reneste Kjærligheds-Tanke fulgte han hendes Skik-
kelse, hun der ligesom til Lys og Ledelse for ham var ført ind paa

hans Livsvei i denne Verden. Kun det Bedste for os skeer! Hvert Tryk er til Aandens Væxt, som Trykket er det til Palmens. Han huskede sine Forældres tidlige Død, hvorved han kastedes hen til Fremmede, og dette var blevet ham et Gode; Krigens tunge Aar havde løftet og belært ham; selv fra Sot og Syge var Sundhedens Væld for ham sprudlet frem, Livet givet, rakt ham ved Esther! Bedre, anderledes kunde Livets Skole ikke være. Til Virkelighed var blevet, hvad han engang drømte som Barn, at han som Aladdin steg ned i Hulen, hvor tusinde Skatte og skinnende Frugter næsten blændede ham; men han fandt den forunderlige Lampe, og da han kom hjem med den, var det — hans Moders Bibel.

Ja tilvisse! som en ny Aladdin var han steget ned i Videnskabens Hule, for mellem dens vidunderlige Frugter at finde Livets Lampe, og han holdt — sin Moders gamle Bibel, ikke dens Legem, men dens guddommelige Sjæl!

Med det gjenvakte Barnesind, der ubevidst holder sig til Troen, bliver Videnskaben en Forherligelse af Guds Almagt, Viisdom og Godhed. Lovene i Naturen, Guds Tanker, dem lod Gud i Naade den menneskelige Aand i Meget udfinde; men Kjærlighedens Love i Aandens Rige naaer Videnskaben ikke op til. Paa Jorden mægte vi kun at gribe, hvad Jordens er, i Aandens det Høiere have vi kun Haabet og Troen.

Solen skinnede gjennem Kirkevinduerne ind paa den festligstemte Menighed, paa de to glade Gamle, de stode som unge Brudefolk foran Alteret. Det lyste ind i Hjerterne, lykkeligt her at være, — saligt altid at være!

I den filbige Aften, paa Festens Dag, da Alt igjen var stille i Præstegaarden, og Enhver i sin Seng, bad de Gamle ret inderligt en Bøn, den de troede vilde blive hørt af Vorherre, særligt denne Aften, deres største Høitids-Fest, den han vidste det var, og havde forundt dem at opleve. Niels bar et fromt Sind, havde de fornummet; men var han heel Christen, havde han vel deres Tro, den eneste rette? — Gud vilde give ham den, være ham naadig i Christus.

Niels Bryde var dybt bevæget, fornam Barnets bløde Sind; ogsaa han bad i samme Stund for de Gamle: „Almagt! af Dig ere de gjennemtrængte! De troe, uden at vide; det har været og er dem nok i dette Liv. Men paa hiin Side — opklar for dem Din større Herlighed! giv dem Aandens Lys og bevar dertil den Fred i dem, de alt her have i Christus!"

Bodil bad, at Forsonlighedens Aand, Kjærlighedens Forstaaen i Gud og Christus, og Alt hvad der er Mennesket nødvendigt, maatte opgaae for Hver, og at Forsonlighed, Overbærelse og Kjærlighed maatte blive i os!

Ind til dem Alle blinkede udefra, lige stærk og bekræftende, en stor, funklende Stjerne. Niels Bryde nævnede dens Navn i Videnskaben: Jupiter; de gamle Præstefolk og Bodil tænkte ved den paa „Guds Øie", der lyste og saae ned til dem, som til Tyrken, Hedningen og den vildledte Mormon, løftende opad Øie og Tanke.

Bodil og de Gamle læste deres „Fader vor", ogsaa Niels Bryde læste det i Sjæl og Tanke; og Søvnen kom, Dødens Broder, der tager en tredie Deel af vort Jordliv med sit Drama: „At være eller ikke være."

De sov, de drømte ved Blinket af Stjernen, en Funke
kun at see, og dog en Verden, større end vor, det der en-
gang vil blive os en Kjendsgjerning. Ja! hvad vil ikke
oprulles, idet Altkjærligheden forundte os her at være og
evigt „at være!"